明朝出了个王阳明

李根 · 著

国际文化出版公司
·北京·

图书在版编目（CIP）数据

明朝出了个王阳明 / 李根著. —北京：国际文化出版公司，2016.5

ISBN 978-7-5125-0846-0

I. ①明… II. ①李… III. ①王守仁（1472～1528）—生平事迹 IV. ① B248.2

中国版本图书馆 CIP 数据核字（2016）第 064240 号

明朝出了个王阳明

作　　者	李　根
责任编辑	潘建农
统筹监制	葛宏峰　李　莉
策划编辑	陈　静
美术编辑	秦　宇
出版发行	国际文化出版公司
经　　销	国文润华文化传媒（北京）有限责任公司
印　　刷	阳谷毕升印务有限公司
开　　本	710 毫米 ×1000 毫米　16 开 15.25 印张　　　　　　234 千字
版　　次	2016 年 5 月第 1 版 2020 年 1 月第 2 次印刷
书　　号	ISBN 978-7-5125-0846-0
定　　价	42.00 元

国际文化出版公司
北京朝阳区东土城路乙 9 号　　邮编：100013
总编室：（010）64271551　　传真：（010）64271578
销售热线：（010）64271187
传真：（010）64271187-800
E-mail: icpc@95777.sina.net
http://www.sinoread.com

序　言

在五千年的历史长河中，中国涌现出了不少圣贤人物，王阳明就是其中之一。既然人们把王阳明说得如此神乎其神，那么他到底是个怎样的人呢？

说他是文人，却能披甲操刀，在战场上呼风唤雨；说他是武将，却有千万儒学弟子跟随膜拜。能文能武的他在龙场顿悟后，在量变的基础上发生了质变，如脱胎换骨一般，思想境界有了爆发式的提高。他的名字已经超越许多帝王，与孔子、孟子、朱子并列，永垂不朽。

这就是王阳明，一个非常响亮的名字，"知行合一"成了他的招牌，让他成为了中国心学大师的标志性人物。

任何一个人的成功都不是偶然的，有众多必然的因素，这不仅与自身的努力分不开，还与他所处的环境有着密切的关系。

明朝中期，皇帝昏庸无能，政治腐败，军备废弛，学术崩颓，社会动荡不安。随着江南资本主义萌芽的产生，市民的意识逐渐觉醒，人们对占统治地位的程朱理学提出质疑，这就需要一个人站出来解决社会矛盾。此时，王阳明异军突起，门徒遍天下，成为"儒学第一流人物"。

梁启超曾说："他在近代学术界中，极其伟大，军事上、政治上，多有很大的勋业。阳明是一位豪杰之士，他的学术像打药针一般令人兴奋，所以能做五百年道学总结，吐很大光芒。"是的，王阳明是中国历史上非常罕见的立德、立言、立功三不朽的伟人，也是明朝最为杰出的政治家、军事家和哲学家。他的心学风靡一时，影响深远，是曾国藩、梁启超、稻盛和夫等中外名人共同的心灵导师。后世无数王阳明的崇拜者，以阳明心学为利器，也都博得了精彩人生，成就了一番事业。

我们知道，心学就是研究"心"的学问，也就是"心灵之学"。王阳明心学集儒、释、道三家之大成，强调心即理、知行合一、致良知，是五百年来中国人最精妙的神奇智慧。难怪哈佛大学教授杜维明先生也预言，21世纪将是王阳明的世纪。

孙中山在《建国方略》中写道："夫国者人之积也，人者心之器也，而国事者一人群心理之现象也。"如果每个人都能领会王阳明心学之大成，那社会将是什么样子的？国家的腾飞也就指日可待了。

可喜的是，如今已经有越来越多的人对王阳明不再陌生，对阳明心学的精妙之处也有所体悟，我们虽然很难成为像王阳明那样的圣人，但能追随他的脚步就是一大进步。

不得不说，王阳明是一个活生生的人，而不是神，我们不用把他神化成超人，把他的心学神话为万能钥匙。毕竟，生活就是一个问题叠着一个问题，需要我们一个一个去解决。

在序言的只言片语中，我们很难把王阳明的人生和思想说清楚，那么就让我们翻开此书，一起感受属于王阳明的时代吧。

目 录

序 言 / 1

第一章 明朝出了个王阳明

踏云而来 / 001

显赫世家，书香门第 / 003

请叫我"神童" / 005

第二章 天性不羁立大志

立志当圣人 / 009

人为信仰而活 / 012

在洞房花烛夜掉链子 / 015

第三章 漫漫科举路

圣人必可学而至 / 019

阳明格竹 / 021

折磨人的科举制度 / 023

扛得住，才会有未来 / 025

第四章　有一种无趣叫仕途

忧国忧民，纸上谈兵 / 029

初入官场 / 031

上边务八事 / 033

刑部新来的年轻人 / 035

与佛老决裂 / 039

主考山东乡试 / 042

京师讲学 / 044

第五章　万万没想到，汹涌而至的政治风波

大好人 / 047

最能闹腾的帝王 / 049

宦官乱政 / 052

人至贱则无敌 / 054

万万没想到 / 056

牢狱之灾 / 061

第六章　从一个火坑跳到了另一个火坑

恋恋不舍地离开 / 066

半路被追杀 / 069

亡命天涯的日子 / 071

父子重逢 / 074

第七章　龙场悟道，从心开始

龙场，我来了 / 078

为精神家园找归宿 / 082

龙场悟道 / 087

贵州讲学 / 089

第八章　三十年河东，三十年河西，刘瑾玩完了

别了，龙场 / 095

你高尚，我犯贱 / 097

刘瑾覆灭 / 099

第九章　重新出山，我老王又是一条好汉

当上了一把手 / 103

朱陆之辩 / 105

师徒论辩 / 107

步入四品大员行列 / 110

归心似箭 / 113

第十章　南赣戡乱，不得不亮剑

哪里有压迫哪里就有反抗 / 117

关键时刻还得老王上 / 119

小试牛刀 / 120

收拾烂摊子 / 123

不按常理出牌 / 127

"经验"害死人 / 131

史上最强的招安信 / 133

炮轰横水，刀砍桶冈 / 136

破山中贼易，破心中贼难 / 139

第十一章　背后的大人物

招兵买马 / 145

"裸奔"式装疯 / 148

皇帝不急太监急 / 150

鸿门宴 / 152

第十二章　宁王反了，再无回头之路

最终还是反了 / 155

疑兵之计 / 157

恐怖的防守者 / 159

我老王又回来了 / 162

人为财死，鸟为食亡 / 166

决战鄱阳湖 / 171

第十三章　威武大将军来了，激情上演的闹剧

御驾亲征为哪般 / 175

新欢与旧宠 / 177

走一路，糟蹋一路 / 180

烫手山芋 / 184

弱智老大上演的闹剧 / 186

以德报怨 / 188

敲竹杠 / 191

老王的百步穿杨 / 193

第十四章　亲爹不是爹，亲娘不是娘

泰州学派 / 199

诡异的清江浦 / 202

下一个继承者是谁 / 204

新帝不可小觑 / 208

亲爹不是爹，亲娘不是娘 / 211

大礼议事件 / 214

第十五章　此心光明，亦复何言

一念放下，万般自在 / 220

桃李满天下 / 222

事儿来了，还得找老王 / 225

最后的辉煌 / 227

此心光明，亦复何言 / 231

第一章
明朝出了个王阳明

踏云而来

每个人终将面临死亡,都逃不脱最终消逝的命运;每个来到世上的人都曾活着,但不是每个人都曾真正活过。对于我们每个人来说,生命都是自然界赐予人类的一种规律,我们无法改变,更无权改变,唯一能做的,是让自己在这个过程中学会做一个真真正正的人,在历史上留下一些属于自己的印痕。

但历史是残酷的,不是谁想留个脚印,就能留个脚印的。不过,历史也是客观的,千百年后,总有一些人的名字被人们牢牢地记在心间,一代一代地传颂。他们的名字不仅能冠绝当代,也能映照千古。本书的主角王阳明就是这样一位人物,最终立功、立德、立言,成为一位"真三不朽"的大家。他不仅是与尼采齐名的伟大哲学家,更是与孔孟并称的儒家圣人,是最受中外伟人推崇的心学大师。

人之初,皆如玉璞,走过五十七个春秋的王阳明是如何修炼成"大家"的呢?让我们从他出生开始,慢慢道来。

浙江自古多名人,远的不说,在明代初年,浙南就出了一个妇孺皆知的大人物,他就是鼎鼎大名的刘伯温。朱元璋之所以能够建立明朝，开创基业，刘伯温起了很大的作用。大约百年后，也就是明宪宗成化八年（1472年），在浙江余姚的一个大户人家，有一个男婴降生了，他就是王阳明。当时，谁也想不到，在几十年后，这个襁褓中的婴儿会在大明朝的历史上留下浓浓的一笔，更想不到他所留下的精神财富会影响成千上万的人。

大凡帝王将相出世，后来的史书总会附会一些怪象，借以说明这个人之所以了不起，是因为他是上天派来的神仙。在我们今天看来，这是封建迷信，但在古代这一招非常吃得开，会让百姓佩服膜拜：怪不得人家吃香喝辣、当大官呢，原来不是凡人啊。

《明史》中关于王阳明的降生也有一段富有传奇色彩的记载：王阳明的母亲怀孕十四个月还未分娩。按理说十月怀胎，一朝分娩。即使晚一些，也不会一下子就晚四个月啊，这太奇怪了。事实上，更怪的还在后面呢。有一天，王阳明的祖母岑氏在睡觉时做了个奇怪的梦。她梦见院子里烟雾缭绕，鼓乐声不断，一群仙人从天而降，落在王家。随后，其中一位穿着红衣、戴着玉佩的仙人怀中抱着一个婴儿推门而进，并高喊："贵人送到！"这位仙人把婴儿送到岑氏怀中后，仙人们便驾云而去。随着仙人的离去，仙乐停止了，烟雾也渐渐消散。看着怀中啼哭的婴儿，岑氏非常着急。这一急，岑氏便醒了。

这时，她听到了婴儿的啼哭声，这次是真的，不是在做梦。日盼夜盼，孙子王阳明终于降生了，而且母子平安，她这下放心了。不过，想想刚才的梦，她心里就犯嘀咕：难道仅仅是巧合？于是，她把家里最有见识和权威的人，王阳明的爷爷竹轩公王天叙（王天叙因为最爱竹子，在自己住的地方种满了竹子，因此得名"竹轩公"）请了出来。

老头儿坐在太师椅上，看着众人说："没什么好奇怪的，这个娃既然是天上的神仙送来的，将来一定大有作为，我看就叫王云吧。"于是王云成了王圣人的第一个名字。

王云是天中的神仙送来的，这在当时无疑是一条爆炸性的新闻。这一新闻被亲朋好友、乡里乡亲广为宣传后，王家遂把王云诞生的地方命名为"瑞云楼"。

就这样，王云顶着耀眼的光环来到了这个世界。

第一章　明朝出了个王阳明

显赫世家，书香门第

有人说，这是一个拼爹的时代，当然这种说法有些绝对，但不可否认的是，有个好爸爸，真的很重要。因为先辈多年积攒下来的物质财富和精神财富，可以让后辈少奋斗好几年，甚至好几十年。当你是富二代、官二代时，你就已经与没有任何背景的同龄人站在了不同的起跑线上，当别人还在奔跑冲刺时，你早已经到达终点。但这一优势如果运用不当，也会变成劣势，甚至会害你一辈子。任何事物都要辩证地看，没有绝对的好，也没有绝对的坏。

很幸运，王云出生在一个不错的家庭。王家是官宦世家，从王云的六世祖王纲到父亲王华，代代都是饱学之士。出生在书香门第，对王云的人生之路有很大的影响。

翻开家谱一查，书圣王羲之赫然在目，这是一个足以让王家的任何一个后代都引以为豪的人物。祖上如此辉煌，后辈再不努力，愧对祖先啊，若不打拼出点成就，死后也无颜面对列祖列宗啊。

虽然后世儿孙都憋足了劲要创出一番业绩，但结果往往不是人力所能控制的。书圣王羲之的成绩不是想超越就能超越的，王家的后世子孙没有几个有建树，大都湮没在了历史的尘埃中。直到王云出现，王家才看到了一丝光大门楣的曙光。

在介绍王云之前，先看看他的几个颇有代表性的长辈。

六世祖王纲生活在元末明初天下大乱之际。他不仅是写文章的一把好手，还兼有将才，可谓文武双全。都说"乱世出英雄"，既然天下大乱，王纲又是一个能力很强的人，他本该大展拳脚，建功立业。但这是一般人的想法，王纲并不这么想。他不喜欢把脑袋别在裤腰带上，过那种打打杀杀的生活。他不求闻达于诸侯，只要能在乱世保住性命，平平淡淡过一生，便知足了。

为了躲避战乱，王纲跑进深山老林，开始过隐居生活。在深山中，他碰到了一位相面高人，于是拜师学艺。这位高人也觉得王纲是个难得的人才，便把生平所学尽数传授给他。淡泊名利的王纲本想过普通人的生活，但他的才气是盖不住的，尤其在他成了相面高人后，更是被越传越神。在人们眼中，他就是一个"活神仙"。

据说，王纲学成下山后，碰到了通经史、晓天文、精兵法的刘伯温。都说"物以类聚，人以群分"，王纲见刘伯温气质非凡，刘伯温见王纲谈吐不俗，二人便摆起了"龙门阵",大有相见恨晚之意,便结为好友。

王纲为刘伯温相面,断定他将来一定会大有作为,便对他说:"你将来一定会飞黄腾达的,我喜静,不愿意被凡尘俗世所扰,等你发达了,就不要来找我了。"

刘伯温说:"这怎么行?好兄弟就要有福同享有难同当。等我有了好前程,也要让你阔一把。"

看着刘伯温一脸认真的模样,王纲摇摇头,没再说话。毕竟,人活一世,能有个掏心掏肺的知己,也算是上辈子积德了。

萍水相逢的朋友,高谈阔论一番,本以为这事儿就这么过去了,毕竟,在乱世中,变数太多,飞来横祸是常有的事,谁也不能保证还能见到明天的太阳。

没想到,刘伯温是个守信的人,一直把王纲的事儿放在心上,等他帮助朱元璋打下江山后,便向朝廷推荐了王纲。

王纲的名气太大了,这么有才的人不为朝廷效力,朱元璋不放心啊——在他的眼里,只有朋友或敌人两种人。接到任命后,王纲心想:这刘伯温怎么这么死心眼啊,自己当初不是已经说了不想出山为官吗?虽然不想出山,可是王纲不愿意与朱元璋为敌,到老了还不得善终。结果,七十岁的王纲接受了兵部郎中(正五品)一职。

王纲奉命到京城上任后,因为办事能力强,表现出色,很快升任广东参议,后来在增城征讨苗人的战役中以身殉职。

再怎么说,王纲也算是因公殉职,国家不仅要给个烈士的名分,还应该给一笔抚恤金吧?

王纲十六岁的儿子王彦达,也就是王云的五世祖也是这么想的。

想法虽然很正确,但现实很残酷。

虽然朝廷在增城建庙以褒扬王纲,但因为王纲在朝中无人,没有拿到任何抚恤金。这真是人走茶凉,是人怎么能干出这种事呢?王彦达非常气愤,用羊皮裹起父亲的尸体,背回家,发誓再也不为朝廷效力。

王彦达说到做到,终身不仕。他在家除了读书自娱外,剩下的就是侍奉老母,是出了名的大孝子。因为居住在秘图湖之侧,故号"秘湖渔隐"。在临终前,他告诫儿子王与准:"书要读,但不要为官。"

王与准谨记父亲的临终遗言,博览群书,拒绝任何人的引荐,一心一意地当隐士。

王云的太爷爷王世杰尽通"四书""五经"及宋代诸大儒之说，他本来也想学父辈淡泊名利，但家中的米缸总是空着，总得想办法改善一下生活条件吧，否则太对不起肚里的墨水了。于是，王世杰顶着家里的压力准备参加科举考试。到了考场，他才知道考生必须散发脱衣接受检查，经确认没有夹带作弊的东西后才能进入考场。

王世杰大发雷霆，他认为这是对考生人格的侮辱，强烈的自尊心让他转身回家了。从此，王世杰再没有提科举的事，不过，王家人的思想已经逐步趋向入世了，这是一个可喜的变化。

王云是爷爷王天叙一手带大的，王云日后能成为心学大师，深受王天叙的影响。史载王天叙细目美髯，风度翩翩，不仅是一个美男子，而且仁义大度、与人为善，但尊严又不容侵犯。另外，他还有敏捷练达的才智，是远近闻名的大儒。他虽然学识渊博，但不热衷于功名利禄，只是给豪门望族当当家教，是一位像陶渊明一样的隐士。

王云的老爹王华，字德辉，别号"实庵"，晚称"海日翁"，因为曾在龙泉山下读书，又称"龙山公"。王华从小就聪明机灵，有过目不忘的本事。

到了王华这一代，王家终于不再视科举为敌。明成化十七年（1481年），王华考中殿试一甲第一名，也就是状元，当即被授予翰林院修撰。弘治年间，王华又被任命为明孝宗的老师。他曾给孝宗皇帝讲过《大学衍义》，还因此受到孝宗赐食慰劳。能当帝师，还能得到皇帝赐食慰劳的殊荣，这是相当了不起的，足以成为王华炫耀的资本。

请叫我"神童"

王云生活在这样显赫且有深厚文化素养的家庭中，自幼就受到了很好的教育。都说"虎父无犬子"，老爹能当状元，而且和皇帝的关系那么铁，王云的前途也应该差不到哪里去吧。王华望子成龙心切，恨不得把自己所学都传授给王云，但现实却不尽如人意。

虽然王云从小就资质过人，又惹人喜爱，但他直到五岁都没有开口说过一句话。这可怎么办？难道这孩子天生聋哑？这太残酷了。王家上下都急坏了，该想的办法都想过了，能看的医生也看遍了，但王云没有丝毫开口说话的迹象。没办法了，只能期盼奇迹出现了。

在等待中煎熬是最折磨人的，王华不止一次祈求上天，从如来佛祖到太上老君，凡是他知道名字的神仙，都祈祷了个遍，希望王云有一天能开口。

也许是王华的诚心感动了上天，也许是老天不愿意再让王云受苦，奇迹出现了。

就在王云五岁那年，他和小朋友们玩得正欢，一个老和尚走了过来。那么多小孩，他连正眼也不看，而是直接走向王云跟前，对他从上到下仔细打量一番后，摇着头说："好孩子啊，可惜被道破了。"说完便头也不回地走了。

这是啥意思？这个老和尚也太奇怪了，王云不解其意。

王天叙知道这件事后，捋着胡须，花了很长时间仔细琢磨着老和尚的话。就在他百思不得其解时，突然眼前一亮：原来自己给孩子取名"云"泄露了天机，所以王云才会遭受这样的惩罚。既然找到了问题的症结，那就好办了。给王云改名字，这是必须的，于是，王天叙给王云更名为"王守仁"。

改了名字后，奇迹便出现了，王守仁开口说话了。这绝对是一件大喜事，王家特意摆宴席放鞭炮庆祝了一番。

更奇怪的还在后面呢。

一天，王守仁见大家都各忙各的，没人搭理他，倍感无趣，便找了个地方坐下来念念有声，权当自娱自乐了。

王天叙觉得很奇怪，心想这孩子一个人念叨什么呢？他仔细一听，吓了一跳，原来王守仁在背诵自己平时读过的书，而且一字不差。

这孩子，难道真的是一个天才？

王天叙忙抱起王守仁，问："这些东西，你是从哪里学来的？"

王守仁说："爷爷在念书时，我记下的。"

从王天叙惊愕的表情中，可以得知他已经彻底被这个小孙子征服了，他确定以及肯定以后光大门楣的事就只有靠王守仁了。

改个名字就能有这么大的效果？当然不是，以上故事很可能是杜撰的，即使有，也可能被夸大了，为的是彰显王阳明的不凡和神秘。

第一章　明朝出了个王阳明

在这里，有一点需要说明一下，因为王守仁自号"阳明子"，世称"阳明先生"，称呼王守仁为王阳明更为通俗，所以，在下文中我们统一称呼王守仁为王阳明。

王华高中状元后，全家迁居京师（北京）。京师既是人才会聚的地方，又是全国的政治文化中心。在这里必定能大开眼界，增长见识。能在京师读书，这无疑是王阳明人生的一个转折点。

第二年，十岁的王阳明跟随祖父王天叙赶往京师。途经金山寺时，天色已晚，爷孙俩只好在金山寺借宿。当晚，王天叙和同住在金山寺的游客们觥筹交错，饮酒消遣。

王天叙说："我儿子高中状元，在京为官，我们要去京城找他。"

众人一听，恭贺一番。

既然是状元的老爹，肚子里一定有不少墨水，有人便提议来个赋诗比赛，一较高下。

饮酒赋诗，这对王天叙来说是小菜一碟，自然不惧。

很多人马上摇头晃脑，想做出惊天地泣鬼神的诗作来。但不得不承认，人和人是有差距的，有些事即使你用尽全力、绞尽脑汁，也不见得能尽如人意。

结果，这些人的水平确实不咋地，所作的诗都太过平常。

轮到王天叙了，他自信水平在他们之上，这状元爷老爹的名号可不是徒有虚名。只见他一手端着酒杯，一手用筷子敲碗，想跟着节拍，来个一气呵成。但天有不测风云，就在王天叙摆足了谱，想脱口而出时，脑袋突然短路，已经到嘴边的诗，就是吟不出来。

这可太尴尬了，不仅丢自己的人，连状元儿子的脸也丢尽了。这下王天叙酒意全无，后背都开始冒汗了。

这时，在一旁的王阳明看到爷爷如此尴尬，便站起来说："爷爷早已作好了诗，嘱咐我在席间读出来。"于是，一首对仗工整的诗出现在大家面前：

金山一点大如拳，打破维扬水底天。
醉倚妙高台上月，玉箫吹彻洞龙眠。

古代金山如浮玉漂浮在波涛之上，山色青碧，江天一色，景色美不胜收。自古以来，有很多文人墨客留下了赞美金山的脍炙人口的诗篇。王阳明的这首诗动静结合，把金山的形胜气象淋漓尽致地表现了出来。

众人都夸王天叙了不起，不过只有尴尬的王天叙自己明白，这不过是王阳明为自己解围罢了。他想不到一个十岁的小孩，竟然能吟出这等上乘之作，真是了不起啊。

天下总有一些好事者，既然状元爷的老爹水平这么高，那么状元爷的儿子应该也差不了，于是，有人提议以景点"蔽月山房"为题，要让王阳明作诗一首。其实，这也就是一句玩笑之语，不会有人存心刁难一个孩子的。但王阳明却没有丝毫畏惧之色，一首《蔽月山房》随即脱口而出：

山近月远觉月小，便道此山大于月。
若人有眼大如天，还见山小月更阔。

平心而论，这首诗言古体而无气，言近体则无律，只是一首打油诗罢了。但细细品味，奥妙无穷：山和月哪个更大？这种辩证命题出自一个十岁少年之口，并给出了完美的思辨解答。

真是老子英雄儿好汉，这下，众人彻底服气。

第二章
天性不羁立大志

立志当圣人

到了京城以后，王天叙迫不及待地把王阳明作诗这件事对王华说了一遍。王华一听，脸上露出了欣喜的神色，这下对儿子更有信心了。他发誓一定要尽己所能，为王阳明创造最好的学习条件，把他培养成才。

"近朱者赤，近墨者黑。"不得不说，环境对一个人的成长有至关重要的作用。现在流行择校，即使要花一大笔血汗钱，家长也毫不手软。没办法，教育资源分布不合理，为了给孩子谋一个好前程，只能这样。

当时的王华也是这么想的，既然儿子的天赋如此之高，就绝对不能把儿子放在三流学校，于是，为了让王阳明能接受更好的教育，王华花了一大笔"择校费"，把儿子送到了京城有名的私塾念书。

王阳明在私塾没有给父亲丢脸，他的领悟能力很强，是所有学生中最聪明的一个，老师不禁对他另眼相待。如果王阳明能在私塾专心地研习四书五经，将来一定不会比老爹差，但他不是寻常的孩子，这就注定他不会走寻常路。

老师渐渐地发现王阳明不愿意在私塾里读书，反倒喜欢舞枪弄棒、读兵书，总是一副豪放不羁的样子。这不是个好苗头，如此聪明的一个学生，不走"正道"专心读书，却贪玩成性，真是可惜了。老师决定敲打敲打这个学生，但没过多久，没等老师去找他，王阳明就主动找老师"开战"了。

这天，老师开大课，所有的学生都聚集一堂，整个学堂黑压压地坐满了人，大家都在认真聆听老师的教诲。但老师没讲多久，王阳明就提了这么一个问题：何为第一等事？

这真是私塾历史上破天荒的事，从来没有学生如此大胆，不仅打断老师讲课，主动提出问题，而且问题如此宏大不俗。

老师一看提问者是聪明的王阳明，虽然这个学生坏了规矩，但老师没有生气，毕竟是自己的爱徒，他多少有些偏爱。不过，这也许是一个机会，自己正好可以教育一下这个贪玩的学生，便回答道："唯读书登第耳。"

读书考取功名，这和我们今天教育小孩要考清华北大差不多，一个读书人以此为人生的奋斗目标，这没什么错，一个塾师的境界也就这么高了。

王阳明睁着大眼睛，对老师的回答充满质疑，说："登第恐未为第一等事，或读书学圣贤耳。"

以"学圣"为头等理想，把科第放在其次，这是一种什么样的境界？一个十来岁的孩子就有如此高的境界，老师感到非常惊讶，他一下子意识到眼前的这个孩子绝非凡人。他虽然年纪小，但境界已经在自己之上，将来一定会有一番大作为的。

"学圣贤"就是不以登攀仕途为目的，而以成圣当伟人为目标。这事说起来容易，但做起来就难了。放眼古今，有几个人能称得上是圣人呢？但王阳明不惧，立志当圣人是他的梦想，在这个梦想的驱使下，他一步一步走向远方，走向成功。

当然，王阳明这个看似荒诞不经的一问还只是朦胧的生命意志，是良知的天然呈现，他用了二十多年的时间才将这个"我心"变成了天下之公器。

王阳明的这一问让他在同学中间树立了更高的威信，俨然成了学生中的大哥大，一帮同学天天都围着他转。

一个孩子被认为是神童天才时，往往会被宠坏，而调皮的王阳明就有种被"惯坏了"的感觉。他在家时，最喜欢干的事儿不是读书，而是和小朋友们玩军事游戏。

而且在学校也不加收敛，常常趁老师不在时，带头领着同学到学校外面玩耍，上演逃学威龙。

这帮逃学的孩子常常分成两队，每队都有自己特制的旗帜，并在王阳明的统一指挥下互相厮杀，还常常变换阵形，就好像真的在战场上战斗一样。

王阳明这种带头捣乱的行为让私塾的老师十分头痛。老师拿他没办法，便把他的表现告诉了他的父亲王华，希望王状元能管管自己的孩子，不要让一棵好苗子长歪了。

儿子那么聪明，本以为能得到老师的夸奖，没想到自己的儿子竟然如此贪玩，老爹王华气得浑身发抖，暗道：这不争气的东西，看我怎么收拾你！

回到家，王华开始检查儿子王阳明的功课，竟然门门都是优，他的气也就消了一半。虽然功课没落下，但贪玩是不对的，王华便质问王阳明："我们家世代都以读书为乐，你不专心诵读，带着同学外出嬉戏，搞这些不入流的东西，祖宗的脸都让你丢尽了！"

王阳明心中不服，反问道："读书有什么用？"

王华决定拿自己做例子教育儿子，让他心服口服，便说："读书取仕、光宗耀祖啊，只有书读得好，才有机会做大官。你看我之所以能中状元，都是靠苦读博取的啊。如果你老爹没把书读好，没有考中状元，你能有现在的好日子过吗？"

王华以为自己的现身说法足以让儿子回头，专心读书，但他想错了，他的儿子不是那么容易就放弃自己的主见的。

王阳明接着反问道："父亲中了状元，子孙后代还是状元吗？"

王华道："当然不是，你若想做状元，还要勤学苦读才行。"

王阳明轻飘飘地来了一句："原来只是一代，状元也不过如此。"

什么？这到底是什么孩子啊？连状元都看不起？王华恼羞成怒，既然劝说不管用，那只好用最后一招了：棍棒伺候。

也许用暴力能让儿子不再这么执拗吧。于是，王华脱下王阳明的裤子，用鞋子使劲抽，一下，两下，三下……

虽然很痛，王阳明却没有哭出声，反而接着说："儒者患不知兵。仲尼有文事，必有武备。区区章句之儒，平日叨窃富贵，以辞章粉饰太平，临事遇变，束手无策，此通儒之所羞也。"

王华怔住了，他高高举起的鞋子再也落不下去了，因为他那只有十来岁的孩子要当"通儒"，这是什么境界，他还是自己的儿子吗？

说也说不通，打也不起作用。王华被气得上气不接下气，他实在不知道该怎么办了，便向父亲王天叙求助。

王天叙却说："这孩子不一般，日后必定能官至极品，不会混得比你差，不用太过于担心。"

连老爹都这么说，王华彻底无语了，那就只能走一步看一步了。

其实，王阳明是自命不凡，有些狂傲了，如果让他放弃锦衣玉食的生活，经受一些磨难，他还会说状元无用吗？不过，狂傲的人自有狂傲的资本，如果人人都循规蹈矩、安守本分，那这个世界还会有创新，有发展吗？一定是一潭死水，毫无活力和生机可言。

毫无疑问，"立志"是一个人能否成才的关键一步。虽然王阳明的圣人之志为以后的成长奠定了良好的基础，但他自命不凡，目空一切，也为日后埋下了不小的祸患。

人为信仰而活

时间过得很快，一晃王阳明来京城已经有几年时间了。

刻板的塾师，更为刻板的经义，乃至一成不变的父亲，都让他烦不胜烦。极度郁闷中的他索性离家出走，宣告他的狂放人生正式开始，这年他才十五岁。

王阳明的目的地是居庸关。

居庸关地势险要，自古为兵家必争之地。它有南北两个关口，南名"南口"，北称"居庸关"。早在春秋战国时，燕国就把这里作为防守要道。汉朝时，居庸关城已经颇具规模，此后历唐、辽、金、元数朝，居庸关都有重兵把守。到了明朝，朱元璋怕蒙古人卷土重来，花费了大量的钱财，让徐达、常遇春在居庸关修建了一系列军事防御设施，以确保北京的安全。

到了王阳明生活的时代，明朝已经有一百年的建国史，辉煌已经过去，矛盾丛生。皇帝昏庸，不理朝政，整天沉迷于花天酒地。上行下效，地方官的腐败更是有过之而无不及。结果，黎民百姓穷困潦倒，吃了上顿没下顿，被沉重的税赋压得喘不过气来。为了活命，各地百姓纷纷揭竿而起，农民起义风起云涌。还有，长城以北的鞑靼势力越来越强大，北方边陲狼烟烽火不断。这些都严重威胁着京师的安全，明朝的封建统治受到了猛烈的冲击。

别看王阳明年纪不大，却非常关心国家大事，他看见国家连年征战，感慨地对父亲说："今天下波颓风靡，为日已久，何异于病革临绝之时。"（如今天下乱糟糟这么长时间了，就像一个人久病快要死亡了。）

少年王阳明不仅留心时政，担心大厦将倾的危机发生，还屡次上书朝廷，为平定刘千斤、石和尚的起义出谋献策。

疯了，真是疯了。

一个十来岁的孩子不好好读书，谈什么国家大事，还装模作样地给朝廷写信，当自己是什么啊。王华大骂了王阳明一顿，但保守的他岂能明白王阳明幼小的心灵在想什么？他是不理解王阳明的。王阳明不理会父亲的责骂，依旧隔三差五地上书朝廷，献上自己的真知灼见。也许这些上书早就被丢进了垃圾篓，根本没人会看，但这并不影响王阳明的积极性，只要他认为是正确的事，就要去做，如今做了，也就够了。

分久必合，合久必分，中国的历史用一句话概括就是：合——分——合——分——合——分——合……

任何一个封建王朝都不可能千秋万代，总是逃脱不掉繁荣昌盛到衰落残败的规律，但天性不羁、跃马扬鞭的王阳明有自己的信仰，他希望国泰民安，希望老百姓都能有口饭吃。

王阳明选居庸关，还因为这一年蒙古"小王子"侵入甘州，明朝的将领战死。这些事件对王阳明的刺激很大。他认为要做圣人，就必须有能力保护国土安全，所以居庸关成为他了解边境状况的首选之地。

居庸关依山起势，巍峨雄壮，是北京的咽喉。王阳明登上居庸关，看着长城连绵起伏，一种豪气便在心里油然而生，那种欲与天公试比高的远大志向在他心中已经扎了根。他开始幻想，如果让自己来镇守边关，外族一定不敢入侵，百姓一定能够安居乐业。那种"慨然有经略四方之志"让他心潮澎湃，自己俨然已经成为独当一面的边关大将。

到目前为止，十五岁的王阳明虽然还只是怀有民族大义的少年，但在报效疆场的爱国之心的激励下，他孤身一人冒着危险去探寻关外少数民族部落的情况，仔细了解居庸关一带的地理地貌、道路交通以及各要塞关隘的防御等情况，为将来能率领大军冲锋陷阵做准备。就这样，王阳明登长城，访乡贤，凭吊古战场，一个人忙得不亦乐乎。

另外，王阳明只身在边关考察形势时，他还学习骑马射箭，练习武术，做好了为国家安宁献身的准备。

一天，王阳明在一个狭窄的山道上碰到两个骑马的鞑靼人，这两个人有说有笑，根本没把少年王阳明放在眼里，还对他大喊大叫，让他让路。很快他们就为自己的猖狂付出了代价。只见王阳明快速地搭弓射箭，只听嗖嗖两声，鞑靼人猝不及防，一起中箭。

见两个鞑靼人受伤了，王阳明连喊带射，向二人猛冲过去。两个鞑靼人没想到少年王阳明如此威猛，赶紧掉转马头，仓皇逃跑。

你也许会问，一个十来岁的孩子凭什么这么自信，这么能搞？答案是没办法，主角王阳明就是这么自信，这么能搞。他的自信就像清晨的竹笋那样噼里啪啦地伸节拉段，在阳光下变成硬挺的竹。

记得有一次，王阳明与同窗在京师逛长安街。迎面走来一个算命先生，这个人抓住王阳明的胳膊，说要给他看相。还声称他是难得的好面相，自己免费看相。

这种天上掉馅饼的事，一般都包藏祸心，也许这个人要图谋不轨，王阳明的同窗向他使眼色，让他快走，以免上当受骗。

王阳明觉得不就是看个相，还能少根汗毛不成？便答应了算命先生的请求。算命先生仔细看了一下王阳明的面相，又摸了摸王阳明的骨相，便闭上眼，口中念念有词，还用手指掐算着什么。不一会儿，他便猛地睁开眼睛，说："孩子，你有一副千年难遇的福相，经历一番磨难后，日后定能成为圣人。"

王阳明一直也是这么要求自己的，没想到算命先生的话与他的心思不谋而合，于是他更加自信，一定要明明白白地活，不能浑浑噩噩，成为圣人便是他毕生的信仰和追求。

第二章 天性不羁立大志

一天，王阳明做了个梦，梦见自己去拜谒汉朝名将马援的伏波将军庙。日有所思，夜有所梦，王阳明总想着报效疆场，马革裹尸，做这样的梦也没什么好奇怪的。但神奇的是，他竟然在梦里赋诗一首：

卷甲归来马伏波，早年兵法鬓毛皤。

云埋铜柱雷轰折，六字题文尚不磨。

短短一首小诗，颂扬了马援为汉朝中兴戎马一生的丰功伟绩，透露了自己愿意以马援为榜样，报国立功的远大志向。

他醒来后，便把这首诗记了下来，后来，这首诗被广为流传。

真是，人比人该死，货比货该扔。这人和人的差距怎么就这么大呢？王阳明如此厉害，让那些憋半天也憋不出三个字的读书人情何以堪？

转眼间，一个月过去了。王阳明觉得该回家了，不然家里人一定会以为自己失踪了，一定会急疯的。其实，王家已经乱成一锅粥了。当初王阳明离家出走后，王华就发动一切能发动的力量寻找宝贝儿子，但把京城翻遍了，也没有找到王阳明的影子。接连几天都没有王阳明的消息，大家劝他不要再找了，也许王阳明真的失踪了。但王华不死心，自个儿在大街小巷呼喊王阳明的名字，他坚信，儿子一定还活着。

就在大家万念俱灰之际，王阳明风尘仆仆地回来了。

王华本想对他责骂痛打一番，但最后竟然抱着儿子痛哭起来。虽然这个儿子不听话，但他是王家的希望啊。

经过这番折腾后，王阳明也觉得自己这事儿做得有些过分了，在接下来的几年，他稍微安分了一些，再也没有做像上面那样失踪一个月的事情了。

在洞房花烛夜掉链子

弘治元年（1488年），王阳明十七岁了。虽然消停了两年，但王华还是不放心，怕儿子哪天冷不丁再折腾一番，自己的心脏可就真受不了了。

儿子已经长大了，可以成家了，也许娶个媳妇才能真正拴住儿子的心，而且还能抱大胖孙子。王华思来想去，觉得这事儿有利无害，便决定让儿子去迎娶未过门的儿媳妇。

于是，王阳明带着完婚的任务回到了浙江老家。

王阳明的生母郑氏前几年就去世了。当初，在得知母亲去世的噩耗后，王阳明一下子蒙了。他泪流满面，心胆俱裂，肝腑俱摧：母亲的身体一向很好，怎么就……

他想起与母亲分别的那一天：母亲牵着他的手，一路上千叮咛万嘱咐，顶着北风，一直把他送出十里之外。王阳明走出两三里，回过头来一看，母亲仍站在路边，两眼直直地望着自己，不停地向他挥手告别……

这告别的场景如同发生在昨日一样，历历在目，怎么一下子就与母亲阴阳相隔了呢？母亲永远闭上了双眼，王阳明再也听不到母亲呼喊自己的乳名了。

母亲的离去，给王阳明带来了很大的震撼。夜深梦醒，仰望星穹，他开始思索，人为什么来到这个世界上，又为什么会离开这个世界？人生短短几十个春秋，活着到底是为了什么？每当想到这里，王阳明就觉得自己太渺小了，死亡的恐惧压得他有些喘不过气来。

当死亡真正降临后，我们的存在终将消逝，一切将化归虚无和沉寂。死亡是对一切可能性的终结，它是自我意识的消融，它是不可穿透的黑暗。

有谁能不害怕死亡呢？

就佛教而言，虽然死亡意味着生命新一轮轮回，投胎转世。但没有揭开人生的真相，就谈什么投胎转世轮回，岂不可笑？所以，为什么活着，人生的真相是什么，一度成为王阳明思考的问题。

如今回到浙江老家，睹物思人，王阳明又一次深切地感受到了死亡的残酷。消极情绪困扰着他，让他感到极度无助。人生的苦乐无常让他萌生了修道学佛的念头，好在这种消极、悲观的思想不过是一时的冲动罢了，他终究不是出世之人，内在的"学圣"抱负支撑着他不断向前。

王阳明要娶的媳妇是出身名门望族的大家闺秀。他未来的岳父大人叫诸介庵，是本地人，王华的至交，任江西布政司参议（省民政厅长）。

这门亲事还要从头说起。当初，诸介庵到王家做客，看到小王云，非常喜欢。虽然王云闭口不说话，还调皮捣蛋，但这些缺点在诸介庵眼中却成了大智若愚和聪明伶俐的表现。他非常看好王云，认为他将来一定能成大气候，便果断地和王华定了娃娃亲。

现在，王阳明已经年满十七岁，可以成婚了。既然老爹和别人定了亲事，那个年代哪里敢有人忤逆长辈的意愿，王阳明只有乖乖地遵从父命。为了表示自己对这件人生大事的重视和对未来岳父的尊重，王阳明不远千里，亲自到南昌迎娶夫人诸氏。

王阳明的行为让岳父大人高兴不已，而且从王阳明的言谈举止能看出这个人以后不简单，所以岳父大人对这个女婿的招待也格外用心。

人生有四大喜：久旱逢甘霖，他乡遇故知，洞房花烛夜，金榜题名时。按理说，如今王阳明要洞房花烛夜，这是一件让人喜上眉梢的事情。

春宵一刻值千金，任何一个男人遇到这种喜事都会乐得屁颠屁颠的，但王阳明的表现却让人大跌眼镜。

约定的婚期很快就到了。岳父家中张灯结彩，宾客满座，万事俱备，只等新郎登场了。但就在这个节骨眼上，一个不好的消息让诸家炸开了锅：新郎官失踪了！

这是什么情况？

逃婚？

至于吗？

且不说宾客们有什么感想，诸介庵和新娘子面子可丢大了。

看着自己心爱的女儿哭哭啼啼，诸介庵大怒道："找，赶紧找，就是掘地三尺，也要把王阳明给我挖出来！"

于是，诸府上下一通忙活，但找了一个通宵，连王阳明的影子都没见到。

诸介庵瘫坐在地上，喃喃道："看来，这小子是想悔婚啊，这婚没法结了。唉，我女儿的命怎么就这么苦啊！"

第二天上午，让人意想不到的事情发生了，王阳明竟然自己回来了。

原来，在举办婚礼的当天，王阳明不知道自己该干什么，对男女之事也没有兴趣，在百无聊赖之际，开始专心地思考。他一心只惦记着怎样成为圣人，便像个游魂一样，离开了热闹的人群，到外面散步，跟着自己的心走。

王阳明边走边想，不知不觉就来到了城外一个叫铁柱宫的道观。见道观中坐着一个闭目养神的道士，王阳明兴致大起，便与道士对坐，开始大谈养生之道，把婚礼洞房的事情抛到了脑后。二人越谈越来劲，结果整整谈了一宿，直到东方发白，王阳明才想起了结婚的事，急匆匆地赶回家。

当王阳明得知，诸府上下为了找自己折腾了一宿，新娘子哭了整整一夜，好好的一个婚礼被自己弄得是七零八落时，他感到万分尴尬，对新娘一家深表歉意。

新婚前夜还有心情散步，甚至整宿不回家，这种怪人真是难得一见。如今这种人竟然成了自己的女婿。诸介庵哭笑不得，他见王阳明不是故意躲着不结婚，只是无意间犯了个错，便原谅了他。而新娘子见王阳明回来了，也破涕为笑。就此，这场闹剧圆满收场，王阳明终于把媳妇娶回了家。

其实，对王阳明来说，他根本没想悔婚，也没胆子悔婚，当然也不愿意在新婚之夜发生这样的事情，只是没有管住自己的腿和嘴。成圣的事情，还那么遥远，需要不断地上下求索，他现在最要紧的就是过好自己的小日子。

第三章
漫漫科举路

圣人必可学而至

既然已经成了家,这以后就不是一个人过日子了,就要负起一个男人应该负的责任。因为多了一份牵挂,所以王阳明乖了很多,小夫妻恩恩爱爱,最初的婚姻生活和谐而美满。

为了避免王阳明再次到处乱跑,诸介庵把王阳明留在自己的官署,忙的时候就让他帮忙处理一些公文,闲了就任由王阳明喝茶、看书打发时间。

这日子过得也太无聊了,总不能每天看着天花板、抠指甲吧。王阳明便开始自己找乐子。他迷上了书法,用大部分的时间来练习书法。结果,王阳明报销了几箩筐纸,书法取得了很大的进步,逐渐形成自己的风格。他的字清劲峻拔、自由散逸、风格独特,在明代书法史上占有重要一席,只是这一成就被他突出的哲学成就所掩盖,没能鲜明地显示于世。

值得一提的是,王阳明的书法作品以行草为主,将心学融入书法,极大地丰富了中国的书法理论。著名书法家徐渭曾说:"王羲之'以书掩其人',王阳明则'以人掩其书'。"正如王阳明自己所说："吾始学书，对摹古帖，止得字形。后举笔不轻落纸，凝思静虑，拟形于心，久之始通其法。既后读明道先生书曰：'吾作字甚敬，非是要字好，只此是学。'既非要字好，又何学也？乃知古人随时随事只在心上学，此心精明，字好亦在其中矣。"这段话强调了"心"在学书法中的作用，只有用心揣摩古帖的神韵，才能"始通其法"。这表明王阳明已经开始注重"心"学了。

转眼到了第二年的年底，诸介庵见女婿还算本分，没有吃喝嫖赌的恶习，只是偶尔脑袋短路，做些让人哭笑不得的事情，总算放心了。但总是这样拴着女婿不让他回京，也不是个事儿，毕竟不是上门女婿。于是，诸介庵经过再三考虑，决定让王阳明带着自己的女儿回京。

年前来南昌，王阳明还是孤身一人，现在却带着娇妻返乡。听着船头激起的哗哗的水声，王阳明感觉到了一种前所未有的幸福。路过上饶时，听说著名的理学大师娄谅就住在这里，王阳明异常兴奋，便带着妻子一同拜访自己的偶像。

娄谅，字克贞，别号一斋，江西广信上饶人，明代著名理学家。他年轻时就立志成圣，曾经遍访名师，结果却不令人满意。他曾不屑地说："大家所说的都是举子学，并非是身心的学问。"就跟现在写书一样，跟风永远不会写出畅销书，要有自己所想，发自内心的东西才能在出版业长盛不衰。

后来，娄谅听说著名理学家吴与弼（字傅，号康斋）在抚州崇仁乡居，便从上饶赶往崇仁，投在吴与弼的门下。吴与弼完全遵从程朱之道，认为人应当让自己的身心变得明净。他的学术流传较广，弟子众多，形成"崇仁学派"。该学派认为理是宇宙的本体，理产生气，气产生万物；坚持万事"万殊而一体"。这对明代学术思潮的兴起具有"启明"的作用。

吴与弼非常赏识娄谅，把自己平生所学全部教给了他。在崇仁待了几年后，娄谅因病回到上饶。得到了吴与弼的真传，娄谅的知名度在上饶越来越高，地方官员对他也很尊敬，常常带着幕僚前来拜访。但他不愿与官府过多交往，把时间都用在做学问上。他每天早早就起床，先拜家祠，接受家人及门生的揖拜，随后翻阅群书，常常到了深夜才入寝，从来不曾有丝毫懈怠。

在学术观点上，娄谅基本属于程朱一派，但已受吴与弼的影响，其格物之学已经有了心学的色彩。所以，王阳明在娄谅那里，除了接受宋儒"格物致知"的老一套外,学到的最有价值的一句话就是:圣人必可学而至。这就坚定了王阳明致力于成为圣人的信念。所以,后世认为,即使娄谅不是王阳明心学发端之人,也起了非常重要的作用。

阳明格竹

弘治三年(1490年),王阳明的爷爷王天叙逝世。先是母亲离开自己,接着爷爷也离自己而去,偌大的宅院中只剩下祖母一人。面对一榻一椅,总让人回想起祖父的音容笑貌。

人的生命如孤木般易断,如花瓶般易碎,不堪一击。亲人的去世让王阳明仿佛一夜之间长大了。他发誓,在有限的岁月里一定要创一番伟业。在成圣的道路上,他将永不止步!

因为父亲去世,在京为官的王华回到老家守丧。在守丧期间,他顺便给家族里的子孙们讲经解义,以应科举考试。有状元爷亲自上课,这无疑提高了成功的概率。没什么好说的,玩命地学吧。于是,王阳明白天跟着大伙儿一块儿上课,晚上搜集诸子百家的经书,广泛浏览阅读,常常看书看到深夜。

复习备考的日子艰苦又漫长,王阳明每天的生活除了吃睡,就是学习。虽然单调无聊,但通过这一阶段的勤奋学习,王阳明的文字能力有了很大的提高,在待人接物方面也不再喜欢说俏皮话,而是模仿圣人"端坐省言",不再放纵自己,开始体悟理学家的身心修养。如果用一句话来概括王阳明此时的表现,那就是这孩子真的长大了,懂事了。

但王阳明注定不是一个普通人,他的一贯风格是不走寻常路,总要做一些在常人看来异常荒唐的事情。这不,在读书迎考期间,他就做了一件让人瞠目结舌的事情。

这天,看了半天的书,有些疲惫的王阳明来到院子里,抬头仰望天空的浮云,一下子浮想联翩。

还记得,《礼记·大学》中提到"格物致知",认为修身、齐家、治国、平天下之道都以"格物致知"为前提。但长期以来,作为理学思想源头之一"格物致知"之说并未得到充分的重视。后来，南宋集理学之大成者朱熹高度概括地论述了"格物致知"的思想，指出"格物致知"既在求真，也在求善。这样，人不仅获得了外部事物的知识，自身道德体认也得到了践履；知识愈多，心中之知就愈加明了。

在理学权威著作《近思录》中，王阳明看到这样的一句话：众物必有表里精粗，一草一木皆涵至理。仔细品味一番后，他的眼睛一亮：原来"理"这个东西存在于自然万物之中，要放心大胆地去格，总有一天会恍然大悟，成为圣贤的。

王阳明立志要当圣人，就要把这个问题搞得明明白白。既然朱熹都这么说了，那就格吧。该格什么呢？记得爷爷在自家后园种了很多竹子，那就从格竹子开始吧。

王阳明特意邀请了一位姓钱的朋友和他一起格竹子。两人一屁股坐下来，眼睛盯紧一根竹子"格"了起来，竭尽全力想格明白其中蕴含的道理。

不得不说，一动不动地想透过竹子的形相认识到内在的更为根本的东西，这种举动非常消耗人的精气神。果然，到了第三天，小钱就开始打退堂鼓。一来，因为用脑过度，他坚持不下去了；二来，他感觉自己的行为像个傻子，开始质疑这种举动的实际意义。

看着小钱离去的背影，王阳明心想自己和别人是不一样的，一定能坚持下去。但他高估了自己的能力，到了第七天，他便开始头晕眼花，因为劳累过度病倒。病倒没什么可怕的，可怕的是他一无所获。就这样，王阳明以竹子为题，整整思考了七天，这场为期七天、轰轰烈烈的格物运动，史称"阳明格竹"。

其实，程朱的"格物致知"强调的是多观察多思考，这样才能化繁为简，融会贯通。这是一个漫长的过程，但少年王阳明却想通过格竹一蹴而就，领悟万物之理，这自然是他一厢情愿，是不可能实现的。但通过"格竹"，王阳明终于明白，仅凭意志力是不能走得更远的，从外部去认识这个世界是行不通的。正如孔子所说，"终日不食，终夜不寝，以思，无益，不如学也"。想一步就悟道成圣是不可能的，必须积极寻找其他的道路。

折磨人的科举制度

"格竹"之举失败后，王阳明成圣的心开始动摇了。有一段时间，他像霜打了的茄子一样提不起精神。的确，这几年来，他"遍求朱熹遗书，读之"，除了准备科举考试外，几乎把全部精力都用在钻研理学上了。没想到碰了一鼻子灰，这怎能让人不沮丧呢？

人总要找点儿事儿做，既然格物不成，那就只能掉头钻研"辞章之学"，准备参加科举考试。本以为凭着聪明才智，自己能轻松过关，也像老爹一样弄个状元，但老天和他开了一个大玩笑。

在弘治五年（1492年）的浙江乡试中，年满二十岁的王阳明便轻松中举，所有人都认为他在第二年的会试中一定会一鸣惊人。王阳明自己也信心饱满、志在必得，但在弘治六年（1493年）的会试中，他却落榜了。

在这里，介绍一下封建社会的科举制度。

科举制度是中国古代最重要的选官制度。它大体上在南北朝萌芽，始于隋而成于唐，完备于宋元时期。到了明代，科举制度发生了重大的变化，迎来了发展的鼎盛时期。

唐宋时期，科举录取名额非常少，通常一科只取几十人。明朝自洪武三年（1370年）起开科举，实行扩招。这下人们纷纷以读书为业，挤破了脑袋也要往里钻，为的就是通过科举来谋得一官半职，改变自己的人生之路，光宗耀祖。

其实，教育的目的是为了给社会培养人才，然而手段往往与目的是颠倒的，明朝的科举之所以被"妖魔化"，就是因为没能很好地实现教育目的。因为若想通过科举改变命运，你需要经历重重考验，不掉几层皮是过不了这个独木桥的。

当时，明朝的科举考试分为四级：

第一级是在州县举行的院试，不管你的年纪大小，考试者被统称为"童生"。考试合格的人被称为"秀才"，从此摆脱平民的身份，步入了知识分子的行列。

第二级是省一级的统考，叫乡试，这种考试三年才有一次，由省里出题，名额有一定的限制。如果你又幸运过关，就成为举人。这时你还不能乐得太早，因为虽然你有资格做官，但不一定真能当官，只有等到官缺，才可能派你去补缺。

第三级是会试，这是人生的真正考验，因为你的对手是其他省的精英，是在人才中选人才，竞争自然是非常激烈的。

第四级是殿试，这是最后一道考验，主考官是当朝皇帝，由皇帝提问，考生回答，内容主要是策问。

根据在殿试中的表现，考生被划分三甲，一甲有三个人，叫进士及第，分别是状元、榜眼、探花；二甲若干人，叫赐进士出身；三甲若干人，叫赐同进士出身。

这就是明朝科举制度的程序，如果你顺利过了这四关，恭喜你，你会被派任官职。不过，要从基层锻炼开始，然后一步一步往上爬。

不管官职大小，好歹也算是个公务员了，有了铁饭碗，就不用担心下岗失业，再也不用为以后的生活担忧了。再说，与人聊天时，说自己是进士出身，特有面子，所以，科举考试不仅是博取官位的方法，也是读书人追求荣誉的途径，读书人使出浑身解数挤这座独木桥就不足为怪了。

这么多人前仆后继地想跻身于公务员的行列，但没那么多坑啊。怎么办？统治者想出了一个好办法——八股。八股文分为破题、承题、起讲、入题、起股、出题、中股、后股、束股、收结几个部分，其中精华部分是起股、中股、后股、束股，这四个部分必须用排比对偶句，共有八股，所以称为"八股文"。

这道关卡让无数考生陷入到极端的痛苦中，因为八股文专讲形式、没有内容，文章的每个段落死守在固定的格式里面，连字数都有限制，要求人们按照题目的字义敷衍成文。结果，八股考试选出的人才很多都是书呆子，这一制度弊多利少，禁锢人们的思维，害人不浅。

我们接着看王阳明，面对落第的现实，说他完全无动于衷是不可能的，暂且搁下他的远大理想不说，单单就如何面对身为状元的父亲，就够让人头疼的，这次少不了又要被父亲数落半天了。

不过，王阳明与那些落第后哭天抢地，甚至要闹着寻短见的同学不同，他比较淡定。因为考取功名不过是现实生活中无法避免的一步棋罢了，自己尽力拼过，就足够了，至于结果，就听天由命吧。在王阳明心中，如何成为圣人，参透人世哲理才是他一生追求的目标。

所以，会试落榜后，王阳明这样说："世人都认为没有考中进士，没有获取功名是可耻的事；我却认为，因为没有考中进士而丧失自尊，一蹶不振，那才是可耻的事！"（世以不得第为耻，吾以不得第动心为耻。）

不就是落榜吗，也没要人的命。在王阳明看来，这没什么大不了的。

潇洒啊，简直帅呆了。

扛得住，才会有未来

对于会试落第，虽然王阳明没什么感觉，还像往常一样有说有笑的，但有些人觉得这打击对他太大了，他现在的说笑是装出来的，没准半夜自己在被窝里偷偷地抹眼泪呢。

看在他有个状元父亲的面子上，一些人纷纷前来安慰，尤其是那些他父亲的同僚，早就听闻王阳明才华了得，没想到会落榜，便前来安抚他那颗受伤的心。

内阁首辅李东阳开玩笑说："你这次落榜没关系，下次考试一定能得状元，试着写个《来科状元赋》吧。"（汝今岁不第，来科必为状元，试作来科状元赋。）

其实，李东阳没有别的意思，就是想安慰一下同僚的儿子，让他找回自信，以状元爹为榜样，继续在科举路上拼一把。

按理来说，一般人都会感谢一番，谦虚一番，毕竟是宰相级别的人物前来安抚，这面子还是要给的。但王阳明却不这么想，不就是个命题作文，这难不倒我，于是他提笔就写，一气呵成，写完了这篇命题作文。

当时在场的其他官员读后都大为惊叹："天才！天才！"

也许，王阳明也没别的意思，无非就是想证明一下自己的实力罢了，但他忘记了一句话：枪打出头鸟。

有人的地方就有江湖，有江湖的地方就有争斗。在这片神州大地上，扬才露己会让你成为众矢之的，所以先贤教导我们为人要低调，低调，再低调。但王阳明在李东阳的鼓动下，自信都快爆棚了，忘记了为人低调这一点，结果"悬笔立就"。

虽然一个人自信一些是好事，但如果把握不好分寸，过了头，就成狂傲偏执了。虽然王阳明还没到这一步，但他的表现已经让一些人心里犯嘀咕了。

有些官员就悄悄议论："这小子的确有才，他若是真的状元及第，当了大官，眼中还会有我们这些人吗？"（此子如果取上第，目中不会有我辈矣。）

都说"不怕贼偷，就怕贼惦记"。这话不假，嫉贤妒能是一些小人物的本性。被这些人惦记上的王阳明会有好果子吃吗？自然不会。

果然，来科会试，二十二岁的王阳明又名落孙山了。

也许是老天爷故意要苦他的心志，劳他的筋骨，让他走一段弯路，或者是让他暂时停滞下来，所以让他接连遭遇两次失败。

接连的落榜打击，放在谁身上也不会觉得心里好受。好在以圣人为追求的王阳明有开阔的胸怀。他认为，谋事在人，成事在天。做一件事，只要尽心尽力了，不管结果如何，都问心无愧，所以他依旧潇洒。

连续两次落榜，不能不算是王阳明人生道路上的一大挫折，但他却表现出了与年龄不相称的达观态度，这种心态值得我们后人效仿。

不管怎么说，王阳明暂时是一个失败者，他该如何应对这场失败危机呢？有的人在失败面前一蹶不振，再也爬不起来；有的人恰恰相反，越挫越勇。王阳明属于后者，他没有因为考试落榜而颓废不堪。

既然落榜了，继续留在京城也没什么意义，王阳明便回到老家，成立了龙泉山诗社，用诗歌来填补内心的落寞和失意。

在中国古代社会，失意的文人总会搞些东西，一来发泄自己内心不满的情绪，二来借以表明自己的存在。自从唐中期出现文人结社后，文人士子就以此作为自己重要的活动方式。到了明代，就更不能小看这种结社活动了。据有的学者研究，在明代有六百多家结社。这不仅影响到当时的文风、学风，而且对明朝的地方政治也有一定的影响。

大体来说，明朝文人结社有四大类，分别是：纯粹的诗社，怡老会社，文社和政治会社。

纯粹的诗社是一种诗人的小型社团，主要是为了流连诗酒、愉悦性情。这种诗社往往起于诗人之间的诗酒兴会，互相酬唱，抒发意气。成员一般都是同一地域的诗人，聚散不定。

怡老会社往往带有某种隐居的性质，更多的是纯粹的怡情养性之举，大多是由年老退休或退隐的官吏组成。这些人在官场沉浮多年，习惯了前呼后拥，如今退

第三章 漫漫科举路

下来后，多少有些空虚和无聊，便建一处别墅山庄，几个同乡故友凑在一起，在林下湖边吟唱，这无疑是一种怡养晚年的好方法。

文社以作文为主，说起来似乎更近于"以文会友，以友辅仁"，其实不然。文社是应文人士子研究八股时艺、谋取科举功名而兴盛起来的，专门研习时艺，揣摩风气，以求取功名、跻身官场为最终目的。

由于文社有强烈的实用功利性，转化成政治会社就不足为怪了，因为干预政治，很容易卷入政争和党争中。明末的政治会社以复社为代表。复社是由江南一带的许多文社组成的，曾召集东南人士集会，一度多达数千人。这股很强的政治势力引起了朝廷的注意，结果复社由于卷入了政治斗争的漩涡，骨干人物的下场都非常悲惨。所以政治会社犹如流星一般，璀璨而短暂。

到了清朝，鉴于明朝社盟的弊端，清政府多次颁布法令，严禁立盟结社。雍正三年（1725 年），清世宗再次颁布严令禁止结社，结果，文人士子不得不开始收敛自己，文人结社从此走向衰落。

接着看王阳明的龙泉山诗社，和政治连半毛钱的关系都没有，是一个纯粹的诗社。诗社成员除了吟诗作赋，就是游山玩水，一派名人文士的格调，悠闲自在，好不快活。

在诗社的这段日子里，王阳明以诗歌来言志，创作了许多脍炙人口的好诗，比如《忆龙泉山》：

> 我爱龙泉山，山僧颇疏野。
> 尽日坐井栏，有时卧松下。
> 一夕别云山，三年走车马。
> 愧杀岩下泉，朝夕自清泻。

这种山清水秀的生活陶冶了王阳明的心性，让他能够坦然面对生活的得意和失意。

虽然寄情山水让王阳明潇洒自如，但他自始至终没有忘记自己的追求和信念，有诗为证：

学诗须学古，脱俗去陈言。
譬若千丈木，勿为藤蔓缠。
又如昆仑派，一泄成大川。
人言古今异，此语皆虚传。
吾苟得其意，今古何异焉？
子才良可进，望汝成圣贤。
学文乃余事，聊云子所偏。

在这首诗里，王阳明先讨论了一下明代"前七子"[①]的文学复古主张，接着笔锋一转，表达了自己追求内圣外王的意图。

---

① 明代兴起的以反对台阁体诗风的人，其中以李梦阳、王九思、徐祯卿、康海、何景明、边贡、王廷相为代表，后被称为明代"前七子"。

第四章
有一种无趣叫仕途

忧国忧民，纸上谈兵

虽然寄情山水的日子让人留恋万分，但心中的那份信念迫使王阳明不得不放弃这种生活——不能就这么混下去了，人活着总得有些追求。

弘治十年（1497年），二十六岁的王阳明打消了归隐念头，离开家乡，再次回到北京。这次，回荡在耳边的消息让他坐立不安：蒙古人在边疆闹事了，跑到大同烧杀劫掠，无恶不作。（小王子犯潮河川。己巳，犯大同。）

边关危急，朝廷上下都忧心忡忡，急切地需要派一名文武双全的武将前去戍边。但弘治年间，明朝已经没有了朱元璋当初建国时的勇气和魄力，实力大不如前。休养生息的时间久了，一旦谈到打仗，不管是文臣还是武将都两手冒汗，因为他们习惯了醉生梦死，这种卫国御辱的重担把他们压得爬也爬不起来。

面对国家的严峻时局，王阳明心里很焦急。不就是推举出一名大将，真的就那么难吗？他找到了问题的症结所在，感慨地说："武举之设，仅得骑射搏击之士，而不可以收韬略统驭之才；平时不讲将略，而欲临时备用，不亦难乎！"也就是说，朝廷在选将时只注重你能不能打，忽略了谋略，如今想选一位文武全才的将领，自然就难办了。

边患危机让王阳明意识到兵家之学的重要，他感到只专心于"心"学是不够的，于是，他开始学习各种军事典籍，把骑马、射箭练习得更加娴熟。

其实，王阳明少年时就娴熟骑射，而且也接触过兵法。他不仅仅只是个书生，在余姚读书时，一个叫许璋的私塾先生就曾教过他骑射，还跟他讲过很多军事理念。

许璋，字半圭，明代上虞人。他性格淳厚，吃苦修行，曾是王阳明在余姚的塾师，传授王阳明奇门遁甲诸书与诸葛武侯战阵之法。

王阳明有这打底子，再钻研兵法，自然就是小菜一碟。后来的事实证明，在克敌制胜时，心学和兵道是可以画等号的，王阳明的纸上谈兵是纸上谈"心"。

不管做什么事，只要专注，一定会有奇效。王阳明就是如此，既然决定研究兵法，就要有研究兵法的样子。他留心武事，抱来一大堆兵家秘书钻研，比如：《孙子兵法》《尉缭子》《六韬》《吴子》《三略》等。

另外，每当遇到宴席，王阳明就把果核聚到一起列阵势演练，入迷程度可见一斑。一个二十六岁的举人"老爷"在宾客面前做这种游戏成何体统？了解王阳明的人知道他在忧国忧民，不了解王阳明的人还以为他有精神病。当时大家对他的评价是"好言兵，且善射"。

王阳明的努力换来了收获，这时期对兵法的钻研让他的军事理论和军事战略得到了很大的提高，虽然未能成为戍边大将，但后来能成功镇压农民起义和平藩，与这段时间的苦学是分不开的。

明代学者薛侃这样品评王阳明："具文武之全才，阐圣贤之绝学。"近代学者梁启超也评价说："阳明先生，百世之师。"能得到如此高的评价，绝非偶然，而是靠实力的。《广名将传》选录了从西周到明代的一百七十多位名将，其中就有王阳明，这足以说明王阳明文武全才，是古代名将之一。

王阳明认为一个将才，应该是道德、心理、智慧、技术都属优秀者，他在治军上主张储备良将，曾这样说："臣惟将者，三军之所恃以动，得其人则克以胜，非其人则败以亡，其可以不预蓄哉？"在将领的使用上，他主张"隆其委任，重其威权，略其小过，假以岁月，而要其成功"，也就是说，要信任和尊重将领。

王阳明熟谙《孙子兵法》，精通战争谋略，他运用《孙子兵法》中"兵无常势"，

"因敌而制胜"的思想,从实际情况出发,对不同的作战对象采取不同的战略,往往能取得出奇制胜的效果。

在《明史》中,史臣这样评价王阳明:"王守仁始以直节著,比任疆事,提弱卒,从诸书生扫积年逋寇,平定孽藩。终明之世,文臣用兵制胜,未有如守仁者也。"对于文臣出身的王阳明来说,这是极高的赞誉。

虽然王阳明在对兵法的研究中获得了极大的进步,也获得了后人极高的赞誉,但这段时间他是苦闷的,思想上发生了激烈的冲突:"自念辞章艺能不足以通至道,求师友于天下,又不数遇,心持惶惑。"有这个念头的王阳明不知从哪里弄来一封朱熹上宋光宗奏疏,其中有这么一段给他留下了深刻的印象:"居敬持志,为读书之本;循序致精,为读书之法。"想想自己二十多年的求学经历,王阳明发现自己虽然读了不少书,但没有循序而致精,所以没什么大的收获。既然找到了问题的症结,那么后面的事就好办了。王阳明很快调整了读书方法,按照朱熹开的"方子",循序渐进,以穷"天理"。

修炼一段时间后,王阳明依旧茫然失措,一头雾水。先有格竹子,再有循序致精,都不能让王阳明有所突破,他开始怀疑自己成圣的目标,从此与朱熹学说分道扬镳了。

初入官场

转眼到了弘治十二年(1499年),二十八岁的王阳明第三次参加会试。这一次他没有再次遭遇失败,终于考中进士,"赐二甲进士出身第七人,观政工部"。二甲第七名也就是全国第十名。从此,王阳明正式跻身于官场,属于他的时代到来了。

在明代以前,历朝历代大体上都沿用了秦始皇创立的君主之下设宰相辅政的政治体制,只是相权的形式和职权的大小有所不同。明朝初年,也基本直接承袭元朝旧制,在中央设中书省、大都督府、御史台。中书省由左、右丞相总理全国政治,下设吏、户、礼、兵、刑、工六部。大都督府设左、右大都督,掌管军事;御史台设左、右御史大夫,负责监察各机关衙门。另外,地方上设行中书省,统管地方军政事务。

　　这种政治体制既然能沿用一千多年，说明它有一定的合理性。但朱元璋对此有些不满，为了加强君主集权，他开始进行微调，最大的改变就是废除宰相，仿宋殿阁制设内阁。内阁大学士一般三到五人，官阶是正五品，虽然官位比较低，但这些人相当于为皇帝处理文件的秘书，与皇帝走得很近，实际上内阁成了最高的权力机关。

　　朱元璋、朱棣父子深知江山得来不易，所以辅官阁臣都只是起顾问、参谋的作用，自己仍旧亲自批示奏章。但后来的皇帝越来越懒，逐渐衍化出票拟制度，即令内阁大学士用小票墨书，对章奏草拟出处理意见，贴在各种奏疏的封面上，再上报给皇帝，由皇帝审定后，让太监用红笔写出，称为批朱。结果给宦官干政大开方便之门。

　　明末的魏忠贤，或乱批，或假传圣旨，到了肆无忌惮的地步。宦官架空内阁，或者说凌驾于内阁之上，掌握着最高的决定权，结果导致朝政越来越腐败。这种结果不是朱元璋愿意看到的，但他不是神，岂能料到百年之后的事情。

　　再看王阳明，他被分配到了六部之末——工部见习。工部是一个掌管营造工程事项的机关，既然是搞建设，那么就有不少油水可捞，是个难得的肥差。

　　虽然历朝都属工部最富，许多为官者都想在工部谋个差事，捞几笔，让自己的腰包鼓起来。但王阳明视金钱为粪土，志不在此。他不甘平庸，一心想创建一番功业，虽然是一个实习生，也干得热火朝天。

　　这年秋天，工部特派王阳明去督造威宁伯王越的坟墓。

　　王越，字世昌，身材高大，力气大善于骑射，颇有雄才大略。

　　据说，当年科举殿试，王越早早就答完了试卷，不巧的是，刮来一阵狂风，试卷嗖地被刮跑了。在这种关键考试中怎么会发生这样的事情？这可怎么办？如果是常人，也许早就乱了阵脚，但王越是强人，他没有丝毫慌乱之色，随即奋笔疾书，在剩下不多的时间内又写好一份考卷，最后惊险入围进士行列。

　　这事儿还没完，没想到这年秋天，朝鲜使臣进京朝圣，竟然把王越的试卷又带了回来。小小的试卷竟然从京城飞到了朝鲜，又被人拾起带回京城，这真是不可思议。单单一张试卷就如此神奇，王越就更是一个传奇了。

第四章　有一种无趣叫仕途

虽然王越以文官入仕，却拿起兵器，当了武将。他曾经两次领兵深入河套地区，与北元[①]作战，多次击退蒙古军队，威震四方。他一生战功卓著，为保卫明朝江山立下汗马功劳，被封为"威宁伯"。

对于这样的英雄，王阳明是极其崇拜的，在没有考中进士之前，他就曾读过有关威宁伯王越的文章，对于王越的才学和武功佩服得五体投地，甚至有一天晚上还梦见威宁伯王越送他弓箭和宝剑。

如今，王阳明成了"包工头"，为强人王越督造坟墓，他岂能为自己脸上抹黑？所以，他没想着吃多少回扣，捞多少油水，反而秉公无私，不仅不贪污公款，还为国家省了不少银子，真可谓尽职尽责。除了为国家节省银子外，在闲暇之余，王阳明还组织民工演练"八阵图"，比之前把果核聚到一起列阵势演练直观得多，他的统御之才在这里也得到了实践。另外，这次的监工经历让王阳明明白：若想干大事，就要指挥更多的人，拥有更大的权力。

上边务八事

王阳明虽然是工部的官员，但并不仅仅局限于工部的事务，他还会考虑户部、兵部的事情。在别人看来，他这是狗拿耗子多管闲事，其实，王阳明之所以这么做，无非是忧国忧民，不想只当个"官混子"，除了喝喝茶、看看闲书，就没啥要干的了。他要把自己所有的光和热都毫无保留地奉献出去，为大明江山的稳固尽心，为天下苍生的幸福尽力。

这年，天空有彗星出现，京城内外，人心惶惶，不可终日，都以为大祸将至。而且边境不再安宁，虏寇猖獗。皇上急得茶饭不思，一边向天祈祷，一边向臣子们寻求良策。

主忧臣辱，作为臣子就应该为皇上分忧，于是，王阳明就针对当时朝廷死气沉沉的现状，上了一篇《陈言边务疏》，现摘录一段：

[①] 北元（1368—1402年），是元朝溃退到蒙古高原之后的政权。共七位帝王，享国三十五年。

臣愚以为今之大患，在于为大臣者外托慎重老成之名，而内为固禄希宠之计；为左右者内挟交蟠蔽壅之资，而外肆招权纳贿之恶。习以成俗，互相为奸。忧世者，谓之迂狂；进言者，目以浮躁；沮抑正大刚直之气，而养成怯懦因循之风。故其衰耗颓塌，将至于不可支持而不自觉。今幸上天仁爱，适有边陲之患，是忧虑警省，易辕改辙之机也。此在陛下，必宜自有所以痛革弊源、惩艾而振作之者矣。

王阳明认为：现在的大臣们不思进取，争名夺利，维护自己的既得利益。他们的家人和亲戚朋友利用特权赚取不义之财。社会风气日益变坏，大家都养成了因循守旧、事不关己高高挂起的心态。江山社稷已经到了即将崩溃的边缘，但当权者却一点都没有察觉，依然歌舞升平、醉生梦死。改革变新势在必行，只有革除弊政，选贤任能，锐意改革，才能救大明于倒悬，救万民出水火，让江山社稷代代相传。

王阳明的见解深刻而尖锐，他不仅提出改革建议，而且紧接着提出了改革的具体措施，供皇上参考，这就是所谓的"上边务八事"：一曰蓄材以备急；二曰舍短以用长；三曰简师以省费；四曰屯田以足食；五曰行法以振威；六曰敷恩以激怒；七曰捐小以全大；八曰严守以乘弊。

这些建议具体来说就是：

第一，建立军事后备人才，以备不时之用。他自己就非常愿意成为这样的人才，随时响应国家的号召。

第二，用人要不拘一格，古人云："事必有非常之人，然后有非常之事；有非常之事，然后有非常之功。"所以，王阳明认为，用人不可求全责备，要充分发挥人才的长处，一定要具有慧眼识人才的本领。

第三，精兵简政，节省费用。战争就是烧钱，虽不要轻易言战，但也不能惧怕敌人的侵略。兵贵精不贵多，王阳明就此提出精兵简政的主张。

第四，军队屯田。敌人来了就戎装待发，敌人退去后就让将士们屯田。这样，既可以减少向边关运输粮草的麻烦，也能保障边关守军的粮食供应，从而与敌人持久相持。

第五，赏罚分明、令行禁止。一支没有纪律的队伍是不能战胜敌人的，如果有法不依，违法不究，后果是很可怕的，虽有百万之众，在关键时刻也起不了什么作用。所以，为将者一定要赏罚分明、一视同仁。

第六，做好政治思想工作，激励士气。打了败仗不要紧，关键要抚恤那些阵亡的烈士亲属，让死者无憾，生者感动。然后向将士们揭露敌人的恶行，让我军士气高涨，还会打不败敌人吗？

第七，分清主次，谋大利而弃小利。敌人士气正旺，我军不宜轻易出兵，被敌人牵着鼻子走。不要在意战术上小胜小败，而要把精力放在战略上的胜利，见机行事，我军才能以逸待劳，克敌制胜。

第八、严防死守，见机行事。我军善于防守，敌人善于野战。既然如此，我军就要发挥自己的优势，严防死守，趁机出击。况且，我军刚败，敌人士气正旺，此时不宜再和敌人交战，应当据城坚守，养精蓄锐，然后出其不意，攻其不备，一定能完胜敌军。

王阳明提到的这八点军事改革主张，阐述了自己多年来对军事研究的见解，体现出了高超的军事才华和治军方略。平心而论，王阳明的这些主张句句切中要害，但人微言轻，他的奏折根本就没有机会摆到皇帝的案头，早被内阁大臣们扔进垃圾桶了。

结果，奏折呈上去后杳无音信。没办法，谁让自己没有手握大权呢，如果手握大权，就不会坐冷板凳了。

刑部新来的年轻人

再怎么说，王阳明也是大明的官员，遭到如此冷遇，他难道就没有怨言吗？其实，王阳明也是人，没有怨言是不可能的。但不同于他人的是，他能全面地看待事物，把心态调整到最佳。

的确，没有人能随随便便成功，做事有困难是必然的，有困难才更能展现自己的价值，才能在过程中学到更多。若想成功，就要学会控制自己的情绪，不要被自己一时的情绪所左右。

督造威宁伯王越的坟墓这一差事，王阳明完成得非常漂亮，获得了上司与下属的交口称赞。由于上司很满意王阳明的表现，二十九岁时，王阳明便担任了实职，被授为刑部云南清吏司主事一职，为正六品。官虽然不大，但握有实权。

虽然官职为刑部云南清吏司主事，但不用去云南，身在京师处理千里之外的事务就可以了。在明朝，云南是边民生事的多发地点，大小事务杂乱无章，工作是非常辛苦的。关于刑部部属的工作，王阳明在《送方寿卿广东佥宪序》中这样描述：

> 士大夫之仕于京者，其繁剧难为，惟部属为甚。而部属之中，惟刑曹典司狱讼，朝夕恒窘于簿书案牍，口决耳辩，目证心求，身不暂离于公座，而手不停挥于铅椠，盖部属之尤甚者也。而刑曹十有三司之中，惟云南以职在京畿，广东以事当权贵，其剧且难，尤有甚于诸司者。若是而得以行其志，无愧其职焉。则固有志者之所愿为，而多才者之所欲成也。

在王阳明的笔下，刑部部属的工作最为繁重，而云南和广东更是难中之难。虽然工作干得很辛苦，但机遇和困难往往是并存的。如果把最难的工作都干好了，那么其他工作就是小菜一碟了。所以，若想有所成就，就要把难题当作机遇，不能被苦难吓倒。

不过，刑部官员必须要面对礼与法、情与理的考验。他曾这样说："然吾以为一有惕于祸败，则理法未免有时而或扰。苟惟理法之求伸，而欲不必罹于祸败，吾恐圣人以下，或有所不能也。"

可见，如果执法人考虑个人的祸败就会损害理法，只有圣人才能做到秉公无私，公正执法，所以，如何解决"心念"的问题，成为了考验执法人良知的关键。在这种情与理的考验中，王阳明变得越来越成熟。

弘治十四年（1501年），在刑部任职的王阳明奉命到直隶、淮安等府，会同当地巡按御史[①]审查囚狱案件。这些重犯大多是秋后问斩的死刑犯，王阳明虽然官职不高，却是中央派来的官员，在审囚时有决议权，可以实现自己的意志，这一度让他非常高兴。

通过审案，王阳明发现一些死囚十恶不赦，的确该杀，但也有一些是在严刑

[①] 中国古代官职之一，御史的一种，隋朝始设置。为制衡行政机构主官的非常派的朝廷或地方官员。

第四章 有一种无趣叫仕途

拷打下被迫承认自己犯罪的,还有一些早该被处决,因为花了大量的钱财买了命,等待出狱的机会……

王阳明仔细审阅卷宗,走访证人,很快就处理了所有的事。一些重犯在他的干预下翻案,不用问斩;而另外一些花钱买命的重犯被他揪了出来,等待秋后问斩。后来,王阳明的学生为了说明他工作的高效和仁义心肠,用了这么一句话"所录囚多所平反",可见,王阳明是个实干家。

或许是因为整天审案让王阳明感到太压抑,所以,办完公差后,他抽空跑到安徽青阳九华山,冒雨游览了一番。

九华山古称陵阳山、九子山,山体由花岗石组成,山形峭拔凌空,自然景观美不胜收,令人赞叹不已、流连忘返,素有"东南第一山"的美称。

诗仙李白曾多次游览九华山,看到此山奇秀无比,九峰的形状如同莲花一般,触景生情,有"灵山开九华"之吟,故名"九华"。李白还吟诗"天河挂绿水,秀出九芙蓉"赞美九华山的秀美景色,成为千古绝唱。

当时,明朝政府为了使九华山成为佛教名山,大修庙宇,很多人都来九华山参拜或游览。王阳明在九华山游历多日,他不走大路,偏偏选择羊肠小道涉险寻幽,把九华山的大小庙宇、奇险景观都畅游了一遍。每到一处,触景生情,王阳明自然要作诗表达自己的感叹之情,一路留下了很多诗篇,比如在无相寺,留有这样一首诗:

> 春宵卧无相,月照五溪花。
> 掬水洗双眼,披云看九华。
> 岩头金佛国,树梢谪仙家。
> 仿佛闻笙鹤,青天落绛霞。

王阳明寻幽探胜,乐而忘返,对九华山怀有深厚的感情。他作了一篇为时人传诵的《九华山赋》。在文中,他运用比兴手法,叙述了自己想要建功立业,但世道艰辛,转而产生出世的念头。不过,这不是他的本意,只不过是一种暂时的逃避和消遣罢了。

在九华山,王阳明不仅游览了无相寺、化城寺等名刹,还拜访了许多名人隐士,结交了不少僧人。比如，王阳明与化城寺的实庵和尚颇为投缘，二人志趣相投，寄情于山水之间，好不快活。王阳明还根据实庵和尚的模样、性格，写下了一首散曲式的诗词：

> 从来不见光闪闪气象，也不知圆陀陀模样；翠竹黄花，说什么蓬莱方丈。看那九华山地藏王好儿孙，又生个实庵和尚。噫！那些妙处，丹青莫状！

既然能写出这种俏皮生动的文字，说明王阳明对外部的世界非常留恋。因为他的这一诗词题赠，实庵和尚竟然在禅林成了举足轻重的人物，引起无数人前来瞻访。

之后，王阳明听说一位因长年累月不洗头而得名"蔡蓬头"的道士，因为精通炼丹术而远近闻名，他便去找喜欢谈仙论道的蔡蓬头搭讪。自己好歹也是京官，即使不夹道欢迎，也该给杯茶喝吧。但让王阳明想不到的是，他遭到了冷遇，热脸贴了冷屁股。

面对蔡蓬头敬而远之的态度，心理素质非常好的王阳明没有生气，而是继续客客气气地向他请教长生术。蔡蓬头被王阳明黏得实在没办法，便从牙缝中挤出"尚未"两个字，意思是说时机还没有成熟，你就不要纠缠不休了。

王阳明以为蔡蓬头是怕泄露了天机，便让左右随从离开，跟着蔡蓬头到了后厅，接着拜请，没想到蔡蓬头还是那两个字"尚未"。

这蔡蓬头怎么成复读机了？王阳明不信这个邪，继续软磨硬泡。

而蔡蓬头却哈哈大笑，说："虽然你很有礼貌地拜访我，终究还是一副官相啊！"（终不忘官相。）说完，扬长而去。

"官相"，王阳明脑海中回荡着这两个字。的确，这蔡蓬头真是一针见血，说到了他的心窝子上了。王阳明在朝廷任职已经有三年了，希望能有所作为，但黑暗污秽的官场压得他喘不过气来，内心向往那种纯净的仙境。外在的困扰与内心的追求让他陷入矛盾之中，备受煎熬。自己还做不到真正的出世，反映到脸上，就成了蔡蓬头所说的"官相"吧。

除了蔡蓬头，在九华山的地藏洞还有一位奇异的和尚，拿野兽皮当被褥，把松果当食物,不食人间烟火。(坐卧松毛,不火食。)

这还是人吗?是神才对啊。

这种高人,自然是要去拜见的。

王阳明攀岩走壁,历经千辛万苦,终于在一个黑黢黢的洞中找到了这个行为怪异的和尚。当时和尚正在睡觉,王阳明便坐下来耐心等待。突然,他发现和尚的脚丫子露在外面,为了不让和尚着凉,王阳明揉起和尚的脚丫子来。

和尚觉得王阳明不是酸腐文人,便睁开眼睛,说:"道路崎岖,你是怎么到这里的?"(路险,何得至此?)王阳明说自己想修炼上乘功夫。和尚接着说:"周濂溪、程明道是儒家两个好秀才。"意思是说,王阳明没有求仙的命,要向儒家的周、程二人学习。

王阳明接连碰壁,他开始反思:自己真的走不通仙家路吗?

后来,王阳明重游九华山,再次访问异僧,对方已经不见了踪影。他惆怅不已,发出了"会心人远空遗洞"的感慨。

这次九华山之行,王阳明虽然没能解决自己出世的问题,但他吸取了道家和佛家的精华,为自己思想体系的形成奠定了基础。

与佛老决裂

就在王阳明审决重犯,游览九华山时,一场诗文复古运动正在京城如火如荼地进行着,大有愈演愈烈之势。

弘治、正德年间,土地高度集中,百姓生活艰难,流离失所,各地陆续爆发了大规模的农民起义,再加上外族频繁入侵,明王朝面临严重的危机。而八股取士牢固地束缚着文士们的思想,严重阻碍了社会文化的发展。

在这种情况下,文学上出现了以李梦阳、何景明等"前七子"发起的诗文复古运动,他们倡言"文必秦汉,诗必盛唐",反对当时千篇一律的八股式文章。

虽然诗文复古运动在一定程度上扫除了八股文的恶劣影响,但在八股文之外,还有传统的、优秀的古代文学。李梦阳、何景明却一味以模拟剽窃,走上了盲目尊古的道路,成为毫无灵魂的假古董。

面对复古风潮，王阳明是清醒的。他认为"学古诗文"虚而无用，只是白白地耗费生命。他主张从意识入手，让士人树立求圣的志向，才能从根本上解决问题。但这在一些人看来过于遥远，不如模拟一篇文章来得快。结果，一向惯于盲目跟风的国人疯狂复古，兴起了一股国学热。

人微言轻的王阳明非常失望，既然自己的主张无法得以实现，在文坛上格格不入，再待着连自己都感到无聊了。于是他以生病为由，向皇帝请假，回家养病去了。

心智不成熟的人，最乐意做的事情就是抱怨，喜欢把自己放进"怀才不遇"的牢笼里，抱怨连天。不得不说，如今的王阳明就觉得朝廷不识自己这匹千里马，内心多少有些怨气。既然国家不给自己机会，那就只好独善其身，自个儿享乐去了。

虽然只是短短的三年，但王阳明却在做官和出家两条路上徘徊不定。当他在官场碰壁后就想到出家，但他却割舍不下亲情，他认为割断孩提时就有的亲情，是毁灭人性。于是，他又直面现实报效祖国救国救民，毫无疑问，王阳明也是在摸着石头过河。

在余姚待了一年后，王阳明在弘治十六年（1503年）又移居到西湖养病。

西湖一向以风景秀丽闻名天下，历代文人墨客到这里游览，写下不少著名诗篇。宋代大文豪苏轼就留下了"欲把西湖比西子，淡妆浓抹总相宜"的千古绝唱。

西湖的美景让王阳明的心胸开阔豁达了许多，长期积压在心里的苦闷和忧伤一扫而光。他以儒家入世的精神自励，第一次感到"入世"的愿望是如此强烈，决定要把入世进行到底。有诗为证，如下文的《西湖醉中漫书二首》：

> 十年尘海劳魂梦，此日重来眼倍清。
> 好景恨无苏老笔，乞归徒有贺公情。
> 白凫飞处青林晚，翠壁明边返照晴。
> 烂醉湖云宿湖寺，不知山月堕江城。
> 掩映红妆莫谩猜，隔林知是藕花开。
> 共君醉卧不须到，自有香风拂面来。

第四章 有一种无趣叫仕途

在这首诗中，心胸开朗的王阳明不由想起白居易、苏东坡等人在国家利益面前不计个人得失，更不自暴自弃，这让他再度热情高涨。虽然前途风云莫测，但在先贤们的激励下，他变得自信起来，坚定了对理想的追求，决定"复思用世"。

在西湖养病的这段日子，王阳明经常往来于南屏、虎跑诸寺庙之间，对僧人们的内心世界有了一定的了解，认识到佛老空虚误世的另一面。

王阳明听说在虎跑寺有一个和尚坐关三年，不语不视。能把自己封闭三年之久，这太不可思议了，他决定前去拜访一下。

和尚果然名不虚传，如泥塑般一动不动。王阳明没有被和尚的外表所迷惑，他大喝道："这和尚终日口巴巴说什么，终日眼睁睁看什么？"

和尚不语不视，王阳明如何听到和尚在说话和观看呢？在人们看来，王阳明有些神经不正常，但接着出现了让人意想不到的情况。

在王阳明的大喝下，和尚被惊得跳了起来。

三年了，总算有人看透了自己，道破了禅机，和尚打开了话匣子和王阳明交谈了起来。

"家里是否还有亲人健在？"

"老母亲还活着。"

"你想念老母亲吗？"

"无时无刻不在想念。"

说到这里，和尚已经泣不成声了。

王阳明轻抚和尚的肩膀，用"爱亲本性"的大道理开导他。

该回家，还是继续修行，这是个问题。

也许和尚正在进行激烈的思想斗争，结果在王阳明的开导下，他选择了前者。在谢过王阳明后，和尚收拾行李回家侍奉老母去了。

点拨开导修行的和尚还俗，这足以说明王阳明要与佛老决裂，回到滚滚红尘中来，向自己既定的目标义无反顾地前进。

主考山东乡试

既然选择了"入世",就要回到属于自己的战斗岗位。接着,王阳明回到北京销了假,继续当刑部主事。

机遇总是垂青有准备的人。

弘治十七年(1504年)秋,机会来了。

声名在外的王阳明被任命为山东乡试的主考官。

乡试是三年举行一次的重要考试。如果考生能顺利通过考试,就能成为举人,这是能否跻身官场的重要一步。对王阳明来说,以区区一刑部主事的身份担任如此级别考试的主考官,自然非常兴奋。这种破例的任命让他对自己的仕途信心倍增。

再说,山东是孔孟二圣的故乡,这里精英荟萃,人才辈出。能在齐鲁之地选拔人才,王阳明觉得自己终于可以大显身手了,他要用自己手中的这支笔为朝廷做一点贡献。

王阳明的认真让山东的考生们抓狂了,因为王阳明不按常理出牌,他出的各科题目都很大胆。如第一题的题目是"所谓大臣者,以道事君,不可则止"。这是孔子的名言,意思是:用道义侍奉君主是大臣的本分,如果行不通的话就辞职,卷铺盖回家种地去。

这虽是孔圣人的名言,但不是任何时候都可拿来用的,背景很关键。孔子生活在春秋时代,当时礼乐崩坏,诸侯都不遵循人臣之礼,周天子成了摆设,底下的人就没有死谏的必要了。后来的孟子也主张"君有过则谏,反复之而不听,则去"。

但王阳明生活在大一统的明朝,君为臣纲已经成了天经地义,讲这种"不可则止"的话是犯忌。因为其中包含了士子对君主"道不同不相为谋"的立场,往大了说,就是心怀异心,犯上作乱。

这不是危言耸听,是真的会要人命。当初,孟子的"民为贵,社稷次之,君为轻""君之视臣如土芥,则臣视君如寇仇"的观点,让明朝开国皇帝朱元璋大动肝火,派人删节《孟子》一书。如果他还活着,看到王阳明竟然出这种考题,一定会把王阳明大卸八块的。

所以,这种哪壶不开提哪壶的题都是在找死,如果有人"盯着"王阳明的话,他铁定会因为这种高贵的不合作精神而倒大霉的。

第四章　有一种无趣叫仕途

不过，幸运的是，王阳明生活的年代，社会气氛和文化环境都比较开明宽容。他针对士人品节普遍滑坡的现实，提出重建"以道事君"的士人原则，得到了以开明著称的弘治皇帝的赏识。

王阳明出众了，但考生们犯难了。对他们来说，就是打破脑袋也想不出主考官王阳明会出这样的"偏题"。当这些秀才们拿到考卷时，整个考场炸开了锅：有的人气愤得直摔毛笔；有的人直揉眼，生怕自己看错了；有人干脆当场交卷——有这么出题的吗？我不陪你们玩了；也有人兴奋得笑个不停，还喃喃自语"老天有眼，老天有眼"……

虽然考生不满，抱怨连天，但没办法，只能怪自己命苦，遇到了"怪人"王阳明做主考官，自己只能硬着头皮答题了。

总之，这次在山东主考乡试，王阳明从出题到录取都坚持"经世之学"的原则。他忧国忧民的情志的确让人感动，也获得了不少赞誉，但最终结果他做不了主。这让他深切地体会到：若想成就大事，手里要握有更大的权力才行。

在返回京城之前，王阳明到济南周边游玩了一次。到了山东，除了去孔府孔庙，泰山是一定要登的。

泰山享有"五岳之首""天下第一山"的称号。重叠的山势，厚重的形体，苍松巨石的烘托，云烟的变化，使泰山在雄浑中兼有明丽，静穆中透着种种神奇。置身于气势雄伟磅礴的泰山中，王阳明心境大开，精神振奋，他留下了《登泰山五首》，其中第五首这样写道：

> 我才不救时，匡扶志空大；
> 置我有无间，缓急非所赖。
> 孤坐万峰巅，嗒然遗下块；
> 已矣复何求？至精谅斯在。
> 淡泊非虚杳，洒脱无蒂芥。
> 世人闻予言，不笑即吁怪；
> 吾亦不强语，惟复笑相待。
> 鲁叟不可作，此意聊自快。

在诗中，王阳明豪情满怀，抒发了自己有志于"匡扶救世"的情怀。

九月，王阳明回到京城，被授予兵部武选清吏司主事（从六品），管理武将的选拔与升迁。看来，锋芒毕露的主考工作没能一炮打响，朝廷没有给他更大的权力。这也是情理之中的事情，毕竟，王阳明人微言轻，而且他提倡知识分子的独立性使他很难加入主流，因为上头提拔他这样的官员是要冒风险的。

由于大人物觉得王阳明轻易碰不得，小人物觉得王阳明是异类，结果，王阳明上不着天下不着地，处境有些尴尬。不过，王阳明非常喜欢军事，能调到兵部工作，也是一件让他很高兴的事情。

京师讲学

对于一般人来说，能到兵部武选清吏司上班，那是相当有面子的。因为兵部不仅掌管着国防，还左右着武官的升迁。天下的官吏不是文官就是武官，吏部管文官，兵部管武官。只要能管"官"，这个衙门就硬气得很，腰杆也会挺得笔直。

自古权钱是不分家的，有权就有钱，有钱大抵也不愁有权，权钱交易，在明朝的官场已经不是什么新鲜事了。常在河边走，哪能不湿鞋？在官场待久了，即使秉性不坏的人也难以克制自己的欲望，所以清官成了明朝官场上的稀罕物。

说白了，官场就是一个大染缸，你是同流合污，还是洁身自爱，全靠你的定力。如今，王阳明在油水颇丰的武选清吏司上班，他能出淤泥而不染吗？答案是肯定的，因为他不是一般人，他是大名鼎鼎的王阳明。

按理说，修习兵学也算是个不错的安排，但这与王阳明的理想隔着十万八千里。武学可以发挥王阳明的特长，但六年才一会举，人生能有几个六年？伤不起啊。何况自己能否从众多武职官员中脱颖而出还是个未知数，抱着铁饭碗的王阳明有些郁闷了。

当职业与自己喜欢的事业相差甚远时，人一般有两种选择：一是自暴自弃，当一天和尚撞一天钟；二是勇往直前，不再以职业为意，把心思集中在事业上。

王阳明要让自己活得有意义，不能在官场混日子，他毫不犹豫地做出了抉择：把全部心思都投在了自己的事业上。

第四章　有一种无趣叫仕途

既然暂时无望升迁，也不能让时间白白地消耗掉，总得找些事儿干。好吧，先过把当老师的瘾，于是，三十四岁的王阳明开门授徒了。

王阳明之所以选择当老师，不是一时兴起，而是鉴于"学者溺于辞章记诵，不复知有身心之学"的现状做出的决定。人们听说王阳明打算在京师讲学，便拿着精心准备的礼物登门拜师，一时间来者络绎不绝。王阳明心想，既然这么多人看得起自己，愿意听自己传道授业，那就没什么好谦虚的了，于是广开大门，授徒讲学。

在王阳明之前，虽然承宋儒讲学之习，在官学外，也有人私学授受，但讲学尚未成风。而且师友之道废弛已久，学者们大都急功近利，只对八股道学和文章词赋感兴趣，对成圣成贤不感冒。如今王阳明偏偏反其道而行之，首倡"先立必为圣人之志"，提倡圣学。这种怪异的举动在满朝士大夫看来，无非是标新立异，哗众取宠罢了，不足以引为同道。

虽然被看成异类，但王阳明不在乎，因为他在少年时就确立了成圣成贤的理想，如今在这无聊的官场，这种念头更加强烈，几乎每日每夜都在鞭策着他向着自己的理想不断前进。

普天之下，难道就没有人理解王阳明，王阳明注定连一个知己也找不到吗？答案是否定的，一个叫湛若水的人站了出来，他与王阳明一拍即合，二人的关系如同俞伯牙和钟子期。那么，这湛若水到底是何许人也？这要从他的师父陈白沙说起。

在明朝中期，"满嘴仁义道德，一肚子男盗女娼"的人大有人在，而且这类人往往身居高位，把持朝政，祸国殃民。世风日益败坏，照这样下去，国将不国。

在程朱理学占据了意识形态的统治地位、思想界如同一潭死水的情况下，陈白沙杀了出来。他经过十年苦学，静坐冥思，舍繁取简，把握心与理吻合的关键，学问与修养取得了质的飞跃。他不仅向大家推荐陆九渊的"宇宙即吾心，吾心即宇宙"的著名论断，自己也提出"天地我立，万化我出"的心本论、"静中养出端倪"的功夫论。只有先弄明白了做人的根本道理，才能无往而不利。这种思想一经发布，就激起千层浪，在明朝引起了不小的轰动。

陈白沙一心研究哲理，重振教坛，而四方学者纷纷前来入学受教。陈白沙设教十多年，不少学生得益于他的教诲，后来成为朝廷的栋梁柱石。而在陆九渊和陈白沙的提倡下，王阳明的心学即将横空出世。

在简单介绍了陈白沙的思想后，接着看王阳明的知己湛若水。

湛若水，字元明，号甘泉，增城（今广东省增城县）人。父亲早逝，湛若水由母亲抚养长大。他自幼聪敏，虽然十四岁才入学，但二十七岁就中举了。他在二十九岁时拜在陈白沙门下就学，潜心研究心性理学，数年间学业大进。弘治十八年（1505年）考中进士，入翰林院当庶吉士。这时，王阳明被授予兵部武选清吏司主事，相同的志趣让二人一见如故，并以"倡明圣学"为目标，开始了长达二十多年心神相交的深厚友谊。

王阳明与湛若水的基本立场是一致的，都认为心即是理，涵养体认的功夫唯在心上做，从而把自己的学问称为"心学"。

不过，二人的主张也有一定的区别，黄宗羲《明儒学案·湛若水传》中记载："阳明宗旨致良知，先生宗旨随处体认天理。"可谓一针见血，指出对"天理"与"良知"的理解是王、湛论学的根本不同所在。

虽然在一些问题上有不同的见解，但王、湛二人的学问之旨趣大体相同。对本体理解的一致，决定了他们并不以其区别为分歧，这就为相互调和提供了一种可能性。王阳明曾给湛若水写信："随处体认天理是真实不诳语，鄙说初亦如是，及根究老兄命意发端处，却似有毫厘未协，然亦当殊途同归也。"而湛若水也主张"良知必用天理，天理莫非良知"。所以，这些分歧并没有促使二人成为对立的不同学派，反倒让他们成为亲密朋友，一起讲求身心之学。

王阳明对人这样说："守仁从宦三十年，未见此人。"

湛若水对人这样说："若水泛观于四方，未见此人。"

可见，二人对对方都给予了极高的评价，大有惺惺相惜之感。

王阳明决定从被八股化了的理学中突围出来，让大家都接受真正的圣学，在思想界掀起轩然大波。他所采取的方式是效仿孔夫子办学，确定的师友之道就是"以文会友，以友辅仁"（《论语》），和湛若水的相会让他更加坚信圣学在不久的将来一定会大放光彩。

就在王阳明为自己的理想努力奋斗时，一场巨大的政治风暴即将到来，他不幸成为了被迫害的对象。

第五章
万万没想到，汹涌而至的政治风波

大好人

弘治十八年（1505年）五月，弘治皇帝孝宗朱祐樘驾崩于乾清宫，年仅三十六岁。

不得不说，朱祐樘是一个很实在的人。他从小饱经忧患，被立为太子后又差点被废掉，能熬到登基那一天，实在是多亏上天保佑。他从小经历了太多的苦难，皇位又来之不易，如今坐在这个位置上，便发誓要做个好皇帝，要对得起身上穿着的龙袍，让黑暗和邪恶在大明朝无立足之地，坚决不能让老百姓在背后戳自己的脊梁骨。

朱祐樘是这么想的，也是这么做的。面对老爹宪宗给自己留下的紊乱朝政和千疮百孔的江山，他没有气馁。当上皇帝后，他夜以继日地工作，亲贤臣远小人，为大明帝国贡献着自己的滴滴血汗。

我们知道，朱元璋撤销了延续千年的丞相职位，取消了中书省的设置，把权力牢牢地掌握在自己手中——把权力分给别人，自己就有被制约的危险。朱元璋的做法貌似让皇权更加巩固，但他忽视了一个问题：天下的事情太多太杂，而皇帝的精力有限。所以，他的这个决定为他的王朝和子孙留下了严重的祸患。

这不，勤奋的朱祐樘因为工作强度太大而早早地累垮了身体，刚刚三十多岁就病魔缠身，走不了几步路就气喘吁吁，还咳嗽不止。

看到皇帝累成这样，大臣们非常心疼，劝皇帝注意龙体，多休息。但没办法，皇帝休息了，那么多活谁来干？所以朱祐樘没时间顾及自己越来越差的身体，依旧拖着病体没日没夜地做着皇帝该做的事情。

不管是谁，只要认认真真地去做一件事情，总会有意想不到的惊喜出现。如今，朱祐樘认认真真地做皇帝，结果换来了"弘治中兴"，面对歌舞升平的太平盛世，他笑了，因为他觉得这么做，值了，没有给先皇丢脸，也没有对不起黎民百姓。

朱祐樘虽然赢得了好皇帝的名声，但也付出了惨重的代价，那就是过多地透支了自己的身体。当他感觉到自己将不久于人世时，突然发现自己虽然算个不错的皇帝，却不是一个称职的父亲——因为忙于政事，忽略了对儿子的教育。太子朱厚照能否以自己为榜样，还是个未知数，但至少不要毁掉自己辛苦一生换来的"弘治中兴"。

为了确保大明江山的稳固，朱祐樘特意选了大学士刘健、李东阳、谢迁三人为顾命大臣，辅佐朱厚照。在弥留之际，朱祐樘还拉着刘健的手叮嘱："太子虽然聪明，但年尚幼，好逸乐，爱卿一定要常常教他读书，辅导他成为一代明君。"

几个老臣连连磕头："臣等愿意肝脑涂地，辅佐殿下，皇上不必过于忧心，要保重龙体啊！"

想想自己给儿子留下了富有的明王朝和能干的贤臣，朱祐樘满意地笑了。他感觉自己很累，想休息一下，眼睛便慢慢地闭上了，从此再也没有睁开。

就这样，朱祐樘安详地离开了这个世界，但他做梦也想不到，儿子与自己一点儿也不像，不是一般的不争气，是非常不争气，没有半点君王的样子，如果用一个词来概括的话，那就是"昏庸至极"。

朱厚照到底多昏庸？据说清朝的皇子们在读书时如果贪玩不专心，师傅便会来这么一句："你们想学朱厚照吗？"可见，朱厚照绝对是一个实打实的反面典型。

不管怎么说，好皇帝朱祐樘驾崩，接下来的历史要由他的继任者来书写。明代三百年中最能闹的皇帝出场了，他就是正德皇帝武宗朱厚照。

第五章　万万没想到，汹涌而至的政治风波

最能闹腾的帝王

据史书记载，朱厚照生得相貌奇伟，面质如玉，容光焕发，年少时便有帝王风度。因为张皇后只为朱祐樘生了两个儿子，而次子朱厚炜早夭，活下来的朱厚照从小就被父母视为掌上明珠，被当成命根子来看待。皇上两口子无论什么事情都依着他，很少对他进行责罚。

国人娇惯孩子历史久远，"含在嘴里怕化了，放在手里怕摔了""要星星不给月亮"，殊不知，这样只会害了孩子，一个人没有健全的人格，是很难在社会上生存的。对于一个手握大权的皇帝来说，有这种娇惯成长的经历，以后干出荒唐的事情就不足为奇。

在人们眼中，朱厚照是个非常聪明、学习刻苦的孩子。他们本以为，生在帝王家的他应该能成为一个很好的皇帝，但结果不是这样的。

毕竟，孩子总得有人来管，否则很容易长歪，但朱厚照的老爹都不管朱厚照，谁还敢管他？结果，朱厚照慢慢变得天不怕地不怕，不管是什么东西，只要他想要，肯定就会有。

再加上他身旁的宦官刘瑾等人不愿让朱厚照接近儒臣，经常诱导他嬉戏游乐，练习骑射，放鹰逐犬。他们还给朱厚照进献一些奇特的玩具，经常组织演出活动，所以当时的东宫被人们戏称为"百戏场"。

朱厚照毕竟还是个孩子，怎能抵挡得住这些东西的诱惑？他非常喜欢身边这些与自己日夜欢歌玩耍的太监，而讨厌那几个终日向自己灌输仁义道德的大学士。结果，日子一久，太子渐渐不如从前，对讲读不再感兴趣，把心思都放在了玩上。他被惯坏了，慢慢贴上了"败家子"的标签。

真是"近朱者赤，近墨者黑"。如果朱厚照身边有一群德艺双馨的朋友，也许不会变得那么贪玩，可惜的是，他身边是一群不引他走正道的死太监。这帮阿谀奉承的太监，毁了一个聪明的孩子。

其实，朱厚照本来可以成为一个很有作为的皇帝。他老爹孝宗朱祐樘创造了弘治中兴，让他有了一个还算不错的平台和起点。而且身边还有李东阳、刘健和谢迁等多位名臣辅佐，只要能力不是特别差，他这个皇帝会当得舒舒服服，政绩也不会差到哪儿去。

据史料记载，朱厚照的智商过人，十分聪明，不是一个不懂是非、好歹不分的人，只是他有一个终身改不了的爱好——玩。真是玩物丧志，如果一个人把贪玩当作事业来干，就不会有什么前途可言；如果一个皇帝非常认真地去玩，那么整个国家就会跟着遭殃。

说到玩物丧志，让我想起了春秋时的卫懿公，他是卫国的第十四代君主，爱玩是出了名的。虽然身为君王，却没有肩负起君王的责任，反而把全部精力都集中在了他喜欢的鹤上，天天与鹤为伴，如痴如迷。不理朝政、不问民情在他眼里是家常便饭，在他身上找不到半点进取之志。

为了彰显自己对鹤的极度喜爱，他让鹤乘高级豪华的车子，待遇比国家大臣的还要高。为了养鹤，他每年都要耗费大量的钱财，不仅引起大臣的不满，百姓也怨声载道。

所谓物极必反。不管你的身份、地位如何，你如果不把别人当回事，别人也不会把你放在眼里。这一点很快就在卫懿公的身上应验了。

公元前659年，北狄部落侵入卫国国境，卫懿公下令军队前去抵抗。将士们却气愤地说："既然鹤享有很高的地位和待遇，让它去打仗好了。"调动不了手下的人，皇帝当到这个份儿上，也没什么趣味了。但总不能任凭敌人入侵而不管吧？否则只能稀里糊涂地做亡国奴。在万般无奈之下，卫懿公只好亲自带兵出征，与狄人战于荥泽。由于人心涣散，军心不齐，即使亲征也没有换来胜利，卫懿公战败而死。

古人有诗云：曾闻古训戒禽荒，一鹤谁知便丧邦。荥泽当时遍磷火，可能骑鹤返仙乡？可见，玩物丧志真是害人不浅。

再看朱厚照。没当皇帝时，他还有所顾忌，不能玩得尽兴；十五岁当了皇帝后，再也不用担心害怕了，终于可以甩开膀子，想怎么玩就怎么玩了。

朱厚照玩得越来越离谱。他在宫中模仿街市的样子建了许多店铺，让太监扮作老板、百姓，自己扮作富商取乐。更过分的是，他还开办"妓院"，让许多宫女扮作粉头，自己挨家进去听曲、淫乐，把后宫搞得乌烟瘴气。另外，他还建造了"豹房"，花天酒地，抢男霸女，泡在美女们的温柔乡中，不思进取。毫无疑问，朱厚照真是玩得天昏地暗，天怨人怒。

作为一国之君，这成何体统？大明江山真要毁在他的手中吗？不行，不能再

第五章　万万没想到，汹涌而至的政治风波

这样继续下去了。弘治时期的那套刚正廉洁的大臣班子再也看不下去，打算出手了。

这一年的六月，天变异常，雷声震天，奉天殿的鸱吻、太庙的脊兽被震得摇动不止，就连宫门房柱也被摧折焚烧了几根。人们纷纷议论，认为这是上天震怒警示世人。

武宗朱厚照心里也发毛了：难道老天爷真的发怒了？千万不要降下灾难啊，否则我就不能安心地玩下去了。于是他按照惯例，下诏自省，请求臣下进谏。

群臣总算逮着机会了，纷纷上书进谏。大学士刘健、李东阳、谢迁等人的上书总结起来主要有以下几点：一是单骑驱驰，轻出宫禁；二是频行监局；三是泛舟海子；四是鹰犬弹射不离左右；五是内侍进献饮膳，不择而食。

都说皇帝是老大，说一不二，但皇帝也是不自由的。在臣子们看来，皇帝就应该老老实实地待在宫里，不能四处走动、擅自骑马划船，更不能微服私访，万一出现意外，大明江山怎么办？不能随便乱吃内侍进献的东西，万一吃坏了肚子，大明江山怎么办？最后，非常重要的一点就是要远离鹰犬弹射，不能和太监走得太近，否则你皇帝当起了甩手掌柜，那大明江山谁来治理？

按理说，这几点都切中了要害。既然选择了当皇帝，就应该干皇帝该干的事情，不能整天就知道疯玩，否则朝廷肯定会出乱子的，而且是大乱子。

为了大明的江山，大臣们可谓煞费苦心，但朱厚照根本不把这事儿放在心上，依然我行我素。

内阁首辅大学士刘健想到先帝的重托，再看看朱厚照的表现，心急如焚，他又上疏指出武宗要改正的三件事，言辞恳切地希望朱厚照好好地做皇帝，不能再贪玩下去了。朱厚照一看奏折就来气：老子当太子的时候都没有人敢管，现在做了皇帝，你这个老头子竟然来指责老子，你算哪根葱？

朱厚照虽然很生气，但转念一想，这刘健是老爹留下来辅佐自己的头号人物，是不能轻易得罪的。于是他跟刘健玩起了太极：嘴上说今后一定改正，但依旧玩性不改。

当初，朱元璋废除宰相一职，自己兼职来干，结果造成了"政出朕一人"的行政格局。虽然朱元璋不想大权旁落，恨不得大事小事都揽在自己身上，但他的儿孙们并不想干宰相的活，只想戴皇帝的帽子，恨不得把所有的事都让大臣们来干。结果慢慢地形成文官治百姓，宦官治文官的"政治"局面。

如果朱元璋能预知这种情况发生，相信他不会那么轻易就废除宰相的。如今朱厚照就是一个很典型的例子——如果朝中设有宰相的话，宦官也不会如此猖狂了。

可惜朱元璋是人，不是神。他只能管好自己身前的事，身后事只能交给儿孙们去做了——他的子孙们能否守好江山，能否解决好宦官乱政的危机，就要看这些含着金钥匙出生的朱氏皇子皇孙了。

宦官乱政

纵观中华上下五千年历史，历朝历代都有成千上万的太监。抛开忠奸好坏不说，他们都有一套超乎常人的厚黑心术。他们懂得阿谀奉承、溜须拍马，往往能换来皇帝的欢心，被委以重任，权倾朝野，甚至独揽大权，做到一人之下万人之上。

宦官乱政是中国古代封建社会中一个常见的现象。这大概与独处深宫的皇帝和朝夕与共的奴仆更容易培养出亲近之情和信任有很大的关系。宦官最接近政治中心，他们可以像一个阀门，堵住开关。大凡在每个封建王朝后期，都会出现政治腐败、经济崩坏，再加上皇帝昏庸，这些就为最接近政治中心的宦官操纵朝政提供了绝好的条件。

对于宦官来说，身体上的缺陷是他们心中永远的痛，结果导致心理上的变态，以致他们获权后便开始胡作非为。历史上那些有名的大太监，大多数是祸国殃民的奸臣，是导致王朝最终覆灭的最不安定因素。

现在，就让我们看看朱厚照身边的头号太监——刘瑾。

刘瑾，原姓谈，陕西兴平人。为了找个工作，混口饭吃，他选择了自宫。但自宫也不一定有工作，因为当时想当太监的人多了去了，如果没点门路，即使你自宫也当不了太监。幸运的是，刘瑾被一个姓刘的太监看中，顺利地进了宫，于是他便改姓刘。

太监刘瑾是一个不甘寂寞的人。他不满足于每天低头哈腰地生活，他要出人头地，要不遗余力地往上爬。于是刘瑾进宫之后勤奋学习，很快就具备了初级文化水平。

一般来说，家里有识字认数的，都不会让自己的孩子去做太监。当太监是万

第五章 万万没想到，汹涌而至的政治风波

般无奈之举，所以大多数太监都不能识文断字。如今刘瑾具备了初级文化水平，这在宫里是很难得的，于是他被选为朱厚照的侍从。

为了求职就敢拿刀子割自己，这样的人自然很刚强，但坏起来也比一般人坏得多。

朱厚照当时是东宫太子，是炙手可热的人物。刘瑾心想：只要和这个未来的皇帝搞好关系，讨他欢心，那自己的未来就不用发愁了，想要什么就会有什么。老天既然看得起自己，让自己成为朱厚照的侍从，这绝对是一个千载难逢的机会，岂能错过？

于是刘瑾便百般迎合朱厚照，变着法子陪这位太子爷玩耍。结果，善于察言观色、颇通文史的刘瑾很快就深得朱厚照的信任。

等朱厚照当了皇帝以后，刘瑾经过数次升迁，爬上了司礼监掌印太监的宝座。另外，还有张永、谷大用、马永成、高凤、罗祥、魏彬、丘聚等七个人也发现了这条飞黄腾达的捷径。他们与刘瑾获得了一个极为威风的称号——八虎。

在这"八虎"中，刘瑾最贪、最黑、最坏，是人渣中的人渣，太监里的极品败类，堪称"八虎"之王。他不但借机排除异己，陷害忠臣良将，而且利用权势，仗着朱厚照为自己撑腰，公然受贿索贿，大搞钱权交易。

那么，刘瑾一生到底贪污受贿了多少金钱呢？据清朝赵翼《廿二史札记》所载，刘瑾被抄家时，籍没之数为"大玉带八十束，黄金二百五十万两，白银五千多万两，他珍宝无算"。赵翼的记录是保守估计，在陈洪谟的《继世纪闻》，以及《明史纪事本末补篇》中记载的刘瑾被抄的家产比这还要多。如果不算清朝的和珅，说刘瑾是中国古代最大的贪官，一点都不过分。

刘瑾敛财的手段非常多，他不仅派亲信到地方供职，为其敛财，还劝朱厚照下诏，让那些在外监军的宦官每人上交"万金"的"承包费"。他还在京城周边广置"皇庄"，达三百多所，夺人土地，侵民害物。另外，各地官员到京城朝觐，都要向他行贿，谓之"见面礼"。此见面礼动辄白银千两，有的高达万两。

凡是给他送厚礼的官员往往都官运亨通，而送得少的往往会受到严厉的惩罚。比如，给事中安奎和御史张彧出京盘查钱粮，回来后刘瑾向其索贿。这二人也许手头紧，送得少了。刘瑾很生气，后果很严重。他随便找了个借口，让这二个人戴着

一百五十斤的枷示众。如果不是正好赶上了阴雨天,这两个倒霉蛋一定会中暑身亡。

刘瑾不仅通过亲信控制了特务组织东厂和西厂,让两厂竞争,还有许多发明创造,用一百五十斤重的枷套在脖子上就是发明之一。戴上这种枷,犯人用不了几天就会被活活枷死。

鲜活的例子摆在每位官员面前,若想活命、高升,就要砸锅卖铁给刘瑾送厚礼。虽然这个理人人都懂,但并不是每个官员都能能像安奎、张彧那么幸运。

正德初年,兵科给事中周钥奉旨去淮安查勘,本来知府赵俊答应送他白银千两以应付刘瑾索贿,谁知等周钥要离开时,赵俊却不提这个事儿,周钥一下子慌了。去哪里弄这千两白银呢?周钥想破了脑袋,也想不出好主意。他知道没有这千两白银,回到京城后不会有好下场。与其被刘瑾活活折磨死,还不如选择安乐死,于是他在万般无奈之下寻了短见。

给事中监察六部,直接对皇帝负责,虽然品级较低,却握有实权,周钥为何要自杀呢?经过调查,办案人员发现了周钥的遗书,上书:"赵知府误我。"而且经过顺藤摸瓜,矛头指向了刘瑾;但刘瑾在周钥自杀事件中毫发未损,反倒是那个一毛不拔的赵知府被逮捕问罪。

谁都知道真正的罪魁祸首是刘瑾,但谁也动不了刘瑾,这是个危险信号。朝中的官员们不干了,必须要把这个太监拉下马来,否则下一个死的人也许就是自己。

人至贱则无敌

虽然朝中的众多大臣都把刘瑾视为眼中钉,但一时还动不了他,因为以刘瑾为首的"八虎"势力不容小觑。而且刘瑾不是一个人单干,他笼络了一大批能人为他出谋划策,比如刘宇和焦芳。

刘宇,字至大,钧州人。成化八年进士。弘治中,升为左副都御史。正德元年(1506年),在吏部尚书马文升的推荐下,升为都察院右都御史,总督宣府、大同、山西军务。

树大好乘凉,在朝中为官,必须要为自己找一个大靠山,这样才能确保自己步步高升。刘宇自然明白这个道理,所以他把目光对准了与皇帝打得火热的刘瑾。

第五章　万万没想到，汹涌而至的政治风波

一天夜里，刘宇给刘瑾送来了上万两银子。以前，刘瑾也经常接受贿赂，但数目不过就是数百而已，如此巨额数目的红包还是很少见的。面对晃得人眼晕的银子，刘瑾的贪婪之色尽显无疑，他大喜道："刘先生何厚我。"

接下来发生的事就再简单不过了：刘宇的投资迅速得到了回报，不久他便被提升为兵部尚书，加太子太傅。

有人说，乌纱帽意味着合法伤害下级和百姓的权力，拿到这个权力便可以榨取更大的利益。的确，刘宇当初为了巴结刘瑾，送出了上万两银子，如今身居高位，自然要玩命地贪污，不仅要把送出的银子贪回来，而且还要让他的腰包越来越鼓。

人的贪欲是无止境的，如果官场充满了铜臭味，没有合理的制约监督机制，那这种恶性循环只会让国家出现国将不国、民不聊生的局面。因为羊毛出在羊身上，官员中饱私囊，最终受苦的是身处最底层的老百姓。所以，官逼民反是很自然的事情，谁不让老百姓好活，老百姓就会用大刀长矛捍卫仅有的一点尊严，寻找活下去的路子。

刘宇任兵部尚书期间，收获了不少"额外"的钱财，后来再次高升，成为六部之首吏部的尚书。按理说，升官后应该高兴才对，刘宇却闷闷不乐，还叹道："兵部自佳，何必吏部也。"原来，文官的贿赂没有武官大方，刘宇才如此愁眉不展。唉，做官做到这个份上，明朝的江山真的是危险了。

再看焦芳，字孟阳，明代泌阳人（今河南驻马店泌阳县城南草店村人），明天顺八年进士，后来进入翰林院当编修。没想到进翰林院当编修一当就是十年，眼看身边比自己资历浅的人都升侍读、侍讲了，而自己还是原地踏步，没有半点升迁的希望。论能力，自己并不差，为啥这升官的事儿就和自己不沾边呢？

一次，有人在内阁首辅万安面前这样说："不学如芳，亦学士乎。"意思是说，像焦芳这样不学无术之人，也想当学士吗？毫无疑问，这是谗言，如果不学无术，如何考中进士，如何在翰林为官多年？

所以，当这话传到焦芳耳中时，他勃然大怒，怪不得自己得不到提拔，原来是这些背后嚼舌头的小人在给自己穿小鞋。他左思右想，猜测说这话的人是大学士彭华，因为这个人曾多次嘲笑过自己毫无才华。

既然你敢背后算计我，那我就敢在大街上砍死你。于是，焦芳放出狠话："如果我当不上学士，就在长安道上把彭华给刺杀了。"

焦芳的狠话也许只是泄愤罢了，但明显带有威胁和同归于尽的味道。这下彭华心里不安了，万一真被刺杀了，太不值当了。早知道焦芳是这么个不正常的人，当初就不拿他开涮了。为了避免和焦芳的矛盾进一步激化，心里万分害怕的彭华连忙将此信转给内阁首辅万安，为了息事宁人，万安最终升焦芳为侍讲学士。

一粒老鼠屎足以毁掉一锅汤，如果一个政府从内部开始烂，那么在这样的环境熏陶下，再正直的人也会变质。因为你只有与大多数人合拍，才能在既定的规则内生存。

成化朝从内阁就开始烂了，敢怒敢言的焦芳为了能在官场混得有模有样，也不得不改变自己。

因为吏部尚书尹旻的儿子尹龙也在翰林院当侍讲，焦芳与尹龙的关系较好，企图通过尹龙巴结尹旻，为自己找一个靠山。但天有不测风云，成化二十二年（1486年），因吏部尚书尹旻事发，焦芳受牵累被降为桂阳府（今湖南桂阳县）同知。

这个靠山倒了，只能另找他人了。焦芳在官场左冲右突，很快又被任命霍州（今山西霍县）知州。然后在几年内一步步升迁，很快升为礼部右侍郎。正德元年（1506年）为吏部尚书，同年以本官兼文渊阁大学士，入阁参政，累加少师、华盖殿大学士。

当初，焦芳被贬复入翰林时，刘健等人极力阻止，焦芳对这些人恨之入骨。而当时能与刘健等人对抗的就数以刘瑾为首的阉党了。在明朝中后期，宦官猖狂，如果朝臣想在朝中坐得稳一些，非与宦官交往不可，否则权位与性命堪忧。任吏部尚书的焦芳为了保全自己的官位，也千方百计地接近刘瑾。

就这样，焦芳成为了刘瑾犯罪集团的骨干成员。但投靠太监毕竟不是一件光彩的事，所以，他与刘瑾的交往是秘密进行的，并没有公开自己的身份。

人往高处走水往低处流，身居吏部尚书的焦芳为了解恨也开始不择手段。他到底做了什么事？我们稍后详解。

万万没想到

以刘瑾为首的阉党和以刘健、谢迁、李东阳为首的文官集团在朝中势不两立，

第五章 万万没想到，汹涌而至的政治风波

矛盾逐渐激化。在文官们眼中，朱厚照之所以越来越没样，最根本的原因是在皇帝的身边有一群不务正业的太监，正是这群太监把皇帝引上了歧路。

虽然言官接二连三上章，劾奏刘瑾等人，但朱厚照与刘瑾的关系很好，感情也很深，他绝对不会因为大臣们的几个奏折就轻易处理刘瑾。所以，朱厚照不理会文官们的质疑，依旧重用刘瑾。同时，朱厚照与文官的关系也越来越差，一开始朱厚照还跟老臣们商量一些事情，到了后来，连看也不看这些老臣的奏折了。

老臣们看在眼里，急在心上，如果是自己的亲儿子，早大嘴巴抽上了，可人家是皇帝。既然劝不动皇帝，那就只能曲线救国，从皇帝身边的太监下手了。只要皇帝身边都是正直善良的人，那么皇帝也不会差到哪里去，宫廷的气氛就会好转。就这样，以刘瑾为首的"八虎"犯罪集团成了文官们的首要攻击目标。

户部尚书韩文每次退朝，都哭泣不止，恨自己能力有限，不能救正。

户部郎中李梦阳见状恼恨恨地说："大臣共国休戚，徒泣何益！"

韩文擦了擦眼泪，问："计安出？"

李梦阳咬牙切齿地说："言官交章弹劾，阁臣死力坚持，去宦官易事尔。"

在李梦阳看来，只要坚持死谏，就有成功的希望。当韩文来找刘健商讨此计是否可行时，刘健没有立即回答可否。他是一个经验丰富的政治家，多年在官场打拼。经验告诉他，"八虎"犯罪集团已经成了气候，不容小觑，小打小闹不会起什么作用，必须给予致命一击，否则后果不堪设想。而想要除掉"八虎"犯罪集团，仅靠内阁的力量是不够的，必须发动文官集团的全部力量，才可能彻底击垮"八虎"犯罪集团。

于是，刘健和韩文连夜布置了一个周密的计划。

第二天，进攻开始了。

这天早朝，朱厚照收到了一份奏折，矛头直接对准刘瑾等人，如果不立刻处理"八虎"，他们绝不罢休。这份奏折出自文坛领袖李梦阳之手，引经据典，短短的几千字就把刘瑾等人骂成了垃圾中的垃圾，华丽但严厉的言辞极具震撼力。文章写得相当漂亮，刺激得朱厚照"惊泣不食"。不仅如此，还把朱厚照吓得胆战心惊，因为这份奏折的落款——六部九卿。

六部九卿是古代中央的行政机构，负责协助皇帝处理国家政务。其中，九卿是六部的最高长官六位尚书，加上都察院最高长官、通政司最高长官和大理寺最高

长官，共计九人。也就是说，政府内阁全体成员发动弹劾，让皇帝答应他们提出的要求。

朱厚照再贪玩，也是成年人了，知道这份奏折的分量之重，绝对不能一笔带过，必须好好面对。他感到"压力山大"——如果把这些大臣都得罪了，国家就不能正常运转，江山就会不稳，必须给这些老古董一个台阶下。但他又舍不得杀"八虎"，真是左右为难，愁眉苦脸的他就差哭出来了。

为了能继续当皇帝，继续玩下去，朱厚照想了一个折中的办法，他打算先把"八虎"送到南京避避风头，过段时间再接回来。这其实已经是朱厚照的底线了，让他下旨杀死刘瑾等人，他真是下不了手啊。

但刘健等人听到皇帝有意要放刘瑾等人一马后，把头摇得像拨浪鼓，坚持要斩草除根。而且一向比较正直的司礼监太监王岳也站在了阁臣这一边。

朱厚照被孤立了，总不能让他与所有的大臣为敌吧？在万般无奈之下，他勉强答应大臣们在次日早朝下旨惩办刘瑾。

这次突然袭击貌似已经取得了胜利，只需要再等一天，就能彻底摧垮"八虎"犯罪集团，让刘瑾的脑袋搬家了。但任何事情若不是一锤定音，都有变化的可能，何况一天的时间过长，刘瑾等人完全有充足的时间去上下活动，扭转败局。

今天的事情要今天做完，若下手就要下狠手，不能给对手喘息的机会。可惜，刘健等人忽略了这一点，低估了刘瑾等人的能力，过早地沉浸在了胜利的喜悦中，最终为这百密一疏付出了惨重的代价。

第二天一早，文臣们早早来到奉天殿，个个喜气洋洋，一副志在必得的样子。他们的确有骄傲的资本，因为他们都是这个国家的精英，个个都是官场的老手。最重要的是，三个阁老还是前朝皇帝的顾命大臣，朱厚照再怎么闹，也不能不听这三个阁老的话吧？

皇帝上朝了，等众人跪倒，山呼万岁，抬起头来时，发现情况有些不对头。今天的朱厚照一副气定神闲的样子，没有了昨日的慌乱不安，这是怎么回事？而且刘瑾竟然穿着司礼监的衣服，一副得意扬扬的样子。

就在众臣百思不得其解时，太监开始宣读圣旨：刘瑾等把朕从小服侍到现在，不忍立即处理，以后慢慢亲自决定八个太监的命运。免除王岳等人的司礼监职务，

第五章 万万没想到，汹涌而至的政治风波

由刘瑾接任司礼监掌印太监，马永成担任东厂提督，谷大用担任西厂提督。这样一来，朝中大权被"八虎"全面控制，文臣武将成了砧板上的肉，随时都有可能被抓捕审讯。

这是怎么回事，仅仅过了一夜，这局势怎么就来了一百八十度大转变呢？

原来，所有的奏章都要经过吏部签署，吏部尚书焦芳对刘健、谢迁等人恨之入骨，如果刘瑾倒了，他这辈子都没有机会扳倒这些阁老重臣了。于是，他做出了让常人无法理解的抉择：站在刘瑾这一边，连夜把内阁制订的计划告诉了"八虎"。

自己无非就是带着皇帝玩，贪污一些钱财罢了，没想到文官们下手这么狠，你们既然亮剑，我就只有接招了。伸长脖子等着挨宰，这不是我刘瑾的风格。既然皇帝的圣旨还没下，就有翻盘的机会。逃跑是逃不掉了，事情到了这个地步，只能豁出去找朱厚照了。

于是刘瑾急忙带着其他"七虎"连夜进宫，妄图说服朱厚照不要把自己逼上绝路——在这生死关头，朱厚照是他们唯一的救命稻草。

一见到朱厚照，八个人立刻磕头痛哭，一把鼻涕一把泪，哭得朱厚照都心酸起来了。

哭得差不多后，朱厚照问他们为何如此痛哭。

刘瑾非常聪明，没有把矛头指向文官，而是指向了王岳，趁机反咬："王岳与文官勾结，想把我等置于死地。等扫除掉皇帝身边忠心耿耿的人后，他就能限制皇帝的自由了。"

朱厚照是最爱玩的，一听有人不让自己玩了，立马变色，说："这不可以。"但想到那些讨厌的文官抱成团威胁自己，便又蔫了，不知该怎么办。

刘瑾接着说："皇帝是九五之尊，谁敢违抗皇帝的命令？"

经过这么一点拨，朱厚照一下子醒悟了：天下事最终拍板的是自己，自己不想处罚"八虎"，就没人能动得了他们。

结果，在刘瑾的活动下，就出现了朝堂上的那一幕。

不仅没有除掉"八虎"，而且还让"八虎"掌握了更多的权力，这是文官们万万没有料到的。事情到了这一步，已经没有任何退路了。刘健、谢迁等内阁大学士不能容忍自己的努力成果付诸东流，上言曰："人君之于小人，不知而误用，天

下尚望其知而去之。知而不去则小人愈肆。君子愈危，不至于乱亡不已。且邪正不并立，今举朝欲决去此数人，陛下又知其罪而故留之左右，非特朝臣疑惧，此数人亦不自安。上下相猜，中外不协，祸乱之机始此矣。"

的确，作为一国之君，必须要做到亲贤臣，远小人，这样才能天下太平，否则便会发生祸乱。不要说一国之君了，但凡有点责任心的人都会被点醒，但朱厚照却不为所动。

刘健的情绪异常激动，他推案哭道："先帝临崩，执老臣手，付以大事。今陵土未干，使若辈败坏至此，臣死何面目见先帝！"的确，作为先皇委任的辅政大臣不能清除皇帝身边的小人，让这些小人祸害大明，这是严重的失职。

但声色俱厉的刘健也未能让朱厚照回头，他早就对这些老臣不耐烦了，便大笔一挥，直接让刘健和谢迁滚蛋。这是他当皇帝以来，做得最有"魄力"的一件事了。

为什么要留下李东阳呢？刘瑾认为：第一，李东阳在这次倒刘运动中表现不积极，也许是一个可以拉拢的对象。第二，把前朝老臣一锅端了有点不好看，无疑是在抽皇上的耳光。第三，这些大臣是先皇钦点的顾命大臣，留下一个，有利于稳定朝中的局面。

面对李东阳的再次乞退奏折，朱厚照依旧不准。就这样，李东阳留了下来，凭借他的智慧和勇气在黑暗的岁月中发挥着不可或缺的"弥缝"的作用。他就像一颗定时炸弹，在合适的时机将给刘瑾以致命一击。

打掉内阁大学士后，刘瑾借机清理门户，把得罪过自己的人都贬出了京城。刘瑾太强势了，连前朝老臣都斗不过他，其他人更没办法。这样一来，满朝大臣一听到刘瑾的名字，便都噤若寒蝉，再也不敢造次。

北京的官员遭受了重大打击，再也没有能力和刘瑾抗衡。于是南京的六科给事中站了出来，联名上书，请求挽留阁臣。

恼羞成怒的刘瑾派人把为首的戴铣等二十多人"请"到北京，并将其放在奉天殿外，不问青红皂白，便让锦衣卫用棍子伺候。最惨的是戴铣，竟然被当场活活打死。

蝼蚁尚且贪生，何况人乎。按理说，有了这样的残酷先例，应该没有人再敢冒死联名上书了，但现实是真有不怕死的。以蒋钦、薄彦徽领头的南京十三道御史听到噩耗后没有妥协，再次联名上书，要求朱厚照罢免刘瑾，委任大臣，务学亲政，以还至治。

这些大臣真的不怕死？怎么像韭菜一样，割了一茬又一茬呢？没关系，来一个杀一个，来一对杀一双。刘瑾一律用更严酷的廷杖来招待这些不爱惜自己生命的人。

值得一提的是，蒋钦连续三次被杖责，共计被打了九十棍，屁股已经不是屁股了。但让人佩服的是，每次被打完后，他都在狱中笔耕不辍，即使在奄奄一息之际，还不停上书，请求皇帝罢免刘瑾。他想用自己的死换取皇帝的醒悟，但朱厚照根本就不会明白他的良苦用心。结果，年仅四十九岁的蒋钦最终惨死在狱中，而刘瑾依然在朝中呼风唤雨，为所欲为。

牢狱之灾

朝廷的争斗如火如荼，惨剧也在不断发生。此刻，担任兵部主事的王阳明在干什么呢？

朝廷已经乱成一锅粥了，如果让王阳明置身事外装孙子，这不是他的风格。但他不会像戴铣、蒋钦那样死钻牛角尖，愚忠到底，反而多了一份圆滑。

王阳明决定以柔克刚，上了封《乞宥言官去权奸以彰圣德疏》。他说，戴铣等人虽然触犯了皇上，但这是他们的职责。如果他们在这种时候不站出来说点什么，那无疑是严重失职。如果他们是对的，皇上您应该照他们的提议去做；如果他们是错的，皇上您也应该宽容相待。只有用激励的手段才能调动百官的积极性，但皇上您派锦衣卫去捉拿他们来京，还下令打他们的屁股，这样一来只会阻挡言路，谁还敢再说话啊？

换句话说，这份上书就是恳请皇上弘扬圣德，宽恕进谏的言官。

纵观全文，王阳明的用语非常委婉，语调也不激烈，平缓地摆事实讲道理，提出了"合理"的要求。全篇都没有用"去权奸"这种敏感的容易让人对号入座的词汇。可见，他是费尽心机，绞尽脑汁，准备曲线救国，因为只有保护了言官才能压制刘瑾等奸臣。

这份奏折递交进宫后，当天就落到了刘瑾手中。

刘瑾是谁？在官场里混了几十年，什么人没见过，王阳明的这点小把戏岂能骗过他的眼睛？

小子，跟爷爷玩，你还嫩着呢！

刘瑾马上掉转枪口，对准了王阳明。当天就发出指令，将这个不知天高地厚的年轻人拿下，一顿棍棒伺候后，便把王阳明扔进了诏狱。

何谓诏狱？《辞海》解释说，"皇帝诏令拘禁犯人的监狱"。诏狱古已有之，史载："绛侯周勃有罪，逮诣廷尉诏狱。"可见汉文帝时便设立了诏狱。

明初，朱元璋剪除异己后，在洪武二十八年（1395年）下令禁止再设诏狱，但朱棣当上皇帝后，为了巩固自己的统治地位，又恢复了诏狱，由锦衣卫官领所属旗校专管。直到明朝灭亡，诏狱都一直存在着。

锦衣卫诏狱是一所知名度极高的监狱。刚开始关押级别高的官员，后期便降低了标准，什么人都关，但能被关进去的人不是穷凶极恶之徒就是达官显贵。

顾大武写过一本只有十四页的小书，名叫《诏狱惨言》。在这本书里，他详细记录了明朝极端专制主义君权统治下的特种监狱——诏狱的种种罪恶。如果用一句话来概括，就是诏狱暗无天日，盛产冤假错案。

有人也许会产生这样的疑问：明代有完备的司法机关，即刑部、大理寺、都察院，在审讯犯人的过程中，为什么不能过问？这是因为诏狱是由皇帝亲自操纵、锦衣卫直接把持的特务机关，谁也动不了。司法机关在皇帝特设的诏狱面前，不过是一纸空文，一个摆设罢了。这种凌驾于司法机关之上的专制特权，自然会制造出许多冤假错案。

虽然是高等级监狱，但卫生条件极差，蚊虫老鼠到处跑，阴冷潮湿，环境恶劣，"水火不入，疫疠之气充斥囹圄"。刑罚更是残酷无比，刑具有拶指、上夹棍、剥皮、割舌、断脊、堕指、刺心、弹琵琶等十八种。比起刑部监狱这座人间地狱来，诏狱才是真正的惨无人道，不亚于十八层地狱。明朝著名的硬汉杨继盛、左光斗等人都进过诏狱，他们被打得骨头都露出来也没人过问，所以说一旦进了诏狱，就不太容易活着出来了。

王阳明被投入诏狱时，正值风紧雪飞、天寒地冻的寒冬腊月。大牢里阴暗潮湿，

第五章 万万没想到，汹涌而至的政治风波

刑具上的血迹还未干，空气中弥漫着发霉和腥臭的味道。在这寂静的黑夜里，突然的一阵叮当作响或某个囚犯的怒吼，犹如唤醒了沉睡千年的冤魂厉鬼，刺痛你的耳膜。在这里，除了令人绝望的冷酷，只有渗进心扉的黑暗是你永远的伙伴。

被打得屁股开花的王阳明昏睡多时后终于醒过来了，钻心的疼痛让他再也睡不着了。因为收了王华的银子，监狱的看守们也就没给王阳明更多的折磨，王阳明能活多长时间，就要看他的造化了。

面对残酷的政局，能否活着出去是个未知数，前途是渺茫的。王阳明突然感到：生命如此脆弱，人生如此短暂，自己还有好多事没有做，一定要活下去，只要活着，就有希望。种种思绪反映在他的《狱中诗十四首》。他在其中一首《不寐》诗中说：

> 天寒岁云暮，冰雪关河迥。
> 幽室魍魉生，不寐知夜永。
> 惊风起林木，骤若波浪汹。
> 我心良匪石，讵为戚欣动！
> 滔滔眼前事，逝者去相踵。
> 崖穷犹可陟，水深犹可泳。
> 焉知非日月，胡为乱予衷？
> 深谷自逶迤，烟霞日悠永。
> 匡时在贤达，归哉盍耕垄！

的确，黑暗的政局让王阳明看不到任何希望，把牢底坐穿都成了一种奢望，也许没准哪天脑袋就搬家了。

人的生命与草木、动物无异，死亡是无时无处不在的。人最难摆脱的恐惧无疑就是死亡了。如今，王阳明不得不考虑这个问题，他该以什么态度来面对死亡呢？

在西方，人们用和解的态度迎接死亡，即使是死刑犯，也会有牧师为他布道，死后在上帝的国度里安息。

在中国，人们更乐意用愤怒对待死亡。流行的话语有"二十年后，老子又是一条好汉""脑袋掉了，不过是碗大的一个疤"等等。

见过世间太多的冷漠，就会把生死看得很淡。那些舍不得死的人都是对人世还有所留恋罢了；但世间的事，谁又能说得准？时间一到，放得下的，放不下的，都只能忘却。生死既不由己定，那就只能顺其自然，坦然接受。

如今，三十四岁的王阳明有直面死亡的勇气吗？年轻的他并不惧怕死亡，只是若被锦衣卫折磨而死，那就死得太没有价值了。

如果能活着出去，王阳明产生了"归哉盍耕垄"的念头，可见他对官场是多么灰心失望。但王阳明知道蹲诏狱的人一向都有来无回，在等待那最后一刀落下的日子更加让人难熬。他本来踌躇满志，想有一番作为，没想到却落了个身陷囹圄的下场，他不甘心啊。但诏狱的高墙又让他无助和绝望，他两手空空，想抓些什么，但什么也抓不住。

虽然面临绝境，但每当想到还有父亲、妻子、朋友的牵挂和惦念，王阳明心中就升腾起一丝暖意。当一个人在绝望的时候，也只有亲人的关怀和问候才能让他重拾信心，找到活下去的勇气吧。

正德元年（1506年）的大年夜，京城张灯结彩，燃放烟花爆竹，好不热闹。而王阳明身处大明朝最黑暗的幽室之中，与外面热闹的氛围无关。他只有对着从牢窗中射进来的月光，想象牢狱之外的欢天喜地。想当初在会稽山下游玩，在余姚江中泛舟，这再普通不过的生活，如今只能回忆，怎一个"惨"字了得。

有些黑暗的事情，你承认也好，抗拒也罢，它发生了，降临了，你就只能做好接受的准备，该来的准会来的，让暴风雨来得更猛烈些吧。长期的煎熬和折磨让王阳明变得淡定了许多，他渐渐适应了诏狱的生活。

在狱中，王阳明以前哲圣贤豪杰自勉，研习《易经》，试图搞明白个人命运。他知道此刻只能退一步，若再进一步，只能和蒋钦为伍，为地狱增加一个冤魂。

王阳明遭受牢狱之灾，他爹王华的日子也不好过，虽然为了能把儿子捞出来，走了能走的所有关系，托了能托的所有人，但还是天天为儿子提心吊胆，生怕哪天被告知，王阳明已经不在人世了。

再看刘瑾，他虽然把王阳明投入了诏狱，但没有把王阳明置于死地。因为他有一个特点，就是爱才，当初他还是个普通太监时，就听过王华的大名，如今他有钱有势了，也想招揽一些名人来装点门面。他曾多次暗示王华，只要王华来自己的

第五章 万万没想到，汹涌而至的政治风波

私宅走走，不但可以确保王阳明平安无事，而且父子俩都可以得到升迁。

王华知道和刘瑾串通一气不会有好下场，也不屑与这种小人为伍，便执意不去。他知道违背刘瑾不会有什么好结果，刘瑾一定会给自己安一个虚无有的罪名责罚自己，所以王华也在煎熬中度日。果然，刘瑾发怒了，王华被赶出京城，贬到南京为官。

连王华都被贬官了，再也没有人为王阳明上下打点了，他还有活路吗？

第六章
从一个火坑跳到了另一个火坑

恋恋不舍地离开

不得不说，吉人自有天相。王阳明交了好运，没有把自己的性命终结在诏狱里。

正德二年（1507年）四月，朝廷对王阳明做出了处分：廷杖三十，贬王守仁为贵州龙场驿丞，择日出发。

先挨棍，后贬官。

这还不错，好歹是活着从诏狱里出来了。

王阳明不准备上诉了。

接着看，王阳明被贬的官到底是做什么的。

驿站，是古代供传递书信文件的信使、官员中途休息和住宿的地方。驿丞，就是驿站的管理人员，相当于招待所的所长。而贵州通常是流放犯人的首选场所，龙场就在今天的贵州省修文县（贵阳市管辖）境内。在明代，那地方是穷山恶水，压根就没什么人。即使有人，也是刁民，俗话说，穷山恶水出刁民嘛。

王阳明原先好歹也是个六品主事，驿丞是没有品级的，基本算是被清除出高

第六章 从一个火坑跳到了另一个火坑

级公务员队伍了。就此,王阳明陷入了人生的最低谷。

一般来说,在人生经历中有这么一段铁窗生涯,是一个极大的污点。但对王阳明来说,这不算什么,他依靠心力度过了这段艰难的岁月,更重要的是,他走出了一条创新之路,开创了心学。

《孟子·告子下》中有一句话:故天将降大任于斯人也,必先苦其心志,劳其筋骨,饿其体肤,空乏其身,行拂乱其所为,所以动心忍性,增益其所不能。这句话我们再熟悉不过了,但真正能理解其意,并身体力行的人却并不多。大多数人只看到苦难,被苦难压得喘不过气来,根本看不到其背面的积极意义,也就担当不起大任了。而王阳明做到了,他挺过非人的折磨,从"极度孤独"中走了出来,化一切不利为有利。要知道,普通人听到"诏狱"这个词,都会两腿发颤,而能从诏狱里活着走出来的人,定有非凡之处。

这一刻,人们只看到了瘦得皮包骨头的王阳明,没有人意识到传奇即将诞生,但历史注定将由这个从生死线上爬过来的人改写。

王阳明虽然从诏狱中走了出来,化险为夷,但即将面对的是"蛮烟瘴雨、荒山绝域"的龙场,这无疑是从一个火坑跳到了另一个火坑。亲人和朋友都为他惋惜和担忧,怕他有去无回。

对王阳明来说,龙场能看到太阳,能呼吸新鲜的空气,还可以和人说话,这比诏狱强了不止一百倍。面对人生之大不幸,王阳明显得淡定从容了很多。也许只有经历过真正生死的人,才能刻骨铭心地体会到自由的可贵。

此刻,王阳明几乎一无所有,落魄到家了,也许此次离开京城,就再也回不来了,终老龙场可能是他最终的结局。京城的大多数官员,有的惧怕刘瑾的淫威,有的认为王阳明再也翻不了身,所以都离他远远的,对其冷眼相看。

不过,让王阳明欣慰的是,还有一些人来为他送行,这就是好友湛若水、汪抑之、崔子钟等人。

文人送别,免不了一番赋诗壮行。

人生得一知己,足矣。何况有这么多好朋友不惧淫威,前来为自己送行,王阳明非常感动。他在《答汪抑之三首》中写道:

去国心已恫，别子意弥恻。伊迩怨昕夕，况兹万里隔！恋恋歧路间，执手何能默？子有昆弟居，而我远亲侧；回思蔌水欢，羡子何由得！知子念我深，夙夜敢忘惕！良心忠信资，蛮貊非我戚。

　　北风春尚号，浮云正南驰。风云一相失，各在天一涯。客子怀往路，起视明星稀；驱车赴长阪，逗逗入岚霏。旅宿苍山底，雾雨昏朝弥。间关不足道，嗟此白日微。切蒯怀良友，愿言毋心违！

　　闻子赋茆屋，来归在何年？索居间楚越，连峰郁参天。缅怀岩中隐，磴道穷扳缘。江云动苍壁，山月流澄川。朝采石上芝，暮漱松间泉。鹅湖有前约，鹿洞多遗篇。寄子春鸿书，待我秋江船。

对王阳明来说，不公的待遇不算个事儿，反倒是家中的亲人让他牵挂不已。只要做到"良心忠信"，蛮荒之地也不会让人生悲。

湛若水赠诗：

　　皇天常无私，日月常盈亏。
　　圣人常无为，万物常往来。
　　何名为无为？自然无安排。
　　勿忘与勿助，此中有天机。

另一首：

　　天地我一体，宇宙本同家。
　　与君心已通，别离何怨嗟？
　　浮云去不停，游子路转赊。
　　愿言崇明德，浩浩同无涯。

王阳明写诗回赠：

　　洙泗流浸微，伊洛仅如线；

后来三四公，瑕瑜未相掩。
嗟予不量力，跛鳖期致远。
屡兴还屡仆，惴息几不免。
道逢同心人，秉节倡予敢；
力争毫厘间，万里或可勉。
风波忽相失，言之泪徒泫。

从这些诗中可以看出王阳明与这些好友之间的友情是非常深厚的。只有真正的友谊，才能经得起强权的考验。

送君千里，终须一别，再恋恋不舍，到了该离开的时候，也得忍痛离开。

王阳明回头张望身后的北京城，这座壮丽宏伟的明朝国都，被夕阳镀上了一层金光，这里曾寄托了他的梦想，如今冷若冰霜的城墙把他隔在了外面，他也许再也回不来了。

想到这里，王阳明心头有一丝淡淡的忧伤，不过，他的脸上是带着微笑的，和好友们使劲挥了挥手，便头也不回地向目的地贵州龙场前行。

就这样，在料峭春风吹人冷的时节，王阳明离开了他本来要大展宏图的北京城。

半路被追杀

王阳明能活着离开北京，这绝对是一个奇迹。他之所以如此幸运，不是因为刘瑾大发慈悲，而是朱厚照要让王阳明活着。在朱厚照眼中，那些言官冒死上书，无非是为了博得名声罢了。在那么多的奏折中，只有王阳明没有指责自己，而是替那些言官求情。

朱厚照觉得自己不是一个坏皇帝，如今在一定程度上得到了别人的认同，自然感觉舒服多了，所以他有意要放王阳明一马。而刘瑾在王华那里碰钉子后，其实对王阳明就没什么好感了，但朱厚照的面子还是要给的，便把王阳明派到贵州让他自生自灭。

眼不见心不烦，刘瑾本以为从此不会再被这个人烦扰了，但他错了，不管王阳明走到哪里，他都会成为中心人物，不弄出点声响他就不叫王阳明了。

王阳明乘船沿京杭大运河一路南下，来到杭州。虽然他被发配龙场，但朝廷没有规定到任时间，况且在诏狱所受的苦难不是脱层皮那么简单，再加上一路鞍马劳顿，王阳明积劳成疾，肺病复发，他便在净慈寺养病，不久又移居到胜果寺。

弟弟王守文正在杭州准备乡试，兄弟俩还能经常见面。王守文与大哥王阳明虽然不是一母所生，关系却非常好。一有时间，这哥俩就聚在一起喝酒聊天侃大山，王阳明也不觉得那么寂寞无聊。

如果仅仅是养病、走亲戚，也不会引出乱子。偏偏王阳明是一个坐不住的人，他没有在杭州老老实实地待着，悔过自新，反而非常高调地呼朋唤友，大讲理学。虽然杭州的文人没有直接骂宦官，但文人抱团这是刘瑾不愿看到的。

刘瑾一向奉行以下原则：要么是我的朋友，得到升迁；要么是我的敌人，杀之而后快。当初放了王阳明，他就有些后悔，如今听说这小子这么不老实，便决定派锦衣卫杀手暗杀王阳明。先前王阳明有朱厚照的面子活着走出了诏狱，现在刘瑾想要杀他，还有谁能救得了他呢？

再看王华，虽然被贬到了南京，但他还是吏部尚书，京城的人脉还在。有人偷偷地通报他刘瑾要杀王阳明，王华大惊失色，赶紧把这个消息告诉了王阳明。

王阳明得到消息后，辗转反侧，再也睡不着觉了。他突然想起这几天总感觉有人跟踪自己，那人若即若离，始终和自己保持着恰到好处的距离。他猜想一定是刘瑾的耳目，如果刘瑾要杀自己，自己就不会活着从诏狱中出来，人正不怕影子歪，所以，他没把这当回事。如今从老爹那里得知刘瑾真的派人来刺杀自己，他的心一下子紧张起来。

被锦衣卫盯上的人，一般是没有活路的，自己难道真的难逃此劫了吗？

不行，与其等待被杀，还不如自己拯救自己。

王阳明翻身起床，来到桌子前，一首《绝命诗》一气呵成：

学道无成岁月虚，天乎至此欲何如。
生曾许国竟无补，死不忘亲恨不余。
自信孤忠悬日月，岂论遗骨葬江鱼。
百年臣子悲何极，日夜潮声泣子胥。

第六章 从一个火坑跳到了另一个火坑

接着，王阳明穿戴整齐，出门而去。他来到钱塘江边，望着滔滔的江水发呆。先写《绝命诗》，接着来到江边，这是很熟悉的自杀画面，难道这就是王阳明自己拯救自己的方式？当然不是。王阳明不会如此轻生，他的使命还没有完成，老天爷也不同意他就这么轻易地自绝性命。

既然刘瑾不依不饶，那就玩一个把戏，制造一个自杀的假象，让我王阳明从此从刘瑾的视线中消失，省得他如此挂念。

王阳明把自己的帽子和鞋子丢进了钱塘江，然后偷偷地爬上一条去舟山的商船，结果，在半路上忽起飓风，船被刮到了福建界面，在福州东郊的鼓山停了下来。王阳明如今还不确定自己的把戏能否骗过锦衣卫的眼睛，所以他一路狂奔，爬上武夷山，如惊弓之鸟，在深山中暂时躲避起来，希望避过风头后，再谋其他出路。

再看刺杀王阳明的锦衣卫，当他来到胜果寺准备下手时，已经不见了王阳明的踪影。四下搜寻，发现了王阳明留下的那首《绝命诗》和钱塘江边的衣帽鞋袜，由此断定王阳明因为精神压力太大而已经投水自尽了，便匆忙返回，把此事报告给了刘瑾。

王阳明的把戏不仅骗过了锦衣卫，连杭州的官员们也信以为真。

王守文得知哥哥投河自尽的消息后，火速修书向父亲汇报。王华指示儿子，不管花多大代价，都要想办法把王阳明的尸首捞上来。结果，捞了几日，也没有见到王阳明的尸首，只好作罢。

王华本来对儿子寄予了厚望，没想到连个尸首都找不到。这种白发人送黑发人的悲剧让他痛不欲生，那种悲惨的情景可想而知。

就这样，当王华沉浸在失去儿子的痛苦中时，王阳明已经金蝉脱壳，过起了亡命天涯的日子。

亡命天涯的日子

虽然王阳明成功地逃脱了锦衣卫的追杀，却面临着一个更为麻烦的问题——下一步怎么办？

京城肯定是回不去了，去贵州又不乐意，想来想去也没什么好的出路，只能继续在深山中流窜了。

这天，眼见天色已晚，必须要找个住宿的地方了，否则这荒山野岭的，被猛兽吃掉也不是什么稀奇的事。

走着走着，王阳明发现前面有一座寺院，便上前敲门，希望能留宿一晚。没想到开门的和尚看都没看他一眼，便一口回绝了。

吃了闭门羹，王阳明心里很窝火。

这是什么和尚啊，什么出家人以慈悲为怀，简直就是放屁。我好歹也是个帅哥，看都不看一眼，怎么像躲瘟神一样躲着我啊。

王阳明一边发牢骚，一边向前走，希望能找到个遮风挡雨的地方凑合一夜。也不知走了多久，他发现前面有一座残败的破庙。这庙不是一般的破，屋顶少了半个，门早已没了踪影。不过，好歹也能遮风挡雨。王阳明实在是太累了，走进破庙后，找了一块干爽的地方，便倒头呼呼大睡起来。

当王阳明睡得正香时，一声低吼把他惊醒了，睁眼一看，一只猛虎正朝他一步一步地走过来。距离这么近，起身逃跑是来不及了，他也没有武松打虎的那两下子，没办法，只能听天由命。无助的王阳明闭上眼睛，等待最后一刻的到来。心里想着：真想不到，我王阳明竟然要葬身虎口，这玩笑也开得太大了吧。

时间一分一秒地流逝，始终不见老虎扑上来，王阳明忍不住睁开眼睛，发现老虎已经没了踪影。他使劲揉了揉眼睛，的确没有看到老虎，难道自己是在做梦？不会呀，刚才明明听见老虎的吼叫，也看到老虎朝自己走过来了呀。

经过这么一折腾，王阳明已经睡意全无，打算天亮后赶紧离开这个是非之地。好不容易等到天亮，他正要动身离开，昨天把他拒之门外的那个和尚找上门来，看见王阳明还活着，大吃一惊。

"施主，你是人是鬼？这是老虎的窝，那老虎没吃你？"

听到和尚这样问话，王阳明一下子来气了。

好你个和尚，明知道这破庙中有老虎，还不让我进你的寺庙借宿，分明没安好心，想看着我被老虎吃掉，然后图谋我的行李盘缠。连以慈悲为怀的和尚都如此恶劣，可见世道人心坏到了何种地步。可惜你打错了算盘，我王阳明还活得好好的。

"老虎怕我。"王阳明说完便要离开。

第六章　从一个火坑跳到了另一个火坑

那和尚心想，这人不简单，居然连老虎都不吃他。这种奇人，自然不能错过与之交往的机会，于是硬是把王阳明拽进了寺庙。

王阳明本来对这个和尚没有一丝好感，但肚子饿得咕咕叫，去寺庙里好歹也能填饱肚子，便没做推辞，与和尚一起回到了寺庙。

寺庙很小，环境也差了一些，不过，有地方睡觉，有地方吃饭，这对一个亡命天涯的人来说已经是相当不错了。

王阳明饱餐一顿后，在寺庙中溜达，远远望见一个道士一动不动地坐在空地上，就像个死人一样。他想，这一定是个世外高人，便走上前去，想好好地与他探讨一番。

当王阳明看到那个道士后，便愣在了那里，因为眼前的道士不是别人，正是二十年前他在新婚之夜跑去铁柱宫，与他彻夜长谈的那个道士。

他乡遇故知，王阳明内心非常激动，不禁感叹道："这世界也太小了，怎么可能？怎么可能？"

道士微微睁开眼睛，笑着吟诵道："二十年前曾见君，今来消息我先闻。"

王阳明满肚子的苦水正愁没地方倒呢，便席地而坐，把自己的不幸遭遇一五一十地给道士说了一遍。

人人都会经受苦难，只是所经受苦难的形式不同而已。这个道理，王阳明不是不懂，他不过是需要一个倾诉的对象罢了。

道士很安静，他默默地听完王阳明的倾诉，而后问道："你今后有什么打算？"（尔欲安往？）

"看这眼前的青山绿水，风景宜人。与其被名利纷争所困扰，还不如隐姓埋名，归隐山林来得痛快。"

道士摇摇头，道："此言差矣。万一刘瑾生气了，逮捕了你的父亲，诬陷你北投蒙古，南逃广东，你如何应对？你的全家老幼又该怎么办？"（万一瑾怒，逮尔父，诬尔北走胡，南走粤，奈何？）

如果因为自己让家人受到牵连，王阳明这辈子都不能原谅自己，他一下子醒悟了，彻底打消了归隐的念头。

既然不打算当一个局外人，那么就得在宦海中浮沉，前途如何，还真不好说，王阳明决定算一卦，卦意是：在世道黑暗之时，只有内怀文明而外行柔顺，即使蒙受大难，也能避害而自保其身。

　　卦象还算不错，看来逃避终究不是办法，硬着头皮顶上去，也许会柳暗花明，别有一番风景。

　　凡事想通了，有了方向，就不会像没头的苍蝇一样乱撞，接下来的事就好办多了。

　　王阳明欣然会意，一脸喜悦地说："多谢道长提醒，我这就准备去龙场上任。"
　　文人墨客都喜欢吟诗作赋，尤其是在心情颇佳时，更是如此。此刻的王阳明在临行前便提笔在大殿后墙上写下了一首七绝：

　　　　险夷原不滞胸中，何异浮云过太空。
　　　　夜静海涛三万里，月明飞锡下天风。

　　王阳明的这首《泛海》是非常受欢迎的诗。这首诗写出了大风夜的情景：夜月明净，波涛汹涌，一叶孤舟时而被抛上浪尖，时而又跌入深谷，和随时都可能光顾的死神周旋着。把险状看得非常轻巧，如同是浮云过太空一般，这样豪迈不羁、特立独行的人格精神是何等沉毅，何等大勇！

　　纵观王阳明的一生，"泛海"无疑成了他颠沛生涯的隐喻。在这里，当他写这首诗时，也许想不到自己的命运被自己如此活灵活现地写在了大殿的白壁上。

父子重逢

　　王阳明与道士非常有缘，也能谈得来，是无话不说的好友，本想多待几天，好好畅谈一番，但天下没有不散的筵席，王阳明还有自己的事情要做。于是，他在武夷山盘桓了几日，便北上鄱阳湖，辗转到南京去看望父亲。

　　此时，京城里正在流传着一个关于王阳明的谣言：说他在钱塘江投水，后来又在福建起死回生。如果王阳明真有这种本事，他就不是人，而是神了。不过，有人制造谣言，就有人相信谣言。

　　谣言传播得很快，而且越传越邪乎。当这些谣言传到了湛若水的耳朵里，他

第六章　从一个火坑跳到了另一个火坑

淡淡一笑，一语道破玄机："此伴狂避世也。"后来，王阳明听到这个论断后，竖起了大拇指：知音啊，这就是知音。

数月不见，王华又老了很多。望着父亲鬓角新添的几缕白发，王阳明内心愧疚不已。想想自己小时候顽劣，不服从管教，现在又遭遇大祸，让家人担心。父亲为自己真是操碎了心，自己真是不孝啊。

父子相见，抱头痛哭。王阳明看到父亲身体尚好，心里才稍微感到宽慰了些。

"儿啊，为父以为你真的投水了，以为再也见不到你了。"

"父亲大人，孩儿不孝，让你担惊受怕了。"

"不碍事，为父倒是觉得对不住你啊。当初，你刚下狱，刘瑾好几次传话给我，让我站到他的阵营里，你就可以免去牢狱之灾，但为父毫不犹豫地拒绝了。现在想想，如果为父答应了刘瑾，你就不必受这么大的罪了。"

"父亲大人做得对，人不能昧着良心做事，岂能为五斗米折腰。"

这么多年来，父子俩一直磕磕绊绊，从来没有这样心意相通过。过去，王阳明总是抱怨父亲专制蛮横，不知变通，而父亲总认为王阳明自大狂妄，华而不实。其实，他们两人的骨子里都有与生俱来的善良，都是正直的人，眼里揉不下沙子。

王阳明说完咳嗽不止。

王华见状，关切地问："你的肺病这么厉害，去贵州那边做个小吏，无疑就是送命。你这个小小的六品主事反正也没人盯着，少你一个不少，多你一个不多。既然风头已经过了，倒不如等养好了病再去流放地，不能拿生命开玩笑啊。"

王阳明觉得父亲的话说得有理，道："孩儿谨遵父命。"

父子刚刚相聚，又要离别，虽然内心有万般不舍，但在南京毕竟人多嘴杂，王阳明说到底应该在龙场才对，如今出现在南京是违法的，若有好事之人寻衅挑事，王阳明就要吃不了兜着走了。

于是，王阳明与父亲挥泪告别，返回杭州，来到胜果寺。虽然锦衣卫曾在这里让王阳明体会过惊魂一夜的紧张，但他还是喜欢这个地方，于是在胜果寺凉爽宜人的松树林里度过了炎热的六月。

按理说，此刻的王阳明正处于人生的低谷，大家躲着还来不及呢，更不会有人主动来和他攀交情。但世间的事总有一些例外，余姚的三个参加浙江省乡试获取举人功名的年轻人就不怕锦衣卫的明枪暗箭,一致要拜王阳明为师。他们是徐爱、蔡宗衮和朱节。

徐爱,字曰仁,号横山,浙江省余姚马堰人,正德三年进士及第,王阳明的妹夫,明代哲学家、官员,曾任祁州知州、南京兵部员外郎、南京工部郎中等职务。他是一个典型的内圣型人才,是阳明的"颜回"。

蔡宗衮,字希渊,浙江山阴(今绍兴)人。正德十二年进士,官至四川提学佥事。

朱节,字守中,号白浦,浙江山阴(今绍兴)人。正德八年进士,历任湖广黄州府推官、山东巡按道监察御史。后因过劳而死,赠光禄寺少卿。

王阳明曾给予他们三人极高的评价:"徐生之温恭,蔡生之沉潜,朱生之明敏,皆我所不逮。"

王阳明本以为自己会受到冷落,没想到三个刚中举的举人来拜自己为师,心里自然非常高兴。王阳明本想低调一些,简单行个拜师礼就完了;但三个年轻人坚持要举行一个声势浩大的拜师仪式,还说如果仪式不隆重,就是对老师的不尊敬,他们也不能名正言顺地做学生。王阳明只好答应了。行了隆重的拜师礼后,这三个年轻人有幸成为王阳明的第一批弟子。

不得不说,王阳明的眼光还是很毒辣的。这三个年轻人都是可造之材,不久他们就被地方府学荐为贡生,要到北京国子监深造了。

眼见自己的弟子如此有出息,王明阳也颇为得意。毕竟,学生有出息,老师也是颇有面子的。王阳明特意嘱咐弟子到了北京找他的好朋友湛若水,有熟人好办事,有湛老师罩着,王阳明可以放心了。

俗话说,一日为师,终身为父。眼见就要和老师分别,三个优秀的弟子非得让王阳明写点什么,留个墨宝以作为纪念和激励。

王阳明便提笔写下了《别三子序》。在这篇序中,他特别提到了《尚书》中的"沉潜刚克,高明柔克"八个字,让他们一定要记在心间。

宋朝的曾巩曾给这八个字做过解释:人之为德高亢明爽者,本于刚,而柔有不足也,故齐之以柔克,所以救其偏;沉深潜晦者,本于柔,而刚有不足也,故济之以刚克,所以救其偏。

可见,此刻的王阳明已经明白,只有创立自己的学说,才能使圣学复兴,他已经默默地向着这条道路前进了。

第六章　从一个火坑跳到了另一个火坑

该办的事情都办好了，肺病也养好了不少，王阳明再也没有什么牵挂了，必须去龙场了。虽说龙场山高皇帝远，像王阳明这么芝麻大的官没什么人愿意搭理他，但毕竟一个萝卜一个坑，王阳明现在大有占着茅坑不拉屎的嫌疑。等年终总结时，万一他这点鸡毛蒜皮的小事被报上去的话，又该有人叽叽歪歪了。为了不再惹麻烦，王阳明决定带着三个仆人前往目的地——龙场。

第七章
龙场悟道，从心开始

龙场，我来了

这年十二月，王阳明拿出地图，为自己画了一条奔赴龙场的路线图：返钱塘，经过广信、袁州、长沙、沅州进入贵州，从玉屏西行进入修文县界，到达最终的目的地——龙场。

夕阳西下，王守仁和仆人的背影越来越远，犹如西行取经的唐僧师徒四人，显得有些孤寂。突然，远处传来了王守仁的大声吟诵：

客行日日万峰头，山水南来亦胜游，
布谷鸟啼村雨暗，刺桐花暝石溪幽。
蛮烟喜过青杨瘴，乡思愁经芳杜洲，
身在夜郎家万里，五云天北是神州！

是啊，虽然离家万里，但天下之大，没有什么地方不可以去，没有什么事情

第七章　龙场悟道，从心开始

不可以做。王阳明的乐观是值得钦佩的。

虽然满怀豪情，但现实条件有限。因为古代交通不发达，没有火车、汽车，更没有飞机，所以，在地图上看似短短的一段旅程，走上几个月再正常不过了。

其间，跋山涉水，颠沛流离，自然不会很舒服。不过，好在自己的老爹是大名鼎鼎的王华，一路上老爹都已经打过了招呼，地方上的官吏也没有为难自己。而且自己的知名度已经暴涨，大小也算个名人。所以，贵州之行十分顺畅。最让人感动的是，沿途正直的地方官员还和自己喝酒交友，那叫一个痛快！

当船行到广信（今江西上饶）时，广信的蒋知府放下架子，拿着好酒，亲自跑到船上来探望王阳明，如此热情款待让王阳明感动不已。

自己就是一个被流放的芝麻小官，竟然能受到如此礼遇，怎能不让人感叹？王阳明与蒋知府在船上秉烛夜谈，举杯邀月，人生能够如此，快哉，还有何求？

还记得，二十年前，王阳明从南昌娶亲返回余姚，在广信探望了比自己大五十岁的娄一斋，两人成了忘年之交。如今又来到广信，王阳明自然想起了这位老朋友，便向蒋知府打听娄一斋的消息。得知娄一斋在见到自己的第二年就去世的消息后，他悲痛不已。

故人已逝君不见，一束菊花寄哀思。死去的人不再被世俗的事烦扰，活着的人还得继续活下去。繁华的京师和富庶的江南抛弃了王阳明，他只能收拾心情，告别好友，继续赶路了。

虽然一路上风雨险道不断，还遭遇了盗贼，忍受饥饿，但大自然还算是仁慈的，放过了王阳明这具多病的躯体。正德三年（1508年），王阳明穿越湖广，来到贵州，终于平安到达了龙场。

龙场，我来了！

在那个神秘的龙场驿站，王阳明会经历怎样的神奇之旅呢？

龙场位于贵阳西北约七十里的修文县境，当时是没有开化的蛮荒之地。修文县本就处于万山丛林之中，偏僻闭塞，而龙场驿在布政司治城西北一百八十五里处，远离城市，就显得更加偏僻了。而且这里气候条件恶劣，规模非常小，驿站里只有二十三匹马，二十三副铺陈，和一个年老的当地小吏。龙场的荒凉程度可想而知，刘瑾能找到这样一个地方惩罚王阳明，可见他对王阳明的去处是用了心的。

最要命的是，和当地人杂居言语不通，想找个说话的都难，好不容易找到一个能说话的汉人，却是亡命之徒，吹胡子瞪眼耍大刀，也没法交流。

话可以少说或不说，大不了打打手势，也能交流。条件再差，遮风挡雨的住的地方总应该有吧。但让王阳明想不到的是，这个真没有。

初到龙场，周边环境一片荒凉，配套设施一团糟。虽然号称是个驿站，其实只有几间茅草房，怎么看都有随时要倒的危险，而且这几间茅草房各有用处，再也没有空闲的房子让王阳明居住了。

这太伤人了，自己虽然是没有品级的驿丞，但好歹也算体制内的人，待遇怎么能这么差呢？

怎么办？年老的当地小吏两手一摊，意思是没办法，政府没有这方面的经费，若想有个睡觉的地方，只能自己动手解决了。

算你们狠，把我打发到这么一个鸟不拉屎的地方，想看我王阳明的笑话吗？没门！自己动手，丰衣足食。于是，王阳明发扬一不怕苦二不怕累的革命精神，和仆人一起动手搭了一间草棚栖身。

王阳明毕竟不是专业盖房子的，这间新搭起来的草棚十分简陋、矮小，也就是能勉强栖身罢了。但王阳明很乐观，还赋诗云：

　　草庵不及肩，旅倦体方适。
　　开棘自成篱，土阶漫无级。
　　迎风亦萧疏，漏雨易补缉。
　　灵濑响朝湍，深林凝暮色。
　　群僚环聚讯，语庞意颇质。
　　鹿豕且同游，兹类犹人属。
　　污樽映瓦豆，尽醉不知夕。
　　缅怀黄唐化，略称茅茨迹。

相对于睡在蔓荆丛棘之中，王阳明觉得这已经相当不错了，怡然自得。

其实，所谓的困难只是存在于人的想象中，当你有更高的理想和信念时，困难就会变得十分渺小了。虽然被困在龙场这种远离权力中枢的地方，但王阳明的心

第七章　龙场悟道，从心开始

境是开阔的，自然就不会把困难视为困难，也才有心情赋诗。

不过，王阳明很快就笑不出来了。他的三个仆人由于水土不服，再加上当地瘴疠之气弥漫，常使人感到胸闷，头痛欲裂，结果这三个仆人纷纷病倒了，一下连个烧水做饭的人都没有了。

没办法，日子总是要过的。

既然仆人病倒了，做主子的就得披挂上阵了。王阳明放下世俗的尊卑贵贱，亲自出马，挑水、砍柴、做饭，跑前跑后地照顾起仆人来。虽然王阳明放得开，仆人们却过意不去，非常非常不好意思。王阳明却说，你们跟着我一路西来，历经千辛万苦，在这举目无亲的地方，你们就是我的亲人、我的兄弟。

在这种恶劣的环境下，王阳明不仅有仕途坎坷的苦恼，还得为一日三餐忧虑，但他没有被眼前的困难击倒，反而在想："如果圣人处在这种环境下，会有什么样的想法和做法呢？"

正因为他能时时刻刻以圣人的标准要求自己，才有了后来的大成就。俗话说："大磨得大道，小磨得小道，不磨不得道。"的确，若想改变气质，使身心契合于"道"，经受各种困难的磨砺，是非常重要的一个环节。

因为只有体验了能触及灵魂的苦难，才能洞察它的实质，真正地放下，自主地掌控内心的状态，一点一滴地培养耐心和意志，使整个身心素质发生脱胎换骨的改变。

正如王阳明所赋诗云："知君已得虚舟意，随处风波只晏然。"这时他的心灵已经没有一点浮躁之气，虚灵无滞，遇上再大的风波，都能淡然处之，真正地融入生活。当然，这是后话，现在，王阳明还必须在龙场接受命运的考验。

环境再恶劣，条件再艰苦，王阳明都没皱一下眉头，但在这里没有人可以和他产生精神上的交流，被孤独包围的他非常痛苦，似乎找不到突围的方向。

1845年，亨利·戴维·梭罗在距离康科德两英里的瓦尔登湖畔隐居两年，尝试过简单的生活，为美国留下了一部最伟大的作品《瓦尔登湖》。王阳明虽然有三个仆人陪伴，但内心的孤独感和亨利·戴维·梭罗也差不了多少。因为他是一个渴望与别人交流讨论的人，但这三个仆人达不到那种境界，显然不是他理想的倾诉对象。

时间就这样在百无聊赖中一点一点地流逝，西山采蕨、寒夜枯坐成了王阳明此刻的写照。人在最孤独的时候就会想家，王阳明也不例外。在空旷的原野中，在寂静的长夜里，他想念湛若水，想念徐爱，想念那些在心灵上能产生共鸣的人。

元宵之夜，雨雪霏霏，遥想江南和北京的繁华盛景，王阳明又平添一份愁情，一句诗脱口而出：

> 故园今夕是元宵，独向蛮村坐寂寥。
> 赖有遗经堪作伴，喜无车马过相邀。
> 春还草阁梅先动，月满虚庭雪未消。
> 堂上花灯诸第集，重闱应念一身遥。

孤独是能杀死人的，不能再这样下去了，否则王阳明会疯掉的，必须走出去，为自己的精神家园找个归宿。

为精神家园找归宿

在偏远的驿站，经常半月都见不到一个来客，闲暇时间自然很多。为了打发时间，王阳明就带着仆人在周边转悠，寻找灵感。

文章非天成，妙手偶得之。万一脑袋里灵光一闪，写出《小石潭记》《醉翁亭记》这样的传世名作，也不枉白活一世。

一天，王阳明走着走着，无意中发现了一处天然山洞，细看起来，居然和家乡余姚的阳明洞有点类似。

这个山洞虽然不算规则，前阔后窄，但两头通透，给人一种"日月之行，若出其中；星汉灿烂，若出其里"的感觉。洞内有天然的钟乳石，颇为奇观。几束光线投射进去，洞内云雾缭绕，居然有一种人间仙境的感觉。

如此绝妙的修身养性之地，让王阳明留恋不舍，他索性和三个仆人把行李被褥都搬了进去，并住了下来，还饶有兴趣地将这个洞穴起名叫"阳明小洞天"。就这样，这四个来自大城市的文明人，过起了一种类似山顶洞人的穴居生活，倒也别

第七章 龙场悟道，从心开始

有一番滋味。

这天，王阳明在洞外吟诗练字，有几个探头探脑的当地人走了过来。他们还处在原始社会阶段，脸上画着大鸟和龙的图案，身上文着各种看不懂的文字和图案。手执标枪，标枪上有他们制造的毒药，只要被标枪扎到，立即毒发身亡。

仆人们很紧张，有的拿着木棒，有的拿着石块，准备反击。王阳明示意他们不要紧张，丢掉木棒和石块。随后他走上前去，面带微笑，和当地人打着手势，把自己友好的一面展示了出来。

原来，这里是当地人的地盘，他们对于这几个外来客，开始时非常警觉，观察了一段时间，觉得这个新来的驿丞还是比较和善靠谱的，除了经常念一些他们听不懂的句子外，并无恶意。

结果，王阳明竟然和这些言语不通的当地人成了朋友，与他们一起大碗喝酒，大口吃肉，狂笑高歌，快活之情不必言表。

虽然言语不通，但王阳明找到了新的倾听者，再说这些当地人都非常善良，比京城那些想尽办法想把他搞死的衣冠楚楚之辈强多了。所以闲不住的王阳明经常来到丛林山洞间和这些当地人交流。虽然交流起来比较费劲，但王阳明乐此不疲。另外，王阳明还利用当年在工部上班时学到的知识，帮助他们伐木建屋，给当地人带来了先进文明。

对王阳明来说，他总算找到事做了，活着也不再那么没有意义。

在当地人眼中，王阳明简直就是上天派下来的神仙，所以都对他毕恭毕敬。滴水之恩，涌泉相报。当地人利用王阳明交给他们的方法，建造了一个大院落，送给了王阳明。虽然粗糙一些，但总算是一个标志现代文明的木头房子，比住山洞和窝棚舒服多了。

看着当地人脸上淳朴的笑容，王阳明感动不已。真是善有善报，你对别人好，别人也会对你好，将心比心，永远不会错。

附近的学子们渐渐听说王阳明被贬谪到了龙场驿，都前来求学，甚至有不远百里的学子也来求学，这让王阳明欣喜不已，于是他将新建的房子命名为"龙岗书院"，还把卧室命名为"何陋轩"。

就这样，龙岗书院成了文化种子站，成为王阳明的精神寄托地。虽然王阳明不是边区支教老师，不负有开化边区人民的责任，但他却用自己的思想一点一点地影响着这里的人们，扮演了一个老师的角色。

但龙场毕竟是大明王朝最偏远的山区，生活条件很差，虽然王阳明在精神上是富足的，但生活非常艰辛。在闲暇之际，他禁不住哀叹人生苦短，年华易逝，"悠悠百年内，吾道终何成？"

虽然物质生活不应该是一个人的终极目标，但生活条件太艰苦也是一件让人头疼的事情。每当夜深人静时，王阳明听着仆人的呼噜声就会想起远方的亲人，到了动情处会伤心落泪，作诗道：

  采蕨西山下，扳援陟崔嵬。
  游子望乡国，泪下心如摧。
  浮云塞长空，颓阳不可回。
  南归断舟楫，北望多风埃。
  已矣供子职，勿更贻亲哀。

是啊，远离了大明王朝的权力中枢，远离了家乡的亲人，在这偏远的山区，何时才能完成自己的梦想？不过，这种担忧转瞬即逝，在人们面前，王阳明仍然乐观得很，他不会被身处的悲惨环境所左右。

这时，发生了一件事，让王阳明彻底放下了世间的得失荣辱。

这天，从京师来了一个小吏，带着一仆一子途经龙场，去远方赴任。

比龙场还远的地方是哪里？王阳明都不敢想象，肯定是更荒凉的地方，看来这世上还有比自己更苦的人。同是天涯沦落人，王阳明非常同情这位小吏。打算第二天去见一面，安慰一番，顺便了解一下中原的情况。

第二天，当王阳明来到小吏投宿的苗民家时，这一行人已经离开龙场继续前行了。终归是晚了一步，王阳明非常遗憾，只能祝他们好运了。

岂料，这三个人走到蜈蚣坡便先后死去。王阳明得知这个消息后备感忧伤——前几天还活蹦乱跳的，怎么现在就客死异乡，阴阳两隔了呢？

世事无常，让人情何以堪。

第七章　龙场悟道，从心开始

王阳明抹掉眼角的泪水，让仆人前去收尸，将三具尸体掩埋。

仆人们不太乐意，毕竟连面也没见过，更谈不上什么交情，不至于学雷锋学到这种程度吧？

王阳明却说："这三个人也许就是我们以后的真实写照啊，你们不想我们以后暴尸荒野吧。"

仆人们听了不禁潸然泪下，没再说什么，带着挖泥土的工具前去掩埋尸体了。

看着仆人们离去的背影，想想客死他乡的三个陌生人，王阳明的诗人气质发作，写下了感人肺腑的《瘗旅文》。瘗，音同"义"，意为"埋葬"。

虽然文言文读起来比较费劲，不比白话文简单易懂。但这篇千古名篇却读来直刺人心，让人不禁泪洒衣襟。王阳明的其他文章都可以不看，但这一篇是绝对要看的。经典就是经典，是永远都没有隔膜的，现摘录如下：

维正德四年秋月三日，有吏目（各州的僚佐小官）云自京来者，不知其名氏，携一子一仆，将之任，过龙场，投宿土苗家。予从篱落间望见之，阴雨昏黑，欲就问讯北来事，不果。明早，遣人觇（探视）之，已行矣。

薄午（将近中午），有人自蜈蚣坡来，云："一老人死坡下，傍两人哭之哀。"予曰："此必吏目死矣。伤哉！"薄暮，复有人来云："坡下死者二人，傍一人坐哭。"询其状，则其子又死矣。明早，复有人来云："见坡下积尸三焉。"则其仆又死矣。呜呼伤哉！

念其暴骨无主，将二童子持畚、锸（挖泥土的器具）往瘗（埋葬）之，二童子有难色然。予曰："嘻！吾与尔犹彼也！"二童悯然涕下，请往。就其傍山麓为三坎，埋之。又以只鸡、饭三盂，嗟吁涕洟（鼻涕和眼泪）而告之曰："呜呼伤哉！繄（这是）何人？繄何人？吾龙场驿丞余姚王守仁也。吾与尔皆中土（中原）之产，吾不知尔郡邑，尔乌为乎来为兹山之鬼乎？古者重去其乡（不轻易离开家乡），游宦不逾千里。吾以窜逐而来此，宜也。尔亦何辜乎？闻尔官吏目耳，俸不能五斗，尔率妻子躬耕可有也，乌为乎以五斗而易尔七尺之躯？又不足，而益以尔子与仆乎？呜呼伤哉！尔诚恋兹五斗而来，则宜欣然就道，胡为乎吾昨望见尔容蹙（忧愁）然，盖不胜其忧者？夫冲冒霜露，扳援崖壁，行万峰之顶，饥渴劳顿，筋骨疲惫，而又瘴疠侵其外，忧郁攻其中，其能以无死乎？吾固知尔之必死，然不谓若是其速，又不谓尔子、尔仆亦遽然奄忽也。皆尔自取，谓之何哉？

吾念尔三骨之无依而来瘗耳，乃使吾有无穷之怆也。呜呼伤哉！纵不尔瘗，幽崖之狐成群，阴壑之虺（毒蛇）如车轮，亦必能葬尔于腹，不致久暴露尔。尔既已无知，然吾何能违心乎？自吾去父母乡国而来此，三年矣，历瘴毒而苟能自全，以吾未尝一日之戚戚也。今悲伤若此，是吾为尔者重，而自为者轻也，吾不宜复为尔悲矣。吾为尔歌，尔听之！

歌曰：连峰际天兮，飞鸟不通。游子怀乡兮，莫知西东。莫知西东兮，维（只有）天则同。异域殊方（与中原地区不同）兮，环海之中。达观随寓兮，奚必予宫？魂兮魂兮，无悲以恫（惊恐）！

又歌以慰之曰：与尔皆乡土之离兮，蛮之人言语不相知兮。性命不可期，吾苟死于兹兮，率尔子仆，来从予兮。吾与尔遨以嬉兮，骖（乘）紫彪（紫色小虎）而乘文螭（有花纹的蛟龙）兮，登望故乡而嘘唏兮。吾苟获生归兮，尔子尔仆尚尔随兮，无以无侣悲兮！道旁之冢累累（繁多的样子）兮，多中土之流离兮，相与呼啸而徘徊兮。餐风饮露，无尔饥兮！朝友麋鹿，暮猿与栖兮。尔安尔居兮，无为厉（恶鬼）于兹墟兮！

金圣叹评：作之者固为多情，读之者能无泪下？的确，王阳明的这篇大作哀吏卒客死他乡的悲凉，叹自己落魄龙场之不幸，字字泣血，句句都是肺腑之言，是他同病相怜发出来的如泣如诉的哀音，让人不忍心读下去。

王阳明大笔一挥，《瘗旅文》一蹴而就，但素不相识的小吏再也回不来了，自己是因为触怒了天子才被贬到大明的边陲，而小吏官位低微，俸禄低廉，他抛家舍子，来到这边远的山区又是为何呢？

同样是无根的浮萍，天涯的旅人。故乡显得那么遥远，也许多年以后回去的只能是那夜夜不肯入睡的魂魄，我的人生将会如何收场？如果是圣人，又该如何面对这样的困境呢？

王阳明望着灰蒙蒙的天空，忍不住问自己。他日夜冥思，形神憔悴，想求得一个真解。在混沌中，似乎什么都想明白了，一阵风吹过，却又什么都没有了，心里空落落的。

龙场悟道

　　是金子总会发光的，强人无论走到哪里都会折腾出一些动静来，人们即使想忘记他都难。王阳明就是如此，在大明王朝鸟不拉屎的边境都拥有强大的号召力，能量着实不小。

　　树大招风，这是铁打的定律，刘瑾当初把王阳明贬到龙场，无非是想让他自生自灭，自己落个清净。没想到，王阳明在龙场也干得有声有色，于是，有人传言刘瑾余怒未消，准备派人到龙场来继续刺杀他。

　　当初，王阳明制造了自杀现场，才侥幸逃过一劫，如今他还要故技重演吗？弟子们都劝他避避风头，等风声过后，再继续讲学。没想到王阳明却淡然一笑，不置可否。一来，他认为刘瑾早已把自己忘在脑后，即使有人提了自己的名字，也许刘瑾也对不上号，毕竟，自己远离权力中枢，对刘瑾构不成任何威胁，对于一个分量轻到可以忽略不计的人来说，不值得大动干戈；二来，他已经看透生死荣辱，不在乎这种捕风捉影的传言。

　　不得不说，圣贤之所以被称为圣贤，是因为他们面对困难和痛苦时，仍然能够坚定地前行，泰然处之。如今，王阳明历经磨炼，具备了这种资格，但他还没有找到答案——"理"。

　　"格物穷理"，可是事实让王阳明多次失望，无论怎么"格"，就是得不到那个"理"，接连的失败让他逐渐变得急躁起来，脾气也越来越差。仆人们生怕他做出什么出格的事来，虽然不敢靠近他，但也会远远地观望，随时准备处理突发事件。

　　一天早上，仆人们被一阵"噼里哐啷"的声音吵醒了，但前前后后都找不到王阳明。坏了，难不成刘瑾难真的派人来追杀了？大家急了，顺着声音，找到一片林子，见到一个熟悉的背影正抡着一个大锤打造一具石棺。石棺基本上已经成形了。

　　大家面面相觑，主人这是怎么了？打造这玩意儿有什么用？

　　王阳明把大家招呼过来。他一边擦汗，一边说："吾今惟死而已，他复何计！"

　　大家这才明白，原来王阳明是为自己打造棺材，不禁暗道：主人怎么就脑残了，可惜了满腹经纶。

　　王阳明不在乎大家怎么想，反而摸着石棺，异常兴奋，还把自己的意思对众人讲了，说是要尝试死的滋味。

　　大家脸上现出了惶恐之色，这可不是闹着玩的，万一装死变成了真死，那后果可就不堪设想了啊。

　　王阳明却吩咐仆人："你们听到石棺中有敲击声时，便迅速把棺盖揭开，千万不要耽误了时间！"

　　王阳明不像是在开玩笑，主人的话不能不听。见王阳明在石棺里安睡好了，大家只好慢慢地盖上石棺，连大气也不敢出，都安静地侍立在一旁，支起耳朵倾听棺材中的动静。

　　过了一段时间，石棺材内却毫无动静。又过了一会儿，仍旧没有声响，大家互相看看：难道主人真的要死了？

　　大家实在忍不住了，一齐上前揭开了石棺的盖子。只见王阳明已经满头是汗，两只眼睛往上翻白，嘴吐白沫，摸摸鼻中，几乎没有了气息。

　　大家一下急了，急忙把王阳明弄出石棺，喊的喊，推的推，掐人中的掐人中……王阳明总算悠悠地醒了过来，睁眼一看，连连摇头说："我死过一回了？乏味，乏味啊！"

　　总算是虚惊一场，仆人们的心算是落了地。没想到王阳明从此喜欢上了石棺，有事没事就坐在石棺中冥思苦想。也许这样，王阳明才能更清楚地思考生与死，存在与毁灭，暂时与永恒这样的问题。就这样，王阳明呆呆地坐了三天，仆人们也守了三天。

　　五百年前的那个午夜，万籁俱静，王阳明的仆人们在石棺旁打盹，忽然听到王阳明在大声地叫喊，一下子都从梦中惊醒了。

　　众人见主人欢呼雀跃，不禁面面相觑：这又怎么啦？难道主人疯啦？

　　王阳明毫不理会大家疑惑的眼神，嘴里反复念叨着"圣人之道，吾性自足，向之求理于事物者误也"。

　　毫无疑问，这个时刻被永载史册，几乎所有的史书都用"顿悟"这个词来描述这一瞬，中华文明史上一门伟大的哲学"心学"诞生了。

　　自此，王阳明否定了朱熹"求理于事物"的认识途径，肯定了"吾性自足"。他彻底顿悟：圣人之道，全在我心中；为圣之道，只需向自己内心深处挖掘和寻找。

他认为心是感应万事万物的根本,由此提出"心即理"的命题。他也彻底明白以前从外物努力去寻求天理的路子是错误的,是彻底颠倒的。以前不明白这个道理,所以才做出了对着竹子傻想七天七夜的蠢事。从今往后,他不会再以眼睛为镜子去格物,而是以心为本体,致良知,做到知行合一。

也就是说,心即理、致良知、知行合一是王阳明"心学"的三个方面。也许,苦难正是人生的老师。在穷乡僻壤的龙场,王阳明对人生对社会深深的思索终于有了结晶。

古罗马著名的哲学家西塞罗教导我们说,"所谓全部的哲学,就是学死"。意思是说一个人只有学会了如何面对死亡,才能从荣辱得失中真正摆脱出来,更好地生活。王阳明的顿悟得益于他在石棺中的静思。从某种程度上说,他得感谢刘瑾,感谢这个折磨他的人。如果没有这趟龙场之行,没有成为那个无所羁绊的政治边缘人,他在有生之年能不能顿悟都是个未知数。

人生弹指一瞬间,不能啥都没搞明白就到了生命的最后一程,那样也太悲哀了。虽然王阳明身处逆境,但他的心是自由的,是没有极限的。他不怕孤立,以自己为中心,抛开一切书籍,默默记下《五经》的内容,并结合自己的领会,写成了《五经臆说》。

别人取笑他疯了,但王阳明心里明朗得很,犹如拨云见日,真正触摸到了真理,这是值得庆幸的事情。

毫无疑问,龙场顿悟是王阳明最传奇的经历,他在量变的基础上发生了质变,如脱胎换骨一般,思想境界有了爆发式的提高。历史最终承认了王阳明,他的名字将超越所有的帝王,与孔子、孟子、朱子并列,永垂不朽。

贵州讲学

虽然悟道让人兴奋不已,但现实生活是残酷的,第二天一早,王阳明还得拿起锄头去耕山脚下的那两块破地。哲学虽然伟大,但填饱肚子更重要,毕竟吃饱饭才是最大的哲学。

王阳明不仅要考虑吃饭的问题,还要提防一些看他不顺眼的人使绊子。因为不管王阳明悟道与否，思想境界有多高，在一些地方官眼里，他始终是一个在京师得罪了权贵被贬谪的驿丞，是一个没有身份和地位的落魄者。

一个坐冷板凳的人本应该安分一些，没准哪天上面的人一高兴，再赏个一官半职也说不定。但王阳明却是一个天生就不安分的人。无论走到哪里，他都会吸引别人的眼球，让人们跟随他一起疯狂。

当地的长官贵州巡抚王质听到王阳明聚众讲学不说，还弄个石棺摆谱，把自己搞得像个明星一样，在偏远的山区遍地都是他的粉丝。

这还了得，在自己的辖区内公开集会讲学，竟然不和自己打招呼，真是无法无天，不懂规矩。王质生气了，后果很严重。他以破坏和谐为名派人前来挑事，妄图把王阳明这面旗帜连根拔掉，让他以后学乖一些。

岂料，没等王阳明说什么，当地的群众就不干了：你不修学校，不派老师倒也罢了，好不容易来了个免费讲学的先生，你倒要来砸店，你安得什么心啊。

结果，被派去兴师问罪的人被打得抱头鼠窜，灰溜溜地滚回了老家，浑身是伤地向主子禀报。

王质大怒：真是一群饭桶，连一群老百姓都摆不平。

没办法，既然黑道走不通，那就走白道，咱要用官威压死你。

王质找到贵宁道按察司副使（检察院副院长）毛应奎，添油加醋地说王阳明这也不是，那也不对，反正就是一个破坏和谐的不入流的无赖毒瘤，把王阳明说成了人民公敌。

毛应奎也不是三岁小孩，不会被几句话就忽悠了。王阳明这个人他是知道的，是王华的儿子，于是他亲自找王阳明了解情况。一番交谈后，他被王阳明的学问和人格彻底征服了，不仅没有为难王阳明，还为王阳明提供方便，两人成了要好的朋友。

这样一来，王阳明在当地不断地讲学，龙岗书院越办越火，他的心境豁然开朗，以前消沉悲观的情绪再也看不到了。他以讲学为人生最大的乐趣，有时夜不能寐，便与学生通宵达旦地讲习，这使他的精神得到了升华，内心获得了极大的满足。

悟道之后，王阳明的生活并没有发生翻天覆地的变化，他还是老老实实地在山区种地。在耕地期间，他广为传播自己的学说，成为远近闻名的山区哲学家。当时，还有人专门从湖南跑来听他的课呢。

第七章 龙场悟道，从心开始

王阳明在龙岗书院讲学，声名逐渐远播，关注度也逐步提高，随着正德三年的翻篇，属于王阳明的春天款款而来了。

正德四年（1509年）春天，一个官员来到了龙岗书院，这个人叫席书。

席书，字文同，号元山，四川蓬溪县吉祥乡人。弘治三年进士，当时任职贵州提学副使（省教育厅副厅长）。

领导前来视察，王阳明有望了，能否得到政府资助这个先不说，总算是和高级别的政府官员又扯上关系了，他这个几乎被遗忘的棋子又有机会在政坛上露面了。

王阳明的事儿先放一放，我们先来看看这个席书，进士及第后，当时也算是个风云人物，怎么就被划拉到贵州教育界了呢？

原来，在弘治十六年（1503年），云南发生了一场破坏性极大的地震，灾情异常严重，百姓惶惶不可终日。朝廷在赈灾的同时，派南京刑部侍郎樊莹前去云南视察慰问。樊莹不敢怠慢，以最快的速度赶往云南，把朝廷的问候带给了灾区人民，鼓励大家重建家园。

地震本来是天灾，是人力不可违的。既然发生了，就只能全力应对，把灾情降到最低。本以为慰问一下就完事了，但樊莹却剑指当地政府，说当地的领导班子荒于政事，救灾不力，上疏朝廷，请求罢免多名玩忽职守的地方官员。

出了事，总得揪几个人来负责，一般都是找几个替罪羊。替罪羊自然要从地方上的官吏中找。樊莹深谙这种官场规则，已经找了几个背黑锅的。朝廷对这些地方官深表同情的同时也表示了默认。不承想半路杀出个席书，偏偏要把矛头对准皇亲国戚大臣，要拿京城大员开刀。

当时，在户部员外郎（财政部副司长）任上的席书对樊莹所奏持有异议。他认为，要革除弊政，责在朝廷，不在云南地方官吏。也就是说，一棵树要坏死的话，必定是根烂了，和枝叶没什么关系。如果不从根上找原因，只是把枝叶砍掉，是治标不治本的。

这让樊莹如何下台？这不是给朝廷添乱吗？

规则就是规则，既然你不遵守官场规则，那就只能被踢得远远的，一边凉快去。结果席书被一脚踢到了贵州。

很多人总是抱怨生不逢时，整天一副垂头丧气的样子。其实，我们来到这个世上，不可能个个都衔着金钥匙，更多的人都是从零开始努力打拼，用双手创造美好未来。所以我们与其抱怨，不如做些有意义的事，别白白浪费了这一辈子的好时光。

席书是好样的，没有因为官场受挫而气馁，他发誓要做出点成就来，这不仅仅是为自己打翻身仗，还要为贵州教育事业做点实实在在的事情。

真正到贵州后，小席才知道大明竟然还有如此落后的地方，他感到自己肩上的担子一点儿也不轻。

知识就是生产力，知识改变命运，要改变严峻的现状，还是得从提高居民的文化水平开始。但贵州处在边远山区，一穷二白，也没什么人愿意搞赞助，兜里没钱，拿什么请老师来教学啊？

一分钱难倒英雄汉，难道就这么眼睁睁地看着大家在贫困线上挣扎，整天浑浑噩噩，看不到半点希望吗？不行，这趟贵州之行，不能就这么以碌碌无为而终。

这时，他手下的一个官员小声说："听说王阳明这个人比较火。"

"王阳明？"

"对，这个人办的龙岗书院很不错，大家都愿意听他讲课。"

其实，席书对王阳明这个人并不陌生。

当年，王阳明在京城时就和湛若水一帮人天天切磋学问，但他对朱子之学颇有微词，既然价值观不同，就没什么好谈的，所以席书一直和他们保持着距离。

如今请这个异类来讲学，后果会是什么？席书预料不到，但有老师总比没有老师强。不过，为了慎重一些，席书还是决定前去会一会王阳明，再决定是否请他出山。于是，席书便坐着专车前往龙岗书院。

从贵阳府到龙场驿只有四十来里的路程，半天就到了。到龙岗书院前，席书并没有打招呼，自然就没有夹道欢迎的盛况，也没有欢迎领导视察的标语。他选择了一个角落坐下，耐心地等王阳明讲完了课，才表明了自己的身份，然后提出了一个萦绕在心头很久的问题：朱熹和陆九渊，有什么异同？哪一个的思想更值得学习？

大家都知道大明王朝崇朱非陆，而王阳明是陆九渊思想的继承者，这个席书偏偏把朱熹和陆九渊并列起来，让王阳明选择，如果王阳明做了真实的选择，这就是和大明的主流思想相悖；如果王阳明做了违心的选择，无疑是背叛了前辈。毫无

第七章　龙场悟道，从心开始

疑问，这是个二难选择。

这样看来，这个席书像是来找碴儿的，故意让王阳明难堪，下不了台。

不过，王阳明不怕，他之所以能成为王阳明，一定有过人之处。

王阳明只说了一句话，就给席书留下了深刻的印象。不过这句话，正是他在龙场睡石棺时，半夜梦醒时喊过的。不过这又有何妨呢，在他不长的一生中，这句话喊多少次都不多，因为实在是太重要了。

王阳明平静地说："圣人之道，吾性自足，不假外求。"

只这么一句话就让席书惊呆了，因为圣人可以不学自成，这是他前所未闻的，在他面前展现的是一片新天地，是朱子、陆子都不曾说过的东西，他已有的知识和思想不足以消化这些内容。也难怪，王阳明思索了三十年的东西，岂是那么容易就能理解的？

一头雾水的席书回去后细细品味王阳明的这句话，可思来想去总觉得这句话说不通：假如圣人能自学成才的话，那满大街不都是圣人了？可现实是能成为圣人的人屈指可数，就那么几位。

第二天，席书起了个大早，又去和王阳明探讨，显然，他心中已经有所动，但又不明白王阳明的那句话到底是什么意思，这让他心痒难耐。

如此反复了几次，席书恍然大悟，认为圣人之道，重现于今，对王阳明的佩服，也就如黄河之水滔滔不绝了。（恍然大悟，谓圣人之学复睹于今日。）

既然确定以及肯定王阳明是个人才，那就不能把他继续放在龙场浪费掉了。

席书说干就干，回到贵阳后与按察副使毛应奎一起修复贵阳书院，马上礼聘王阳明，邀请他到贵阳书院讲学。虽然他年长于王，官高于王，但依然向王行拜师大礼，没有半点架子，这是很了不起的。

面对如此盛情，如果说王阳明不激动，那就假惺惺了。想想当初他从繁华之都一下子坠落荒山野岭，是何等绝望与苦闷。如今看到了希望，怎能不让人感慨一番。

当年在京城讲学，王阳明和李梦阳那一帮文艺青年没法比，结果，门可罗雀，听他讲学的人少得可怜。如今，他却在贵阳重开了一片天地。如果没有被刘瑾贬谪贵州，便不会在贵阳书院讲学，更不可能悟出"圣人之道，吾性自足"。

可见，如果我们惧怕痛苦、惧怕折磨、惧怕不测的事情，那么人生中就只剩下"逃避"二字了。我们不仅不能让"逃避"成为接受折磨的避风港，反而要用一颗宽容的心感谢曾经折磨过我们的人或事，只有这样才能让自己的心胸宽阔起来，才能重新认识自己，才能体会出那实际上短暂而有风险的生命意义。

王阳明首开贵州书院讲学之风，在贵阳书院的那段日子，他是快乐的，以独特的人格魅力和贯通儒释道三家的学识征服了莘莘学子。他的主张和见解开始在贵州一带渐渐流传起来。他把在龙岗书院对学子的要求带到了贵阳书院，对他们提出了"立志""勤学""改过""责善"四条规定，体现了现代教育的基本精神。他尤其强调"求古圣贤之心以蓄其德"是为了"达诸用"，也就是要理论和实践结合，学以致用。这种教学思想即使放到现在也是适用的，可见，王阳明天生就是教育家。

总之，在贵州的三年，王阳明提倡"知行合一"，发展"心学"理论，广收弟子，传播学说，在当地造成了深远的影响。

第八章
三十年河东，三十年河西，刘瑾玩完了

别了，龙场

对贵州百姓来说，王阳明不过是个过客，龙场不过是他暂时歇脚的地方，他终究是要离开的，因为他不属于这里。

正德五年（1510年）初，王阳明三年谪迁期满，三月便升为江西吉安府庐陵县（今吉安）知县。虽然官位不高，但已经与驿丞不可同日而语了。最重要的是，这标志着他被处分的日子已经结束了，又有了往上爬的机会。

不过，说句心里话，王阳明其实并不想马上离开这里。在这里，他收徒授课，粉丝遍地，彻底看开了生死，还完成了一生中最重要的龙场悟道。这里的一草一木，一山一水，都是那么亲切，都深深地印在了他的脑海里。虽然只在贵州生活了三年，但他已经爱上了这片土地和这里的父老乡亲。

不过，天下没有不散的筵席，在一个地方孤老终生，这不是王阳明想要的，他更乐意去探寻前方那条未知之路，他仿佛已经看到远方有人在向他招手。

别了，龙场；别了，阳明小洞天。

王阳明挥一挥衣袖，与贵州的父老乡亲们依依惜别。心里默念：如果有缘，我一定会回来看望大家的。遗憾的是，王阳明再也没有踏上龙场驿站的这片土地，谁也没有想到，这一别竟然成了永别。

人生就是如此，我们总以为有的是时间回首和回味，但当我们想回首时，已经没有了机会。所以，我们应该珍惜每一天每一刻，以及每一个和我们相聚或擦肩而过的人，这样才不会留有遗憾，每一天才会过得充实而有意义。

王阳明在龙场待了整整三年，这是他一生中最为重要的三年，在这里，他获知了秘密的答案，也拥有了无尽的力量和智慧，已经无人能够与他匹敌。

这次离开贵州，王阳明特意沿着三年前来龙场的路重走了一遍，来时是被贬，去时是去做父母官，心情自然是大不相同。在湖南常德辰州，王阳明遇到了弟子冀元亨、蒋信、刘观时等人，大家坐在一起喝着小酒侃大山，王阳明发现这些弟子们的学问大有进步，心里十分高兴，忍不住又把自己在龙场的所悟讲给弟子们听。

欢聚数日后，王阳明一行人向江西进发，终于到达了庐陵，拿得官印，在庐陵做起了父母官。

庐陵，位于江西省中部，罗霄山脉中段，赣江中游，素有"江南望郡""吉州福地""文章节义之邦"的美誉。这里曾成功走出了欧阳修、文天祥、解缙、杨士奇等众多牛人。毫不夸张地说，这里是江西的名人制造基地，是一个人杰地灵的好地方。

庐陵县衙在府城南门的欧家祠路，出南门稍微往东走一点儿，就能看到白鹭洲书院，这是当时江南四大书院之一。王阳明在这里开辟了一个讲学场所。这里出尘般的宁静，让王阳明非常欣喜，在赣江边散步成了他每天必须要做的功课。

在城南二十五里的青原山上还有一座净居寺，寺内右侧屋曾经是朱子的讲坛，称为青原书院，王阳明也在这里进行过富有激情的讲学活动。离任后，王阳明的学生邹守益继续在这里讲学。后来还有学生在寺的对面建了一所阳明书院。

庐陵虽然是一个讲学的好地方，但也有让王阳明头疼的事情，那就是由于文化过于发达，民风好讼，在县衙告状不过瘾，有的人还告到省里。如此一来，吉安府在江西的名声变得很臭，庐陵县更是不用说了。

有什么事咱们关起门来解决，如此张扬，我的年终考核怎么办？我还怎么往

第八章 三十年河东，三十年河西，刘瑾玩完了

上爬？结果被告状的老百姓这么一折腾，历任地方官都无比抓狂，痛苦极了。

之前有个叫许聪的吉安知府被告状的百姓折磨得死去活来，他在给中央政府的文件中说，这个地方的老百姓除了种地，唯一的爱好就是打官司。现在，我每天要接到近一千起诉讼，每天夜以继日地工作都处理不完。对于一些屡次生事的人，我下达了拘捕令，但这些人是监狱里的常客，坐牢对他们来说不是惩罚，反而是一种享受。普通的手段对这些人已经不起什么作用了，希望朝廷给我"便宜行事"的权力，效法一下汉朝的酷吏，只有这样，才能整治民风，彻底扭转吉安这种让人头疼的局面。

朝廷也觉得长此下去不是个办法，必须得遏制一下这种歪风邪气，便默许了许聪的请求。有了这把尚方宝剑，许聪便效法汉、唐两代的酷吏做派，严打喜欢告状的百姓。他本以为此举能够震慑到当地百姓，没想到人家根本就不吃他这一套，没有被他的淫威吓倒，反而多次越级上访。上级领导不胜其烦，认为许聪掌控全局的能力实在太差，只好找只替罪羊，让许聪灰溜溜地离开了江西。

王阳明对江西的这种特色也略有耳闻，他来到庐陵后，当然不能再走许聪的老路，必须另辟蹊径，才能收到预期的效果。

你高尚，我犯贱

庐陵虽然只是一个小县，却是四省交通的枢纽，人来人往，是非自然就多一些。但也不能有事没事就往衙门跑啊，衙门毕竟不是菜市场，是国家的权力机关，闲杂人等岂能随随便便想来就来，想走就走？

为了应对这种局面，江西官员的办法是加重苛捐杂税，理由是：你不是爱告状吗？我让你天天为了填饱肚子着急，你就没有空闲时间去打官司了。

这种"堵"的办法不能从根本上解决问题，只会加重百姓的怨恨。这不，王阳明第一天上班，就有几千百姓冲进县衙喊冤，那阵势是相当壮观啊。

王阳明不急，主静的修炼给了他一种定力，他认为把握了自己，这个世界就好把握了。所以他仔细听百姓诉说冤情，原来百姓是嫌分派到庐陵的杂税太多太重，基本的生活都无法得到保证，希望政府能够减免杂税。

谁不让老百姓吃饱饭，谁就会被拉下马。

百姓提出的这些要求也不过分，王阳明便答应大家，不几日查实后一定给大家一个明确的答复，该减免的税赋一定减免。

百姓大呼：这真是青天大老爷啊，然后便千恩万谢地走了。

接着，王阳明赶紧查看了分派到庐陵的杂税，很多杂税果然都是来历不明。王阳明觉得这样做只会激化官民矛盾，有损政府形象，便向吉安知府和江西布政使写了一封《庐陵县为乞蠲免以苏民困事》。在这封信中，他用事实说话，还承诺自己不久就能彻底解决好庐陵县民乱告状的问题，前提是减免庐陵县多余的摊派。

上级领导对这个新县令的大名也是略有耳闻的，见他这么大的口气，立了军令状，不好打消他的积极性。再说，当初之所以给庐陵县加重苛捐杂税，并不指望能多收税款，只希望当地百姓能老老实实务农，不要有事没事就去告状。经过再三考虑，领导决定放手让王阳明一试，万一这事儿成了，也算是解决了一大难题。

这个新县官说到做到，真是百姓贴心的父母官啊。但感激归感激，你可以高尚，但不能阻挡我犯贱，于是百姓该干什么还干什么，去衙门如同去菜市场一样勤快，把告状比一日三餐看得还重要。

王阳明以为百姓会买他的账，没想到告声依旧，总不能在上司面前丢了面子，必须得让百姓老实点。

俗话说，先礼后兵，好话说尽，没有什么效果，就只能来硬的了。

老虎不发威，你以为我是病猫啊。

王阳明之所以如此自信，是因为做足了前期工作。他经过调查研究，发现庐陵人爱告状有悠久的传统。早在朱元璋时期，为了解决这个让人颇为头疼的难题，地方官员让民间德高望重的老人来仲裁纠纷，方圆一里设一人，称为"里老"。这些老人的权力不小，不仅能判谁有罪谁没罪，还有权鞭打顽劣之徒。如果有人越级告状，对这些上访的人，地方官毫不手软，严加处置。这就相当于在民间设立了一个法庭，当地百姓对这些"里老"非常尊敬，这样一来，告状的人少了不少，减轻了政府的工作压力。

王阳明决定用朱元璋的老法子，下令在县城各处张贴了他亲笔撰写的公告：

第八章 三十年河东，三十年河西，刘瑾玩完了

本县近来身体不好，反应有些迟钝，跟不上你们的思路，所以今后除了人命关天的大事，不要轻易跑来告状。如果有纠纷可以找"里老"解决。谁若是拿鸡毛蒜皮的小事来擂鼓告状，本县定严惩不贷。另外，讼书也要写得规范，不能超过两行，每行不能超过三十个字。若违反了这个规定，将不予受理讼书。本县劝大家还是安心在家种地生孩子吧，不告状不会掉根毛，若吃不上饭肯定会被饿死的。

这个严格的规定让当地百姓的心里多少有些害怕，他们知道王阳明是说一不二的人，在这种严打期间碰钉子，铁定没好果子吃。

几个月后，由于举措得当，在王阳明的软硬兼施下，庐陵诉讼的风气渐渐淡了下来，百姓开始踏实务农，呈现出一派其乐融融的景象。

百姓不再告状，王阳明也就能腾出手来干其他的事情了。他将自己的学说运用到政务治理中，劝民重教，治理驿道，杜绝任何横征暴敛的行为，恢复朱元璋时期的保甲制度，还大力禁止迷信神会，教导百姓只要行孝悌，就会感动天地，风调雨顺。这样一来，取得了不小的政绩，积累了不少治理地方的经验。

刘瑾覆灭

就在王阳明任职庐陵知县期间，朝廷刀光剑影，政局发生了翻天覆地的变化——视王阳明为眼中钉的刘瑾走到了生命的尽头。

事情的经过是这样的。

刘瑾虽然只是一个太监，却与众不同。那时坊间流传着这样的话：北京城有两个皇帝，一个是金銮殿上的"坐"皇帝朱厚照，也叫"朱"皇帝；另一个是司礼监的掌印太监"站"皇帝，也叫"刘"皇帝。

这个"刘"皇帝，指的就是刘瑾，一个太监能混到这个份儿上，应该此生无忧了吧？但事实恰恰相反，你爬得越高，掉下来的概率就越大，正所谓"高处不胜寒"。一个太监参与政事，自然会成为大臣们的眼中钉，何况刘瑾相当残忍，树敌众多，自然惦记他的人就非常多。这注定了刘瑾时刻都有被拉下马的危险，而且会摔得很惨。

刘瑾曾进行过财政改革，其中有一项是对军屯的土地实行新税法。他本人是

太监，信得过的人自然也是太监，所以派遣的征税人都是太监。仗着有刘瑾罩着，这些太监比恶狗还凶猛，结果在宁夏、甘肃得罪了当地的安化王朱寘鐇。

安化王朱寘鐇是外系藩王，世代镇守宁夏，在这里要钱没钱，要物没物，连水都十分金贵。若想改变自己的命运，让贫困的宁夏在短时间内富裕起来是不可能的，和别人换地盘更不可能，别人又不傻，亏本的买卖没人愿意做。没办法，树挪死，人挪活，与其在这鬼地方天天吃沙子，还不如反他娘的。

但造反也得有一个说得过去的理由，这时，刘瑾给朱寘鐇创造了机会。宁夏本来就穷，实行新税法只会让这里越来越穷，这苦日子过够了。宁夏驻军的官兵们不干了，准备反抗。

冤有头，债有主，这件事情是刘瑾挑起来的，而且刘瑾也没什么好名声。于是朱寘鐇扛起了"清君侧"的大旗（杀死刘瑾，为民除害），发动了叛乱。

消息传到北京，朱厚照大怒：宁夏虽然苦了点，但你朱寘鐇好歹也是一个王，怎么能做出这种大逆不道的事。

兵来将挡，水来土掩。没啥好说的，赶紧派兵平叛。

右都御史杨一清被任命为讨伐军总司令，"八虎"之一的宦官张永被任命为监军，二人迅疾开往前线平叛。

杨一清号称"出将入相，文德武功"，才华堪与唐代名相姚崇媲美。曾因反对刘瑾被捉进监狱，多亏大臣们联名营救，才保住了一条命。

朱厚照之所以重新任命杨一清，就是想让他赶紧摆平安化王。毕竟，江山稳固了，他才能想玩什么就玩什么。

当杨一清率领大军赶到宁夏的时，发现叛乱竟然已经被平定，安化王也被活捉了。原来他的老部下仇钺听到消息后便迅速带兵打了过去。这朱寘鐇也真是太差劲了，根本就不是对手，没打几下就全军覆没了。

本来想借助平叛建功立业，为自己的复出增加砝码，好与朝廷的权臣刘瑾相抗衡，没想到，这朱寘鐇这么不经打。

朱厚照得知成功平叛的消息后非常高兴，命令杨一清和张永将安化王及一干乱党押解回京。起初，杨一清是防着张永的，毕竟，他是"八虎"之一。但通过慢慢观察，杨一清发现张永和刘瑾截然不同，不仅良知未泯，而且与刘瑾在权力分配

第八章 三十年河东，三十年河西，刘瑾玩完了

上有很深的矛盾。

经过多次试探，杨一清发现张永是一个可以拉拢的对象。于是利用张永扳倒刘瑾的想法在杨一清的脑袋里萌发。但能否搞掉刘瑾，还是个未知数，因为这五年来，有多少人都想要搞掉刘瑾，但反被刘瑾搞得死无全尸。

必须出奇制胜，否则会惹祸上身。杨一清想来想去，认定若想搞掉刘瑾，必须拿出让皇帝朱厚照胆战心惊的东西，于是他决定拉着张永诬告刘瑾谋反！

杨一清取出一份文书递给张永，张永打开文书一看，不禁目瞪口呆。这份朱宸濠声讨刘瑾的文告不但列明了刘瑾的所有罪状和证据——有17条之多，而且文笔流畅，逻辑严密，语言生动。这份文告自然是出自杨一清之手，可见，他回家这几年，并没有闲着，而是时刻关注着刘瑾的动向——隐忍多年，只为了此刻的重拳出击。

张永收好文书，算是彻底与刘瑾决裂了。

这种事情最怕夜长梦多，必须一击致命，否则后患无穷。张永和杨一清飞速赶往京城，朱厚照亲自出东华门，给杨一清和张永接风洗尘。

张永乘机献上了那份文书。朱厚照虽然有意捉拿刘瑾，但意志并不坚决。他不相信刘瑾会造反，无非是玩得过火罢了。

这时，必须再添一把火，否则等刘瑾缓过劲来，就前功尽弃了。于是，张永又上奏道：刘瑾私造弓箭，还有玉玺，他的扇子里有暗器。

已经有醉意的朱厚照低头说："刘瑾负我。"

张永说："这事不能迟缓。"

于是，趁着朱厚照的酒劲，张永等人敦促朱厚照下达了逮捕刘瑾的命令。张永等人连夜动手，捉住了刘瑾，并派人查封了刘瑾在京城内外的住宅。

谁都知道刘瑾贪财恋权，一定贪污了不少钱财，但不承想他在短短的五年内，竟然聚敛了如此巨大的财富，下面是一张查抄刘瑾财产的清单：

> 金二十四万锭又五万七千八百两，银五百万锭又一百五十八万三千六百两；宝石二斗，金甲二，金钩三千，玉带四千一百六十二束，狮蛮带二束，金汤盒五百；除了金银珠宝之外，还有一些违禁的御用物品及兵器甲仗，如蟒衣四百七十袭，牙牌两匮，穿宫牌五百，金牌三，衮袍八，爪金龙

四，玉琴一，玉瑶印一，盔甲三千，冬月团扇（扇中置刀二），衣甲千余，弓弩五百。

朱厚照一看，天啊，这个死太监怎么贪了这么多钱，富可敌国啊。他本来还不想处死刘瑾，只想把他贬谪到凤阳去看护太祖陵寝，一听说抄出了不计其数的金银财宝，顿时大怒："奴才果然要反了！"结果，刘瑾被凌迟处死。

当时规定：凌迟要割3357刀，还不能让犯人中途死掉。刘瑾的行刑过程持续了三天，第一天先割357刀。许多受害人亲属都前来花钱买他的一片肉，去祭奠死者，也有的人为了泄愤，竟然生吃刘瑾的肉。

刘瑾在一夜之间便成为了阶下囚，他的集团也瞬间分崩离析，属于他的时代结束了。这件事发生得太突然了，以至满城官民大骇，街巷喧嚣鼎沸，好几天才平静下来。

杨一清借张永之手除掉刘瑾后，曾被刘瑾迫害过的人都给平反了，得到了中央政府的特别照顾，回到了原来的工作岗位上。其中，王阳明也是受益人之一，职务是南京刑部四川清吏司主事，从七品官职重新升到了流放前的从六品。因为刘瑾的打击面太大，王阳明所受的迫害相对来说并不是最重的，所以并没有因为受过迫害而获得特殊照顾。

四年前的上疏使王阳明在仕途上转了一个圈，这些年难道白混了？其实不然，这一圈下来，有了这番磨难和悟道，他才有资格成为足以彪炳史册的伟人。再起之时，天下已无人可与之匹敌。

第九章
重新出山，我老王又是一条好汉

当上了一把手

明朝的制度规定：地方官每三年要进京一次，朝见皇帝，并接受吏部和都察院的考查。王阳明虽然只当了六个月的知县，但赶上了这次朝见。

正德五年（1510年）十一月，王阳明进京入觐例行公事，住在大兴隆寺。在这里，他遇到了黄绾。

黄绾，字宗贤、叔贤，号久庵、石龙。少时求教于谢铎，刻苦求学，学有所得。后来凭借老祖宗的功绩，在京城任职后军都督府都事。

在王阳明眼中，这个长相英武的年轻人大有前途，因为他有志于圣学。

"此学久绝，你有什么见解？"

"只是有这个志向，还不知道从哪里着手。"

"人最怕没有志向，不怕没有用功。"

"我如何才能通向那个目标呢？"

"你可以做减法，把多余的东西扔掉，这样，内心就可以让更多的阳光进来。"

人心是关键，做起来，就能成，凭着意志和内在的修炼就能实现你的梦想。"

王阳明上来就跟黄绾讲授"心学"，黄绾一下就听傻了，为王阳明的学问所折服，立志潜心修行。毫无疑问，这段对话让他们师徒之间拉近了距离，黄绾后来成了王门弟子重量级的人物。

黄绾的演讲论辩能力很强，王阳明对他极为看重，甚至称其为"吾党之良，莫有及者"，把他看成自己的"子路"。

虽然王阳明极其看重这位弟子，但当他死后，却遭到了黄绾的背叛。黄绾振振有词地说："我开始并不相信王学，后来相信了，而且非常狂热，但经过实践，我发现王老师的学说不是理学，而是禅学，只会耍嘴皮子，于国于民没有什么益处可言。"（予始未之信，既而信之，久而验之，方知空虚之弊误人非细。）

就这样，黄绾成为中国思想史上较早全面批判"王学"的人物，这当然是后话了。

王阳明在京城朝觐后，原本就要到南京刑部去上班的，但湛若水等老朋友就是不让他走，一拖就拖了一个月。原来他们在京城暗中活动，上下打点，送出了不少银子，为王阳明在京城谋了个一官半职。

结果，正德六年（1511年）正月，王阳明的新任命就下来了，吏部验封司主事。这个官职主要是管封爵和褒赏的，是个有实权的肥差。这样，王阳明就不用去南京了，可以在京城吏部上班了。

虽然王阳明只是吏部验封司的一个小吏，但毕竟是京官，机会多多。不过，他不加入哪一个党派，也不依附于哪一方势力，专心于他的心学。好在吏部验封司主事是个闲差，他有更多的时间研习心学。湛若水在翰林院也闲得要命，除了喝茶、看闲书外，就剩下侃大山了。再看黄绾，他也忙不到哪里去。所以每天下班后，这三人便倾心交谈，甚至还约定"终身相与共学"，那叫一个过瘾。

二月，王阳明又担任了会试同考官。不过，如今他已经看透了科举考试的弊病所在，没有了当年主试山东的豪情。再说，会试虽然比乡试高了一格，但主考官往往是礼部尚书一类的人物，他这个同考官的位置就显得很尴尬，说不上什么话。

这还没完，好运来了是挡不住的。这年十月，王阳明又升任吏部文选司员外郎，相当于中组部负责官员调动的副司长。正德七年（1512年）三月，他又升为吏部考功司郎中，成了一把手，正儿八经的正厅级官员。

朱陆之辩

这期间，户部侍郎乔宇即将前往南京任礼部尚书，在临行前，他特意前来向阳明请教。

乔宇，字希大，号白岩山人，乐平（今山西昔阳）人，"晋中三杰"之一，幼年跟随父亲来到京师，学于杨一清，成化二十年进士。他是王阳明的故交，王阳明当初贬谪龙场时，经常寄诗给京城的这些好朋友，乔宇就是其中的一位。

乔宇在临行前与王阳明有过一段精彩的对话。

王阳明说："学贵专。"

乔宇说："是啊，我小时候刻苦学习下棋，到了废寝忘食的地步，才学有所成，在三年内都没有遇到过对手，学贵专，的确没错。"

王阳明说："学贵精。"

乔宇说："没错，我长大后学文辞，字雕句琢，如今已经不读韩柳的文章，专攻汉魏的大赋，学贵精，的确是这么回事。"

王阳明说："学贵正。"

乔宇说："是啊，我中年以后想学圣人之道，后悔以前学的那些棋艺与文辞占满了心灵，没有别的空间了，我该怎么办呢？"

王阳明说："不管是学习下棋，学文辞，还是修道，都是学问。然而，这三件事带来的结果却有很大的差异。'道'是指大路。若不走大路，专走充满荆棘的小路，就很难走得通。因此只有专于道，才是真正的'专'；精于道，才是真正的'精'。如果只是专于棋艺，没有专于道，那不是真正的专，而是沉溺。如果只是精于写文章，没有精于道，那不是真正的精，反而会流于怪癖。文辞与技能虽从道出，但离道太远，是雕虫小技。如果以文辞技能为主，不去求道，那就背道而驰了。所以，必须把意向调到道体本身来，才能不再平庸，活出精彩。"

一席话说得乔宇心服口服。

乔宇走了，更多的人奔王阳明而来，京城的读书人都被他的心学所吸引，王阳明在京城一下成了炙手可热的公众人物。大兴隆寺简直是门庭若市，各行各业的人都凑到这里，一睹王阳明的容颜，聆听他讲学。

当然，任何一个新生事物的成长都是曲折的，何况是颠覆人们思想的学说，有举手赞同的，自然就会有反对的声音，发生争论是在所难免的。

这不，王阳明的两个弟子王舆庵和徐成之站在了擂台之上，开始唇枪舌剑，唾沫星子乱溅。

为什么会争吵呢？

原来，王舆庵认为陆九渊是对的，徐成之则认为陆九渊是禅，朱熹才是儒之正宗。二人谁也说服不了谁，便请王阳明做裁判，前来定夺谁是谁非。

王阳明认为，虽然朱熹和陆九渊的学说似乎有所不同，但都不失为圣人之徒。不过，尊朱还是尊陆，这在当年实在是一个尖锐敏感的问题，王阳明不好正面回答。毕竟，如果让明朝人放弃信仰了几百年的朱熹，改信陆九渊，这难度是非常大的。

所以，王阳明打了个太极，他首先肯定他们这种辩明学术的热情，接着说，他们各执一端，不能全面完整地领会朱熹和陆九渊的本意，只是停留在口号之争上，是一点也不能解决这个问题的。这种争论是无聊的，还是赶快"养心息辩"吧。

这话太中庸了，说了等于没说，大家不干了，你这个精神领袖都这么模棱两可，我们还怎么跟你学？你的学说到底靠不靠谱啊。

王阳明本来不想表态，想让大家领会精神、坚持原则，但一看大家的表情，他知道这回是绕不过去了。

尽管被逼到了死角，但王阳明还是很有艺术地阐明了自己的观点。他说：朱熹和陆九渊都是大家。他们的学说有所得也有所失，还有互相交叉的地方，没有必要非得捧起一个打倒一个。不过，朱学早已被大家所熟知，继续讨论的意义不大，而陆学蒙受了四百年的不白之冤，难道不应该为它平反吗？

虽然话说得很委婉，没有非得要打倒谁，但这种"非朱是陆"的态度还是一时无法让众人接受，朝野哗然。王阳明作为革新理学和反潮流的理论家，他的胆识气魄着实让人钦佩。当时吏部郎中方献夫官位比王阳明高，但听闻王阳明的心学后，感到羞愧不已，于是拜王阳明为师。

经过艰难摸索，尤其是"朱陆之辩"后，王阳明知道如何绕开宋儒的影响，走自己的路了。他认定了陆九渊，还有许多工作要做。

自从龙场悟道以来，这三四年间，王阳明终于心明眼亮，找到了登堂入室的

第九章　重新出山，我老王又是一条好汉

精微问题，他要想办法让大家明白，即使把自身变成儒学辞典，也未必能拥有儒学的真精神。若要为天地立命，为百姓立心，为万世开太平，走培养自由意志这条路比走知识积累的路重要得多。

不过，王阳明如此公开地和一堆吃朱熹饭的人作对，肯定要吃苦头的。果然，视王阳明为眼中钉的一干人开始采取行动，先是湛若水被派往安南（越南）出使，次年，黄绾因为被人参劾，告病归浙，离开了京城。

左膀右臂接连被斩后，王阳明在京城的第一次讲学就这样失败了。

对付了湛若水和黄绾后，接着王阳明也遭到了"毒手"——正德七年（1512年）十二月，"升"王阳明为南京太仆寺少卿，正四品。

明太仆寺由元代兵部的群牧所演变而来，太仆就是古代掌马政之官。洪武六年（1373年），在滁州置太仆寺。洪武三十年（1397年），为了加大军事力量，先后在北平、辽东、山西、陕西、甘肃等处设立行太仆寺，主要职责就是给国家养马。

如果燃起战火，与北边游牧民族作战，马是首要的军需品，军马的优劣决定战争的胜负。杨一清就是从督陕西马政起步，迈向阁臣生涯的。但当时是和平年代，这个官职就显得不那么重要了。

总的来说，太仆寺是管马的一个机构，在这里啥也混不出来，很明显这次调动是明升暗降。

虽然"资位稍崇"，但对于当时的行政系统来说，王阳明还是个边缘人、多余人、看客而已。当然，退一步说，即使是转着升，也比蹲着不动强得多。

也许你会说，如果不讲学，王阳明就不会被外放到南京了，但那也就不是他了，官册上的名字多一个少一个，无碍历史大局。但若少了"王学"，那世界就没那么精彩，枯淡多了。

师徒论辩

在上任之前，王阳明想先回余姚老家看一看，离家好些年了，想家的感觉一直在心头萦绕，心头常常会有一种浓浓的忧郁包围着，挥之不去。如今好不容易忙里偷闲，他便向朝廷请了假，一路向家的方向奔去。

陪同王阳明南下的是他的妹夫徐爱。还记得当初王阳明被刘瑾派人追杀，危在旦夕的时候，徐爱不怕受到牵连，引来杀身之祸，毅然拜王阳明为师，这种勇气和胆识让人佩服。

这么多年过去了，他们各忙各的，很少聚在一起，王阳明也没有尽到当老师的责任。如今同船而行，这是一个难得的机会，王阳明决定把自己多年的悟道心得好好地向敦厚好学的徐爱讲一讲。

虽然王阳明的身体向来不好，徐爱的身体更差，但这不足以影响他们精神上的交流。水路平缓，又与俗务相隔绝，完全可以从容宁静地坐而论道了。

在船舱中，王阳明亲自给徐爱倒了一杯茶。

"弟子受不起啊。"徐爱一副受宠若惊的样子。

王阳明喝了一口茶，笑道："咱师徒有五年没见面了吧，也不知道你的学问有进步没有。"

徐爱颇有些不好意思地说："弟子愚钝，知道笨鸟先飞的道理，所以从来不敢在读书上有所懈怠。"

"嗯。"王阳明点头道，"你对《大学》不陌生吧。"

"《大学》？"

徐爱愣住了，心里开始犯嘀咕：老师这是在考我吗？拿这种启蒙读物来说事儿，也未免太小儿科了吧，传出去都让人笑掉大牙了。

但无论怎么看，王阳明都不像是在开玩笑，徐爱便说："我非常熟悉。"说完便开始背起来。

"大学之道，在明明德，在新民，在止于至善……"

"好了，不用背了，你终究还是错了。"王阳明打断了徐爱的背诵。

徐爱颇为委屈，因为他觉得自己没有背错。

王阳明哈哈大笑道："你不必如此委屈，教你的老师都错了，你自然就对不了。"

徐爱一头雾水，他完全跟不上王阳明的节奏。

王阳明一本正经地说："应该是'亲民'，而不是'新民'。程颐误解了曾子的意思，朱熹没有发现错误，继续沿袭了程颐的说法，结果把后人引入歧途，朱熹之言不必都信。"

徐爱虽然非常尊重王阳明，但不能因为恩师的一句话就颠覆了自己几十年树

第九章　重新出山，我老王又是一条好汉

立起来的价值观，便与王阳明进行了一番理论。

徐爱不解地问："朱熹认为'在亲民'应作'在新民'，第二章的'作新民'的文句，好像可以作为他的凭证。先生认为应按以《礼记》旧本作'亲民'，有什么根据吗？"

王阳明要的就是这个效果，只有敢于质疑，敢于发问的学生才更有前途。他侃侃而谈："'作新民'的'新'，更多的是'自新'的意思，和'在新民'的'新'不同，就谈不到什么凭证了。后面说的'治国平天下'，也都没有'新'的意思。比如：'君子贤其贤而亲其亲，小人乐其乐而利其利''如保赤子''民之所好好之，民之所恶恶之，此之谓民之父母'，这些都含有'亲'的意思。'亲民'犹如《孟子》中的'亲亲仁民'，亲近就是仁爱。百姓彼此不亲近，虞舜就任命契作司徒，推行伦理教化，加深百姓间的感情。《尧典》中提到的'克明峻德'即是'明明德'，'以亲九族'到'平章''协和'即是'亲民'，也就是'明明德于天下'。再如孔子的'修己以安百姓'，'修己'即是'明明德'，'安百姓'就是'亲民'。说'亲民'，就包含了教化养育等意思，说'新民'就有失偏颇了。"

王阳明的这番长篇大论，引经据典，富有很强的说服力。徐爱听完后如五雷轰顶，不禁感叹道：大明的教育制度真是害死人啊，想想自己一直对朱子的言论深信不疑，没想到却还有另外一层意思，如果没有遇到先生，那自己就会一直被蒙在鼓里，真是太可怕了。想到这些，他不禁更加崇拜王阳明了。

不过，两种解释，究竟谁对谁错，还真不好说。毕竟，曾参两千年前到底说了什么，谁也不知道，仅仅凭借书面记载并不能否定谁，肯定谁。

那么，王阳明为什么揪住四书之首《大学》不放呢？

其实，朱熹版的《大学》提倡：修己而后安民。而王阳明则提倡：修己与安民并不冲突。

可见，朱熹是极力忽悠大家去格物，只有到了一定的境界才能成圣。而王阳明是主张知行合一，人人皆可成圣。他的见解显然更符合孔孟首倡的"仁"爱之心曲。

徐爱非常兴奋，把所得忠实地记录了下来，做成《传习录》的序言。他忍不住跑出船舱，对着天空大喊："我明白了，我终于明白了。"

王阳明非常看好天资聪颖的徐爱，认为他是传承自己衣钵的不二人选，所以在后来失去徐爱后才那么痛苦，像孔子痛失颜回一般。

徐爱在外面扯着嗓子继续问:"《大学》中还提到'知止而后有定',朱熹认为事事物物都有定理,似乎与先生的说法不同啊。"

王阳明走到船舱外,继续传播自己的感悟心得,说:"如果到具体事物中寻求至善,就认为义是外在的了。其实,至善是心的本体,只要'明明德',并且至精至一就是至善了。当然,脱离了具体事物也不能至善。《大学章句》中所谓的'尽夫天理之极,而无一毫人欲之私',说的就是这个意思。"

徐爱又问:"如果只是从心中寻求至善,恐怕不能穷尽天下的所有事理吧。"

王阳明说:"心即理,难道天下有心外之事、心外之理吗?"

王阳明的意思是说,无论如何"格物",都应该把重点摆在心上,而不是专注于事物上。徐爱自然是心神理会,眼前豁然开朗。他非常推崇王阳明的"心"学,认为圣学从此有了入头处,认为程朱之学不能与之相提并论,大有唯我独尊之意。

就这样,王阳明与徐爱一路探讨,倒也不寂寞。

步入四品大员行列

正德八年(1513年)二月,四十二岁的王阳明和徐爱终于回到了阔别已久的家乡余姚。

此时,正是草长莺飞二月天,是踏青的好时光。只见,古桥下的姚江之水平缓而轻柔地流过,桥边傲然挺立的几棵翠绿葱茏的古榕又粗壮了几分,倒影在水中流连。桥下的水清澈干净,缓缓地流向村外,不急也不躁。屋后翠竹依然郁郁葱葱,更加茂盛了。村中的景物没什么大的变化,但大人们都已经老去了几分,小孩们也长高了不少。

七十岁高龄的老父亲王华早已在门口眺望多时了,他着实不理解儿子在京城的所作所为,不好好做官,瞎折腾什么呀,啥时候能让自己省心啊。

日盼夜盼,儿子终于回来了。但见到王阳明后,王华恨铁不成钢,便忍不住开始数落起儿子来:

社会如此险恶,内心强大是必须的,但也不能和社会的主流意识相悖。朱熹是谁?是古代先哲,是理学大师,毫不夸张地说他是大明朝的精神领袖,这种人岂

第九章 重新出山，我老王又是一条好汉

能轻易批评？还聚众讲学，生怕别人不知道你似的。你与众人为敌，自然不能过安生日子了。这倒好，北京吏部待不住了吧？被外放到南京，这都是自找的。

听着父亲的数落，王阳明没有生气，也不会生气，父亲曾经是那么高大，如今背也驼了，头发也白了，真是岁月不饶人啊。

见父亲红光满面，思路清晰，就知道他老人家的身体没有问题，王阳明也就放心了。他当了个很好的倾听者，静静地听父亲唠叨着，很享受这种难得的时光。

再看王华，他知道自己的这个儿子出类拔萃聪明过人，非常人能比，自己把意思说明白，尽到为父的责任，就行了。至于王阳明能听进去多少，他也无能为力，毕竟以后的天下是他们年轻人的，要靠他自己去闯了，谁对谁错，还要在实践中检验才能下定论。

不管王阳明走到哪里，哪里都有他的粉丝和跟随者。他在家待了数月，又收了几个弟子，便暂缓去滁州赴任，先带着他们在余姚一带游山玩水。

五月终，本来打算和黄绾一起游玩，但等了多日也不见黄绾的影子。黄绾不来，王阳明便没了情绪，尽管身边也有几个资质不错的学生，但都不足以讨论精微的问题，不能让自己进入忘我之境，很难有什么更深的体会心得。

不过，王阳明认为山川形胜比人还有灵气，便就近做逍遥游，带着一伙弟子从上虞进入四明，观赏白水，寻找龙溪之源；登杖锡，到雪窦，上千丈岩，观望天姥、华顶；本打算从奉化去赤城，正好碰上大旱，山田尽显龟裂，景色惨然，让人高兴不起来，便从宁波返回余姚。

值得一提的是，王阳明并不是单纯地游山玩水，消磨时光，而是在观赏山水中点拨弟子，使弟子们受到启发，提高学业。他的弟子钱德洪评价这一活动时说："盖先生点化同志，多得之登游山水间也。"这便是一个很好的证明。

同年十月，王阳明到安徽滁州督马政。滁州距南京有一百多里，山清水秀，风光旖旎，自古有"金陵锁钥、江淮保障"之称，"形兼吴楚、气越淮扬""儒风之盛、夙贯淮东"之誉。洪武三年，朱元璋追封已故的郭子兴为滁阳王，在滁州建滁阳王庙祭祀。洪武六年，兵部在滁州设立管理放牧繁殖军马的机构——太仆寺，令滁州军民养殖马牛。

这里的生态环境很好，几百年前欧阳修用一篇《醉翁亭记》让这里闻名天下，

如今，王阳明要将这里变成讲学圣地。

王阳明虽然是正四品的官员，但作为一个管马的副职，没啥大事要干，有大把大把的空闲时间。这正合王阳明的心意。他带着弟子们遨游琅琊、瀼泉。夜间，数百人环龙潭而坐，歌声震响山谷。大家饮酒赋诗，载歌载舞，好不快哉。

这段时间，拜入王阳明门下的弟子出现了第二波高潮。看着众弟子跟着自己潜心学习，王阳明心里很满足。他完全被琅琊山的美景所吸引，寄情于山水之间流连忘返，怡然自得，诗兴大发：

> 狂歌莫笑酒杯增，异境人间得未曾。
> 绝壁倒翻银海浪，远山真作玉龙腾。
> 浮云野思春前动，虚室清香静后凝。
> 懒拙惟余林壑计，伐檀长自愧无能。

王阳明很庆幸自己没有繁杂事务的缠绕，能与弟子们在幽静的山水间探讨哲学问题，这种逍遥自在的日子过得也很美，别有一番滋味。

王阳明与门人、朋友一起生活游息时随时随地指点他们，诸生也可以随时请正。比如在滁州讲学时，有弟子问："静坐中思虑纷杂，不能强禁绝。"王阳明说："纷杂思虑，亦强禁绝不得，只就思虑萌动处省察克治，到天理精明后，有个物各付物的意思，自然精专无纷杂之念。《大学》所谓'知止而后有定'也。"

静坐，在各家各派中都是一种使主体获得清明状态的修持方法。比如，坐禅是佛家的基本修习方式，道家讲究的"坐忘"也是与静坐有关的修习方法。这里提到的静坐并不是要求一念皆无，否则就成了佛教禅宗的做法了。心学所讲的静坐与禅定不同：禅讲究不起念，而王阳明认为不起念是不可能的。

在王阳明看来，静坐是用省察克治的方法使念念归正，最后达到纯天理的境界。省察克治指的是当恶念刚刚从心里产生时，就马上觉察并消灭它。在阳明看来，一般人的最大问题就是此心向外不知向内，以为追逐名利之心就是自我。王阳明讲学就是让学生体会到自家的心体才是你真正的自我，而方法就是静坐。

王阳明在滁州待了不到七个月，正德九年（1514年）四月便升为南京鸿胪寺卿，主管朝会、典礼，也是个不管事的闲职，几乎没有任何实际职责，不过是奉旨休闲罢了。不过，虽然是个闲职，但至少是一把手，而且搬回南京市内办公，不再那么闭塞了。

此时，王阳明早已超然物外，他没有兴趣做这种只争一世之短长的事情，不屑于跟那些俗不俗、雅不雅的人一起浪费生命，一意去明心见性，然后回到治国平天下的正道上来。

王阳明离开滁州时，众弟子依依不舍，一直送到乌衣，还舍不得分别，真有点柔情似水的女儿态了。王阳明写了首长歌，表达自己此刻的心情。

滁之水，入江流，江潮日复来滁州。相思若潮水，来往何时休？空相思，亦何益？欲慰相思情，不如崇令德。掘地见泉水，随处无弗得；何必驱驰为？千里远相即。君不见尧美与舜墙，又不见孔与跖对面不相识？逆旅主人多殷勤，出门转盼成路人。

因为离别的伤感，诗中自然找不到豪迈的感觉，只是一些老生常谈的相思和劝勉罢了。不过，匆匆结尾，好像没写完似的。

王阳明过长江后，到南京当四品正卿，先后只用了四天时间就走马上任了。看来，他还是很满意这次升迁的。虽然工作岗位不是那么重要，但毕竟是四品大员了，勉强进入了最高层的眼帘。等国家用得着自己的时候，就能一显身手了。但让王阳明想不到的是，他这一等就是近两年半，真是考验人的耐性啊。

归心似箭

在南京的这两年半，是王阳明韬光养晦的时期。在严酷的专制体制中，骤起终败的例子，王阳明见得太多了，一旦失败便前功尽弃。起初，他想在官场大干一番，实现自己的志向，但颇多不顺。后来，刘瑾倒台，他被调回朝廷任职，这几年虽然升迁不断，但他的心思早就不在官场上了。

通过在京师和滁州的讲学，王阳明的名字在大江南北无人不知，无人不晓，而他自己也从讲学中得到了无穷的乐趣。

和众弟子相坐倾谈，讲究天理，说的是真话，没有钩心斗角，过着粗衣素食、起居有节的日子。闲静时喝杯清茶，读几本古书，或者独自静坐，人间的快乐无非就是如此。到现在他才知道，当年孔子周游列国，颠沛流离，忍饥挨饿，却十多年乐此不疲，是真正从讲学中体会到了人间最大的快乐。

修身修到这般意境，对于官场的钩心斗角自然是不屑一顾的。次年正月，王阳明就上了一道《自劾乞休疏》。

在京察大考之际，每个人都要述职，但上乞休书的不多见。既然无望成为英雄，那么成圣之路应该能走得通吧。在滁州时，他就感叹"匡时已无术"，便有想回阳明洞的冲动。所以，王阳明除去牢骚的成分，还有几分是真的，但皇帝压根儿就没理他这茬儿。

等到十月，王阳明又上了一道《乞养病疏》，说自从正月上疏后，病就更重了，我虽也想为国尽忠，但以前在荒夷之地，虫毒瘴雾已经侵肌入骨，又不适应南京的气候，病情才严重了起来。而且我自幼跟奶奶长大，她已经九十六岁高龄，盼我早日回去，死前能见上一面。王阳明写得让人动情，但皇帝看到了没有还是个问题，又白写了。

在南京的这段时间，王阳明写了四十多首脍炙人口的诗，现选取几首，第一首题为《登阅江楼》：

绝顶楼荒旧有名，高皇曾此驻龙旌。
险存道德虚天堑，守在蛮夷岂石城。
山色古今余王气，江流天地变秋声。
登临授简谁能赋，千古新亭一怆情。

洪武七年（1374年），明太祖朱元璋登临卢龙山时，赐名狮子山。这座山在南京市下关区兴中门内，地势险要，是长江南岸的一个制高点，自古为兵家必争之地。朱元璋曾在这里设伏，以八万人击退了陈友谅的四十万大军。

后来，为了提升帝都的京师形象，镇服四方，朱元璋在狮子山上建了一座高楼，

第九章　重新出山，我老王又是一条好汉

名为"阅江楼"，还亲自写了一篇《阅江楼记》。现在阅江楼的正面廊柱上，还有朱元璋御制的楹联："佳山佳水佳风佳月千秋佳地，痴声痴色痴情痴梦几辈痴人。"反映了朱元璋平定天下后的闲适心情和人生感悟。

当王阳明登临时，高楼早已破败不堪，这从末句"千古新亭一怆情"可以看出当时似乎还有一亭，从"荒""楼"到"新亭"，抒发的是他的"怆情"，表达无楼的遗憾。

另外，王阳明还指出，一个王朝的安危并不在天堑，只要"道德"建设好了，"蛮夷"并不可怕。正如他所说"破山中贼易，破心中贼难"。

此时，南京作为"留都""陪都"被冷落很久了，君主不会来登临阅江楼和狮子山了，因此也少有臣子、才子来作赋写记。面对一角新亭，王阳明只能写诗慨叹一番了。

第二首为《狮子山》：

残暑须还一雨清，高峰极目快新晴。
海门潮落江声急，吴苑秋深树脚明。
烽火正防胡骑入，羽书愁见朔云横。
百年未有涓埃报，白发今朝又几茎。

这首诗描写雨后天晴，登临狮子山，耳听江涛阵阵，目睹秋深美景，壮丽山河，天下太平，让人心旷神怡。但边境久不见报警信号和边关紧急文书，这种表面安宁潜伏着巨大的危机，让人不得不防啊。正所谓居安思危，才能让社稷久保太平。

王阳明登狮子山这年，大明王朝开国已经整整一百四十六年，基本上马放南山，刀枪入库，太平岁月麻痹了大家的神经，但王阳明是清醒的，所以才有"百年未有涓埃报"的忧患。

但时光飞驰、生命苦短，他尚未建功立业的情怀，却已经有了不少白发。那句"白发今朝又几茎"，读来不禁让人有些心酸。

五年后，宁王朱宸濠发动叛乱，历史证明了王阳明的忧患很有预见性。在他登狮子山后的一百三十年，大明王朝宣告覆灭，更证明了王阳明的忧患极具远见性。

如果没有特别的机会，王阳明也许就会在这个闲职上终老，默默地淡出人们

的视线，而他的心学也会销声匿迹，不被世人所熟知，不会在五百年后还大放异彩。

不过，人生总有许多意外，谁都不知道下一秒会发生什么。正如有句话所说：人生是一连串的意外，意外是一辈子的人生。就在王阳明纵情山水，陶醉在他的心学中时，农民起义爆发了，他就此被推到了最前沿，直面农民军。

第十章
南赣戡乱，不得不亮剑

哪里有压迫哪里就有反抗

正德皇帝朱厚照在位期间，荒淫无度，行径胡闹，不理国政，结果明朝上下不得安宁。在执政早期，他信任刘瑾等人，这些太监从中央到地方通吃，国内矛盾激化，大江南北爆发了大小不等的武装起义。比如：

从正德三年（1508年）开始，四川的百姓就率先揭竿而起，先后爆发了多次农民起义，直到正德九年（1514年），这些浩浩荡荡的起义才被镇压了下去。

正德五年到正德七年（1510—1512），河北也爆发了农民起义，席卷了北直隶、山东、湖北等地，成为明朝中期影响最大的农民起义运动。

正德五年（1510年），宗室安化王打着杀刘瑾的旗号起兵，封锁了黄河渡口。虽然这次叛乱寿命极短，只持续了十九天就宣告失败，但在政治上产生了不可估量的影响。

在江西、福建、广东和湖广交界地区的农民，也因为赋税徭役的加重和土地兼并的恶化而纷纷奋起反抗，他们占山据险，攻城略地，处处都有人领头和明政府作对。

我们不禁要问，大小农民起义持续了上千年，政权更迭多次，难道统治阶级非要把占社会绝大多数的贫下中农往死里剥削，逼迫他们造反吗？

其实，实际情况不是这样的，相对来说，明朝的税赋并不高。

黄仁宇在《十六世纪明代中国之财政与税收》一书中提到：第一，明代的税收过低，农业税低，商业税更低；第二，明代的税收在二百五十多年的时间里几乎没有增加，反而在不断减少；农业税低到全国平均税率不超过百分之十。

这么低的税收，农民为何还要造反呢？其实，税收收入的不足意味着政府不能充分地管理帝国的资源，这对纳税人是不利的。因为正常的税收收入不能弥补支出，就会产生私下的派征，而这是缺乏有效审核的，会产生不利于百姓的猫腻。

另外，低税收的一个直接结果就是造成官员的俸禄过低，以至于官场贪墨成风，在税收之外任意课征。明朝十分猖獗的官员腐败行为是一个让人头疼的问题。朱元璋虽然采取了残酷的手段惩治腐败，却仍然无法阻止贪腐问题的发生。可见，不从制度上解决问题，仅仅靠严刑峻法是不能化解腐败这个顽疾的。

结果，官员的贪污变成了老百姓的灾难，各种巧立名目的苛捐杂税遍地开花。这是没办法的事，你不贪污，同僚就会把你当成异类，你无法在官场左右逢源。再说，想往上爬，就得给上级送礼，这送礼就是送钱，没钱的话你就永远只能在原地踏步，若单靠政绩往上爬，能把人熬死。

你不让百姓的日子好过，百姓就捅你的屁股，这不，没多久，农民起义就遍地开花了。

由于明朝实行军屯制，武官世袭，没什么战斗力，真正能打的人数不出几个，因此不得不倚仗文官来领兵。

文官带兵最容易陷入纸上谈兵的泥潭，必须要找一个懂兵法又懂实战的人。王琼作为兵部尚书，是个卓越的战略家，却没有实战经验。不过没关系，王琼做过吏部侍郎，他的眼光是很毒的，他注意到了王阳明。

正德十一年（1516年）九月，在兵部尚书王琼的极力推荐下，王阳明破天荒地被提拔为都察院左佥都御史（正三品副部级），奉命巡抚南、赣、汀、漳等地（简称"南赣巡抚"）。

第十章　南赣戡乱，不得不亮剑

关键时刻还得老王上

都说"乱世出英雄"，可乱世也出心学。如同治世出理学一样，心学在乱世方能显示出夺目的光彩。

当一个人陷入绝境，谁也指望不上时，只能用自己的心、力来面对这一切，必须爆发出巨大的战斗力，才能渡过难关，翻开新的一页。

当王阳明整天像神仙一样活着，还觉得不舒服，不断打退休报告时，正德皇帝的日子已经不好过了，民不聊生自然生变，"南中盗贼蜂起"，需要一个铁腕人物平乱，确保大明江山稳如泰山。

在这种情况下，王阳明被选中了。

短短六年时间，王阳明从没品的编外人员变成朝廷三品大员。他之所以能升官升得这么快，撇开他的个人能力不说，朝中有人在刻意提拔他，这一点至关重要，正应了那句话：朝中有人好做官。

毫无疑问，一个人事业的成功，百分之八十归因于与别人相处，百分之二十才是来自于自己的心灵。人脉就是钱脉，人脉的竞争力在一个人的成就里扮演着重要的角色。若想出人头地，就要注意培养自己的人脉网络。

王阳明能在这时候得到朝廷的重用，主要是兵部尚书王琼做了幕后推手。

王琼是一个不折不扣的好人，也是一个有能力的人。他掌管了兵部，利用手中掌握的大权，颁布了很多有利于国家的政策，并废除了许多不合理的制度。他也算是个人物，有着丰富的官场履历，也做出过很大的功绩。他知道王阳明在十五岁时就一个人跑去居庸关外追赶蒙古人，也听说过他曾经钻研过兵法，在果盘上布阵。

王阳明作为一个有才学的文官，能够独闯塞外，能以一人之力抗天下，这样的胆量足以让人佩服。记得王尚书第一次见到王阳明时就眼前一亮，对他做出了这样的评价：若用此人，可保天下太平。所以，王琼大胆建议启用王阳明。

在贵人的相助下，王阳明成了省级最高军政长官。虽然升官了，但王阳明对这个任命却不怎么感兴趣，反而感到有些失落，因为他更喜欢现在的自由生活。所以王阳明以身体多病，怕不能胜任为由请辞，希望朝廷容他原职致仕。

见王阳明不想接手新工作，朝廷接着又下了一道圣旨：大意还是让他前去上任，抚安军民，修理城池，禁革奸弊。一应地方贼情、军马、钱粮事宜，小则径自区画，大则奏请定夺。

这次，兵部还下了个批文，语气颇重：既地方有事，王守仁着上紧去，不许辞避迟误，钦此。

朝廷的意思已经很明确了，你赶紧去吧，就不要推辞了，否则你没好日子过，这是霸王硬上弓啊。说到底，王阳明也只有一颗脑袋，身为国家的公务员，就得服从国家的安排，若惹火了朝廷那帮大臣，那后果是相当严重的。没办法，只有接旨了。

王阳明之所以如此不想接手新工作，主要是因为这份差事着实不轻松，让人非常头疼。

首先，所管的地界相当开阔，江西的南安、赣州，福建的汀州、漳州，广东的南雄、韶州、惠州、潮州各府及湖广的郴州都在管辖范围之内。从地图上看，比福建或者江西都要大不少。这么大的地界怎么就没有其他省份要呢？原因很简单，就是穷，而且不是一般的穷。没什么油水可捞，自然不会有人伸手。

其次，这里的治安很差劲，大白天都不敢一个人走道，被抢劫不是什么稀罕事，甚至政府人员都会受到攻击。在官场上，一提到南赣巡抚，无人不色变：谁被放在这个位置上，谁就会倒大霉；想要翻身，那难度系数是非常高的。

放眼望去，大大小小的山麓成了平定这一区域的最大障碍，大有一夫当关，万夫莫开的气势。于是山民们凭借崇山峻岭、洞穴丛林的有利地形进行抵抗，官军很难施展拳脚，更别说攻进去了。

虽然是个烫手山芋，但既然接手了这份差事，当了南赣巡抚，就要做出个样子，让那些偷笑的人看看我王阳明的本事。

王阳明是这么想的，也是这么做的。

小试牛刀

有人说，如果说贬谪龙场造就了中国哲学史上的王阳明，那么，南赣巡抚的任命则造就了中国政治史上的王阳明。这两个方面的相互激发、相互结合，造就了一个完整的、千古唯一的王阳明。

第十章 南赣戡乱,不得不亮剑

的确,王阳明,成于南赣,也殁于南赣。从正德十二年(1517年)正月十六到赣州上任,到正德十四年(1519年)六月被派往福建处置兵变事宜,王阳明在南赣巡抚的位子上总共待了两年五个月。不过,这段经历在他的人生中极为重要。

正德十二年(1517年)正月,王阳明向赣州进发。随行的有他的妻子诸氏和刚刚过继两年的十岁的继子正宪,以及进士出身的弟子、门人薛侃等。

南赣地区位于江西南部,扼江西上游,其东、西、南三面分别与福建、湖南、广东三省接壤,地处万山峻岭之中。明初,这里地旷人稀,数十里不见民居。到了明朝中期以后,农民赋税负担渐渐加重,再加上自然灾害频繁,大批农民不得不离乡背井,成为流民,南赣地区成了当时流民活动的重要场所。

成化年间,流民便开始陆续进入南赣地区,他们往往聚在一起成为盗贼,或转化为地方强盗。这些流民成分复杂,来自天南海北,大致而言,以来自粤北、赣中和闽西为多。他们往往集体行动,多则三五百,少则七八十。到了正德年间,南赣地区流民为盗的情况已经相当普遍,形成了众多官府控制不到的地区。

但不可否认的是,这些流民的到来加速了南赣地区的开发,他们开垦荒地,使这里的村落逐渐增多,人烟渐密,地广人稀的面貌在一定程度上有所改变。

万事有利就有弊,流民的到来虽然加速了当地经济的发展,但他们的活动不利于当地的治安,影响恶劣。这些流民武装让当地官府颇为头疼,疲于应付。更为严重的是,当地几乎出现了民和盗不分的情况,也就是说,当时南赣并非所有的盗贼都是流民,其中混杂着不少当地人。

当地官府对付不了流民武装,赋税自然收不上来,当地原有的社会秩序受到了前所未有的挑战,这严重影响了明政府在南赣的统治。虽然官府在意识到流民的严重性后开始认真面对这个问题,曾多次派兵围剿,但都没有取得实质性的进展。

当时,南赣乱局不断,盗贼气焰嚣张,还常常攻击县城,完全不把政府放在眼里。前巡抚文森眼见无力主持乱局,便托病离去。就在这个节骨眼上,王阳明被推举了出来。朝廷希望他能够剿灭南赣盗贼叛乱,重建当地地方秩序。

从南京到赣州,一路上都是水道。王阳明在船舱中拿出吏部的公文多次揣摩,从"一应地方贼情,军马钱粮事宜,小则径自曲画,大则奏请定夺"这句话中可以看出朝廷对自己颇为看重,给予了一定的自主权力,能否打个真正的翻身仗,就看这次了。

就在王阳明沉思之际，船已经驶到了万安的惶恐滩，这里是赣江水路中最为险要的一段，大小船只经过这里，都要万分小心，否则就会发生船毁人亡的惨剧。

突然，王阳明听到外面呐喊声不断，船也慢慢地停了下来。发生什么事了？王阳明疑惑地走出船舱。只见前面停了许多商船，挡住了去路，大家脸上都是一副惶恐的表情。

派人上前打听后，才知道惶恐滩附近新来了几百个流贼，聚众打劫，过往商船都要被洗劫一番。

没想到还没真正上任，就碰到了流贼，正好拿他们试试刀，让他们见识一下我王阳明的厉害。

王阳明摩拳擦掌，准备施展一下手脚，震慑一下这帮不知天高地厚的流贼。但大家却劝他不要着急，不值当为了出一口气丢了性命。因为对方是几百个手拿武器的流贼，而王阳明这边连家眷算上也就三十多人，实力相差悬殊，即使是玩命一搏，也不见得能占到便宜啊。

王阳明却微微一笑，那笑容透露着无比的自信，让人琢磨不透，不过却让人十分放心。

既然老大铁了心要干，那就没的说了，干。

王阳明亮明身份后，众商人心里才有了底：有巡抚大人在，就不怕这些小毛贼了。

兵法讲究"以少胜多，以弱胜强"，如果用成倍兵力打退这几百流贼，不能出奇制胜，就不能显示出王阳明的本事了，他玩的就是心跳。

接着，王阳明开始布置任务了。首先，他让人竖起南赣巡抚的大旗，其次，他把众商船召集到一起，把商船伪装成军船。结果，商船被连成一片，结为阵势，扬旗鸣鼓，鼓噪而前。

这帮流贼平时也就劫个商船，抢些财物，哪里见过这么多的军船，而且还是巡抚大人带队。眼见闯了大祸，他们一下子都慌了神。

逃吧，但腿肚子转筋，连步子都迈不动，只好纷纷在岸边跪下请罪，嘴里高声喊道："我们都是万安各地的饥民，遇到灾年，政府的救济粮迟迟不到，走上这条路也是被逼无奈啊,还望大人宽恕。"

船停在岸边后,王阳明命人向贼众宣告:"江西灾情,本院是知道的,到赣州后,就派人前去赈灾,你们是国家的子民,遇到灾荒,也不能干这种违法的事,否则,你们是自取灭亡。本院念尔等初犯,就不予追究,各自回家吧。"

这群流贼压根没见过什么世面,如果不是遇到灾荒,万万是不会拦路抢劫的,如今遇到了新上任的巡抚大人,个个都感到脊背发凉,听到要放他们回家,求之不得,便一哄而散,没了踪影。

收拾烂摊子

正德十二年(1517年)正月十六日,王阳明一行抵达南赣巡抚衙门所在地赣州。南赣巡抚赣衙门设在赣州城镇宁井街(清名杨老井街,后改名为新赣南路)。王阳明到达赣州当天,无暇欣赏赣州的秀丽风景,立刻在巡抚衙门开府办事,着手清理案牍,了解具体情况,谋划平乱良方。

此时,有七位重量级的人物闪亮登场,出现在王阳明的视野之中。他们是:

詹师富,地盘福建。

龚福全,地盘湖广。

池仲容、高仲仁,地盘广东。

谢志珊、蓝天凤、陈曰能,地盘江西。

这些人,有的已经称王,没称王的也拒绝纳粮交税,带动当地不明真相的百姓跟着和大明作对。如果单单这七个人还好对付,关键是他们有很多百姓支持,这个事儿处理起来就有些棘手了。

官府有官府的立场,百姓有百姓的立场。站在对方的立场看问题显得尤为重要,毕竟,换位思考,是人与人之间的一种心理体验过程。将心比心、设身处地地站在对方的立场考虑问题,是相互理解不可或缺的心理机制。

官府希望百姓种好自己的一亩三分地,不要动不动就说这不好那不对的;百姓希望政府办事高效,官员清明,不要把百姓逼到绝路上。但官有清浊,民有顺刁,即使是太平盛世也总有些污点恶心人,破坏和谐社会。何况大明已经开始走向衰落,想让天下太平是很难的。

虽然现实不尽如人意，但总得想办法来改变，不能破罐子破摔。

王阳明是个清官，站在他的立场上，南赣巡抚还算不错，虽然又苦又累还要担风险，但能满足他建功立业的渴望，也能向世人证明一下他的学术主张，这总比在南京鸿胪寺卿任上混日子强百倍。

不过，他这次镇压的对象不是入侵明朝的外族，而是自己的同胞。他本来是说人人都可以成为圣人的，但现在要向同胞举起屠刀，这与他的理论是相悖的。

要苍生还是要大义？难道真的要做违心的事？这让王阳明犯难了。

不过，这个问题不是无解的。

如果要苍生，不与人民为敌，那么就会战乱不断，这种撂挑子的行为不仅解决不了问题，反而使更多无辜百姓陷入水深火热之中。

再说，孔夫子都可以诛杀少正卯，孟子也主张为了大多数人的最大幸福像夏桀、商纣那样的帝王都可以诛杀的。所以，不去除暴，怎能安良？在匪徒出没的广大区域，民不聊生。他们遥望王师救他们出水火之中。

王阳明来了。

赣州这个地方比较落后，居民还生活在原始状态，如果他们之间发生矛盾，通常武力解决。当地的官员到这里，多是被贬，心情不好，也没心思搞建设，反而对搜刮老百姓比较上心。即使设置了巡抚，当地还是一切照旧，该抢劫的抢劫，该闹事的闹事，巡抚即使想改变这里的局面，一时也无从下手。

若想收拾这个烂摊子，有太多的事情需要去做。王阳明认为，想要治理好这里，必须强化法治管理，对民众进行教化。让不明真相的百姓走回正道，从内部瓦解农民起义，才能从根本上平乱。

王阳明慢慢发觉，这帮落草为寇成了山贼的农民军不是那么简单的。他们不但人多势众，而且作战勇猛，强悍无比。更为可怕的是，他们消息灵通，背后似乎有一股强大势力在暗中支持他们。

王阳明通过对以往剿匪的战例研究发现：每次官兵出击，不是扑空就是中埋伏，几乎没有机会展开作战，这难道是一种巧合？

农民军对官军的行踪了如指掌，只能说明一个问题：他们在官府中有卧底。

第十章 南赣戡乱,不得不亮剑

王阳明进行了一些反侦察活动,费了一番周折后,锁定了奸细嫌疑人——一名老吏。王阳明认为,必须解决掉这个人,保证内部团结,一致对外,才能消除祸患,为平乱成功奠定基础。

这天,王阳明突然发布命令,最近要集中兵力进山剿匪,搞一次突然行动,要各军营做好准备,随时出发。

大家的弦都绷紧了,但迟迟不见王阳明下开战的命令,在大家万分疑惑之际,王阳明却要开公审大会,对象就是那名老吏。

原来,这是王阳明的计策,他先放出消息,然后派人盯住那名老吏。待他去通风报信回来后,就下令把他秘密逮捕。经过审讯,老吏不仅一五一十地全部交代了,还咬出了不少同伙——都是山贼派来的奸细,难怪山贼如此厉害。

这次公审大会,就是给这些人一个机会,让他们主动站出来,改过自新,为我所用。

王阳明的身体虽然不好,看上去文文弱弱的,但他却历经生死、饱受磨难、有勇有谋。老吏就没有逃过他的法眼,足以说明王阳明不是酒囊饭袋。

眼见来了个精明实干的巡抚,这些奸细便成了墙头草,乖乖答应当官府的卧底。这下山贼们抓瞎了,在官军面前手足无措,只有缴械投降的份了。

治民,最好的办法是有效地让老百姓自治。清除奸细,整肃队伍后,为了进一步强化社会治安,王阳明采取了一系列平乱措施。

第一步,推行十家牌法。

通俗点说就是保甲连坐。具体做法是,每十家为一牌,每户门前置一方块木牌,上面记载着各户的姓名、籍贯和行业等信息,报官备用。规定每天有一家执牌挨户查纠情况,发现异常情况随时报官。如果有隐瞒不报的,一旦事发,十家连坐。这样一来,百姓就不敢纵恶,而奸恶的人也无处藏身了。简单说,十家牌法相当于当时的治安联防,在稳定社会秩序方面起了很大的作用。

对于放纵惯了的四省边界居民们来说,这十家牌法实在是太严苛、烦琐了。王阳明也认识到了这一点,因此大笔一挥,写成《十家牌法告谕各府父老子弟》一文,大意是,我岂忍心以狡诈待尔等良民,只是为了革弊除奸,防止通匪,不得不然,当然也是为了确保你们的安全。总之,这个告谕写得温情脉脉,让人以为他似不得已而为之,来取得百姓的认同。

要么不做，要做就做绝，这是王阳明的一贯风格。他雷厉风行地开始着手在全省推行十家牌法，但该地区土地辽阔，而且各府县的官员舒服惯了，从未做过如此复杂烦琐的事情，从一开始就偷懒，糊弄上级。王阳明眼里揉不下沙子，他再次传令，要求对那些不认真干事的官员进行严惩，对积极完成任务的官员进行嘉奖。在王阳明的软硬兼施、强力贯彻下，该措施取得了不错的效果。

王阳明的这一招实在是太狠了，搞得本地山贼有家不敢回，只能躲在深山里啃树皮。

第二步，订立《南赣乡约》。

王阳明认为从思想上控制人的言行很关键，他"以为民虽格面，未知格心"在赣州制定《南赣乡约》推行城乡。他劝谕乡民：

……自今凡尔同约之民，皆宜孝尔父母，敬尔兄长，教训尔子孙，和顺尔乡里，死丧相助，患难相恤，善相劝勉，恶相告诫，息讼罢争，讲信修睦，务为良善之民，共成仁厚之俗。

……

不得不说，作为一种驯服工具，《南赣乡约》以政治制度和社会伦理整合了南赣乡民的文化心理和行为规范，百姓在不知不觉中便被束缚在了封建正统思想的牢笼之中。

第三步，选练民兵，筹措军饷。

赣州是南赣重镇，但府库空虚，固定的正规部队人员严重不足，根本就没有抵御强寇的力量，用他们去剿匪就像驱羊攻虎。所以，上奏请兵是常有的事，但被派来的军队不是湖广的土军，就是广东的狼兵。大军一到，他们便隐藏起来打游击；大军一走，他们又聚集在一起，越来越肆无忌惮。百姓觉得官军根本靠不住，便渐渐倒向了山贼这一边。赣州如此，其他府县更不用提了。由于无兵可用，但凡有祸乱，小乱就会酿成大祸。

鉴于这种情况，王阳明开始着手选练民兵。民兵，在宋代已经有了常备建制，在禁兵、厢兵、役兵之外，就是民兵。选拔强壮的农民列入兵籍，平时从事农业生产，有事则应召入伍。但到了明中叶，连正规军都无力组织，更别说民兵了。王阳明在举行了一次大规模的选练民兵活动，给军队补充大量的新鲜血液后，平乱就有了基本保障。不能小觑这支精锐部队，他们在以后的作战中还真起了重要的作用。

说到底，战争就是一场烧钱的游戏，没钱还打什么仗；再说，练兵也得要钱啊。但朝廷却认为王阳明是自己要练兵，那经费就自己想办法吧。

朝廷不给钱，地方没钱，百姓更不可能有钱，那怎么办呢？王阳明决定拿富得流油的盐商开刀，还设立关卡，严防商人偷税漏税，把所得钱财全部用作军费。

这一系列举措实施后，赣州的局势渐渐向好的方面发展。有人就说了，兵也有了，军饷也不是问题，那就打啊，为什么还不打？别催，王阳明在等待时机，正所谓以静制动。

再看山贼，一个十家牌法就搞得他们天天在山里猫着，不敢露头。

这王阳明太不是东西了，把事儿做得这么绝，是可忍孰不可忍，山贼也得活命，与其被王大人玩死，还不如来硬的拼一回。

可王阳明是谁？他不是柔弱书生，他是伟大的哲学家、军事家、政治家、文学家。单单这四个称谓就足以说明一切，王阳明确实不好惹啊。

不按常理出牌

不得不说，王阳明简直就是个军事天才，他的用兵方法可以用两个字形容——诡异。

用兵之道，其实也是用心之道。兵法之妙，妙乎一心。真正的打仗并不在拼杀格斗上，而在于打钱、打谋略、打人心。王阳明现在有了权，后勤保障也做得很到位，他的文韬武略能够得以真正实现，他的心学也可以运筹施展出来了。

一般来说，打仗无非是兵多就打，兵少就跑，敌进我退，敌退我追。王阳明却不同，敌人想和他正面交锋，却连他的影子也看不见。他一向喜欢声东击西，你往南走，他偏往北，经常搞得敌人晕头转向。还有，不管手下有几个兵，他都不怯战，敢和对手叫板，玩计谋更是他的拿手好戏。最让人想不通的是，即使兵力占绝对优势，他也不轻易攻击，而是耐着性子选择围困对手，等对方憋不住突围时，才一举歼灭。

人都有两面性，在日常生活中，王阳明是一个正直忠厚的老实人，可到了战场上，他就会变得比奸商还奸，比恶霸还凶，完全换了一副面孔。

山贼们即将面对的就是这样一个对手，让他们胆战心惊的对手。

既然王阳明不按常理出牌，就不会轻易出兵了。虽然他能耐得住性子，但有人等不及了。

正德十二年（1517年）正月初三，福建、广东两省决定先发制人，给山贼一个突然袭击。官兵们嗷嗷叫着杀向两省交界处的漳南山区的贼窝，可谓求功心切。王阳明对此持有不同的看法，他认为：心急吃不了热豆腐，漳南山区又不是官军的后花园，不是想进就能进，想杀就能杀的。那詹师富闹腾了十多年，不是吃素的，也有那么两下子。如今官军各顾各地乱来，只会碰一鼻子灰。

果然，没几天战败的消息就送到了巡抚衙门——官兵们中了埋伏，死伤大半。

既然打不过，就请外援吧，一些官员便叫嚣着让朝廷派狼兵过来，好好收拾一下这些山贼，给自己出出这口恶气。

狼兵，专指那些广西出身的战斗人员，他们不隶军籍，剽悍勇猛，在明代"剿贼""御倭"时被多次征用，往往有不错的战绩。不过由于缺乏有效的管束手段，军纪混乱，经常烧杀害民，以至于百姓更惧怕狼兵，山贼反倒是其次。

王阳明认为，山贼之所以闹得这么欢，是因为官兵太窝囊。兵败成了家常便饭，败了还觍着脸找借口，然后坐等狼兵支援。最后再把狼兵的功劳算在自己头上，仗没打赢几场，脸皮倒是练得越练越厚，真是恬不知耻。

不管怎么说，官军败了，这是件丢脸的事。既然你不行，那就让我王阳明来出场吧。

一切战斗，都是心战。王阳明的心灵是强大的，他决定集中优势兵力，攻打盘踞在福建的詹师富。但不能就这么直接派兵剑指詹师富，要玩点小计谋，他决定拿横水、桶冈做点文章。

横水、桶冈地处江西西南部的山区。这里本来荒无人烟，不少广东人来到这里垦荒种地，后来吉安的不少农民、个体户为了逃避徭役也跑到这里。人多了事儿也就多了，还结成帮派，互相倾轧，最后，横水的谢志珊和桶冈的蓝天凤做了老大。

谢志珊这个人很嚣张，不仅自封"征南王"，还大修战具，制造出失传已久

第十章　南赣戡乱，不得不亮剑

的吕公战车，并大量生产，布置在各个关口，摆出一副天不怕地不怕，顽抗到底的阵势。

浰头位于广东和江西的交界处，这里的山贼势力最强，不只是打打架、吵吵嘴，他们敢公开和官府叫板，曾经俘虏南安府，杀信丰千户，活捉河源主簿，绑架龙南县官……"辉煌战绩"就不一一罗列了。可以说他们比黑社会还黑三分，官府在他们面前根本就抬不起头来。

王阳明煞有介事地把众官召集在一起，商量下一步的行动计划。大家认为，横水易守难攻，而且谢志珊广积粮草，准备和官军打持久战，一时半会儿恐怕拿不下来。浰头更加强悍，不好下口，而桶冈的蓝天凤相对来说比较弱一些，只要攻下桶冈，横水就没了羽翼，回头攻打横水就容易多了。

大家说得也在理，但王阳明的剿匪蓝图是先拿下横水，再吃掉桶冈，最后去啃浰头这块硬骨头。他说："若攻桶冈，以谢志珊的个性，必定率兵救援，腹背受敌，势必不利，还是先攻打横水吧。"

王阳明是老大，众官只好听从老大的安排，但也有保留意见的，那就让事实说话吧。

统一了思想，接下来就该想想如何吃掉桶冈了，毕竟，谢志珊不是软柿子，不会让人随便捏的。

王阳明扬言要向江西的横水用兵，特意请占卜师预测凶吉。占卜师作作法、喷喷水、烧烧香，装模作样摆弄一番，说此行大吉。王阳明满意地笑了。

就在大家积极备战时，发生了一个变故：湖广巡抚陈金准备带领三省联军进攻桶冈，让人郁闷的是，朝廷竟然批准了。

这是哪儿跟哪儿啊，陈金你闲着没事来捣什么乱啊。

打桶冈只会让自己陷于腹背受敌的境地，而且桶冈在江西和湖广两省的交界处，让广州的官兵跋山涉水赶来，是打山贼，还是旅游啊。

一想到这些，王阳明的头就大了。

但朝廷已经决定了的事儿是改不了了，只能硬着头皮应对这个突发情况了。

不过，任何事情都有两面性，就看你怎么做了。

既然攻打桶冈的消息已经传得满天飞了，那就只能将计就计，声东击西了。

这样来看，这陈金来得正是时候，无形中为王阳明攻打横水放了一个烟幕弹。

王阳明的这招声东击西玩得妙极了，连手下的兵将都被蒙在鼓里，以为大军真的要攻打横水、桶冈，那山贼更以为是真的了。

柿子捡软的捏，谁弱就先打谁，这样才有把握取胜。再看王阳明，他当初之所以选择先打福建漳州詹师富的起义军，是经过调查分析后做出的决定。因为在这七股势力中，盘踞在江西和广东交界处的桶冈、横水和浰头一带的山贼，都是难啃的硬骨头，而在漳南山区的詹师富是个彻头彻尾的软柿子。

不管哪个官员，只要经过詹师富的地盘，总得虐他一下，这种光荣传统还是要继承的。

古代行军打仗讲究"天时、地利、人和"。每次开战前，主将都要请占卜师占上一卦，问个成败吉凶，以便决定趋避，求点心理安慰。王阳明早就发现衙门搞占卜的那些人不对劲，八成是山贼的探子。当初在"严打通匪"专项行动中特意留下他们这几个眼线，如今派上用场了。

很快，官军进攻江西的横水、桶冈的消息便传给了山贼。自然是有人欢喜有人忧。漳南的山贼则大摆宴席，戒备松懈；而横水、桶冈一带的山贼则全军戒备，等待与王阳明大军厮杀。

山贼就是山贼，一点儿小计谋就能把他哄得分不清东南西北，就这点本事，还占山为王，真不知天高地厚，碰到我王阳明手里，就没有你好果子吃。

乘詹师富不备，王阳明发兵，初战长富村，斩首山贼数百，俘获俘虏无数，夺马牛无数，小胜一场。其余的众贼逃回詹师富老巢漳州象湖山据守。

本来前景一片大好，但王阳明在领兵前去救援被围困的官军福建卫指挥使（正三品）覃桓和县丞（副县长）纪镛时，虽然击退贼兵，但自己也元气大损，死伤无数。最让他气愤的是，附近的广东狼兵作壁上观，对官军的困境视而不见，不施以援手。这让王阳明心中萌发了改军制的念头。

这时，又有人提出请狼兵帮忙，这种想法要不得啊，毕竟总是依靠别人，自己就永远硬气不起来。为了扭转败局，王阳明使用计谋，率兵退屯上杭，以退为进。当他看到众将士的苦瓜脸时，知道该提提士气了。

王阳明振振有词地说："几天前，我们在长富村打了胜仗，战后欢呼声不断；

第十章 南赣戡乱，不得不亮剑

如今为了救援同胞兄弟，元气大伤，大家就像霜打的茄子。这怎么行？胜败乃兵家常事，我们要提起士气再寻战机，不能总指望别人帮忙。我们要想办法自己解决问题，应该趁山贼取得胜利疏于防备时向他们进攻，我们怎么能在这个关键时刻掉链子呢？"

众将士齐声问："有什么好的计策吗？"

王阳明说："詹师富现在巴不得我们撤退，给他喘气的机会，我们传出消息，说不打了，今年秋天再来，并做出撤退的样子让他信以为真。当他放松警惕后，我们就奇袭象湖山，胜利便属于我们了。"

众将士疑虑地问："詹师富也不是三岁的小孩，恐怕他不会轻易相信吧。"

王阳明笑了笑，吐出五个字："他会相信的。"

王阳明决定赌这一把，这次，他赢了。

"经验"害死人

毕竟是水平不高的民间武装，他们见官军元气大伤，以为官军会像往常一样，在受挫之后，要么撤离，要么前来招降，没想到这次官军变了套路，而且勇猛异常。

其实，詹师富不相信王阳明，但他相信经验。以往官军每次来围剿失败后都会撤军，王阳明这次应该也不会例外。但詹师富猜错了，王阳明不是一般人，岂会轻易就撤退，如果他好好了解一下老谋深算的王阳明，就不会被"经验"害死了。

没几天，探子来报，贼兵已经放松警惕，可以出兵了。王阳明得报后立即挑选一千五百名精兵为先锋四千名重兵继后，分兵三路，在月黑风高之夜对象湖山发动攻击。

当地的山贼还在酣睡做着美梦，被打了个措手不及，有的在睡梦中就丢了性命。就这样，官军犹如天降神兵，将一众山贼杀得哭爹喊娘，一举夺取了贼兵的险要关隘。不过，贼兵虽然失去先机，却个个骁勇精悍，负隅顽抗。王阳明又派了一支数千人的奇兵从背后包抄，山贼腹背受敌，一下就被包了饺子。山贼既离开了老巢又失去了地利，大势已去，再无回天之力。

山贼的一号人物詹师富被俘，王阳明毫不客气地把他处死了。詹师富一死，没了主心骨，漳州帮顷刻间土崩瓦解。官军乘胜追击，连续攻破了他们控制的四十三个据点。这次偷袭取得了完胜，杀敌两千七百多人，俘虏一千五百多，那些掉入悬崖摔死或被烧死的更是不计其数。

王阳明站在象湖山上，豪气冲天，有一种曹操"东临碣石，以观沧海"的气魄。漳州数十年的匪患，自己仅仅用三个月就解决掉了，要平定整个南赣地区，应该不是什么难事。

这场在南赣一带取得的胜利是史无前例的，说明王阳明不只是个书生，他还有很高的军事才能。朝廷很满意，给予他史无前例的奖赏——白银二十两、奖状一张，升官一级。

王阳明赶紧上疏谢恩，说这不是我的功劳，是那些战斗在前线的将士们的功劳。尽管这点赏赐不够塞牙缝，少得可怜。但钱不在多，关键是有一个能实践心学的平台，就足够了，王阳明是不会和朝廷计较奖赏的多少的。

四月，王阳明回师上杭，因为官军取得了前所未有的胜利，得到了民众的肯定，所以受到了焚香顶礼的跪拜。正赶上那里久旱不雨，王阳明就开始祈雨，正好下了雨。第二天继续祈雨，老天爷很给面子，又下雨了。百姓欢呼不已，把他当作神仙，说他真是及时雨。百姓把他求雨的那个台子叫作"时雨堂"，王阳明就此作了篇《时雨堂记》。

接着，王阳明进一步提出：赣、闽、湘、粤四省交界处山岭相连，而地分各省，事无统属，彼此推脱责任，只设一员巡抚，责任不专，军队没有一个统一的制度，以致盗贼和官军打游击，让官军一筹莫展。

为了加强军权，王阳明请求朝廷给他更大的权限：首先，能够督调南赣全境的部队，包括周边四省的部分军队，这就相当于王阳明要做一个军政合一的巡抚。其次，作战成功即可，朝廷不能规定时限。

王阳明的这些要求引起了朝中大臣的反感，在他们眼中，王阳明就是一个爱讲些歪门邪说的书生罢了，而且不看重名利，总想着辞职回家种地。如今刚打了一个胜仗，尾巴就翘到天上去了，和朝廷要这要那，真是一个口是心非的伪君子。

兵部尚书王琼却不这么认为，因为王阳明是他点的将，这么快就见了成效，他脸上有光啊。当时的内阁首辅杨廷和也不计较王阳明的权力欲，因为在他眼中，王阳明还不够档次,和他计较的话,有失身份。两大巨头最终达成共识,批准了王阳明的请求。毕竟,王阳明打了大胜仗,有资格和朝廷要权。给王阳明更大的权力,他才能取得更多的胜利。

既然朝廷点头了,那么,王阳明就没什么顾忌了,开始大刀阔斧地改革兵制:

二十五人为一伍,长官为小甲;

五十人为一队,长官为总甲;

二百人为一哨,长官为哨长;

四百人为一营,长官为营官,配有参谋二人;

一千二百人为一阵,长官为偏将;

二千四百人为一军,长官为副将。

以上各级务必上下相维,步调一致,一切行动听指挥。所有将官都由王阳明本人任命,军队令行禁止,严格有效,战斗力得到了很大的提高。手中有了更大的权力,军队的战斗力也有了大幅度的提升,那剿灭山贼就指日可待了。

史上最强的招安信

这天,吃完饭后,王阳明在院子里溜达,突然想到了骆宾王的《讨武氏檄》。当年徐敬业的那场讨伐顷刻间便溃败了,本该无声无息地淹没在浩如烟海的历史中,可一千多年来,偏偏因为骆宾王的那篇檄文还被人们议论不息。

这次与山贼交手,取胜是必然的,绝不是徐敬业起兵可比的,应当有一篇比《讨武氏檄》更好的文章!文采要出众,气势要宏大,文字要传神,只有这样的檄文才能让这场战争流芳百世。

这样的檄文由谁来执笔呢?

当然非王阳明莫属,因为他本来就是个作文高手。

再说,王阳明相信人都有良知,一篇好的檄文一定能让很多人及时回头,不至于一条道走到黑。所以,在准备大规模进剿之前,王阳明写了一篇《告谕巢贼书》。

王阳明的这篇运用心学理论构建的文章写得登峰造极,杀伤力极强,是史上最强招安信,现将全文摘录如下:

本院巡抚是方，专以弭盗安民为职。莅任之始，即闻尔等积年流劫乡村，杀害良善，民之被害来告者，月无虚日。本欲即调大兵剿除尔等，随往福建督征漳寇，意待回军之日剿荡巢穴。后因漳寇即平，纪验斩获功次七千六百有余，审知当时倡恶之贼不过四五十人，党恶之徒不过四千余众，其余多系一时被胁，不觉惨然兴哀。因念尔等巢穴之内，亦岂无胁从之人。况闻尔等亦多大家子弟，其间固有识达事势，颇知义理者。自吾至此未尝遣一人抚谕尔等，岂可遽尔兴师剪灭；是亦近于不教而杀，异日吾终有憾于心。故今特遣人告谕尔等：勿自谓兵力之强，更有兵力强者；勿自谓巢穴之险，更有巢穴险者。今皆悉已诛灭无存，尔等岂不闻见？

　　夫人情之所共耻者，莫过于身被为盗贼之名；人心之所共愤者，莫甚于身遭劫掠之苦。今使有人骂尔等为盗，尔必怫然而怒。尔等岂可心恶其名而身蹈其实？又使有人焚尔室庐，劫尔财货，掠尔妻女，尔必怀恨切骨，宁死必报。尔等以是加人，人其有不怨者乎？人同此心，尔宁独不知；乃必欲为此，其间想亦有不得已者，或是为官府所迫，或是为大户所侵，一时错起念头，误入其中，后遂不敢出。此等苦情，亦甚可悯。然亦皆由尔等悔悟不切。尔等当初去后贼时，乃是生人寻死路，尚且要去便去；今欲改行从善，乃是死人求生路，乃反不敢，何也？若尔等肯如当初去从贼时，拼死出来，求要改行从善，我官府岂有必要杀汝之理？尔等久习恶毒，忍于杀人，心多猜疑，岂知我上人之心？无故杀一鸡犬，尚且不忍；况于人命关天，若轻易杀之，冥冥之中，断有还报，殃祸及于子孙，何苦而必欲为此。我每为尔等思念及此，辄至于终夜不能安寝，亦无非欲为尔等寻一生路。惟是尔等冥顽不化，然后不得已而兴兵，此则非我杀之，乃天杀之也。今谓我全无杀尔之心，亦是诳尔；若谓我必欲杀尔，又非吾之本心。尔等今虽从恶，其始同是朝廷赤子；譬如一父母同生十子，八人为善，二人背逆，要害八人；父母之心须除去二人，然后八人得以安生；均之为子，父母之心何故必欲偏杀二子，不得已也；吾于尔等，亦正如此。若此二子者一旦悔恶迁善，号泣投诚，为父母者亦必哀悯而收之。何者？不忍杀其子者，乃父母之本心也；今得遂其本心，

第十章　南赣戡乱，不得不亮剑

何喜何幸如之；吾于尔等，亦正如此。

闻尔等辛苦为贼，所得苦亦不多，其间尚有衣食不充者。何不以尔为贼之勤苦精力而用之于耕农，运之于商贾，可以坐致饶富而安享逸乐，放心纵意，游观城市之中，优游田野之内。岂如今日担惊受怕，出则畏官避仇，入则防诛惧剿，潜形遁迹，忧苦终身；辛之，身灭家破，妻子戮辱，亦有何好？尔等好自思量，若能听吾言改行从善，吾即视尔为良民，抚尔如赤子，更不追咎尔等既往之罪。如叶芳、梅南春、王受、谢钺辈，吾今只与良民一概看待，尔等岂不闻知？尔等若习性已成，难更改动，亦由尔等任意为之；吾南调两广之狼达，西调湖湘之土兵，亲率大军围尔巢穴，一年不尽，至于两年，两年不尽，至于三年。尔之财力有限，吾之兵粮无穷，纵尔等皆为有翼之虎，谅亦不能逃于天地之外。

呜呼！吾岂好杀尔等哉？尔等苦必欲害吾良民，使吾民寒无衣，饥无食，居无庐，耕无牛，父母死亡，妻子离散；吾欲使吾民避尔，则田业被尔等所侵夺，已无可避之地；欲使吾民贿尔，则家资为尔等所掳掠，已无可贿之财；就使尔等今为我谋，亦必须尽杀尔等而后可。吾今特遣人抚谕尔等，赐尔等牛酒银钱布匹，与尔妻子，其余人多不能通及，各与晓谕一道。尔等好自为谋，吾言已无不尽，吾心已无不尽。如此而尔等不听，非我负尔，乃尔负我，我则可以无憾矣。呜呼！民吾同胞，尔等皆吾赤子，吾终不能抚恤尔等而至于杀尔，痛哉痛哉！兴言至此，不觉泪下。

有人说，王阳明的这篇文章"情"字满纸，"理"字塞篇，感人至深，堪称古今范文。的确，王阳明在这里推心置腹，循循善诱，使这封书信的力量胜过千军万马，对山贼的心理起到了破坏作用，他们的斗志开始逐渐瓦解。

王阳明不仅给山洞里的山贼送去了这封告谕，还给他们送去牛、酒、银子和布匹，让他们的家属先暂时使用。

这颗精神炮弹很快就见了成效。山贼们看完这样的信后号啕大哭，因为除了王阳明，没有人认为他们是好人，王阳明太仁义了，他的话太让人动情了。住在山洞里的瑶族酋长，如黄金巢、卢珂，率本部投诚，参加了王阳明的剿匪战斗。

龙川的老大卢珂投诚后,王阳明立即着手解决附近大庾岭的陈曰能,陈曰能把王阳明的那封信撕了个粉碎,不但不投降反而广积粮、高筑墙,要死抗到底。

既然敬酒不吃吃罚酒,那好吧,给你点颜色看看。王阳明三下五除二,便把陈曰能的十九寨烧得干干净净,陈曰能也被活捉,就地处决。

炮轰横水,刀砍桶冈

漳州平复后,王阳明把重点转到了南康、赣州。当时,南赣还盘踞着三大山贼势力——横水谢志珊、桶冈蓝天凤、浰头池仲容。王阳明部署兵力,准备收拾横水的谢志珊。

正德十二年(1517年)十月初七凌晨,远处的群山、亭阁被薄薄的雾气笼罩着。王阳明的强势让谢志珊隐隐感到不安,他被一丝不祥的预感笼罩着,彻夜难眠。抬眼望去,一轮清冷的明月挂在天边,和他一样孤独。

走上这条谋反之路是迫不得已,但开弓没有回头箭,既然当初踏出了这一步,哪怕前面是万丈深渊,也得走到底。谢志珊的思绪开始模糊起来。

一切都显得异常平静,平静得让人透不过气来。这安静而祥和的表面下往往隐藏着危机。在夜色的掩护下,林间穿梭着一个个黑影,在山贼们呼呼大睡时,官军已经悄悄接近山贼的巢穴。

突然,一声炮响,打破了这份平静,山下传来阵阵厮杀声。得知是官军杀来后,谢志珊纳闷极了,他得到的情报是,官军的目标是攻打桶冈,如今桶冈还好好的,官军怎么就先奔自己来了呢?

这王阳明真是让人猜不透啊。不过也好,迟早要与他交手,你既然打过来了,那我就给你点颜色看看,让你尝尝我谢某人的厉害。

当谢志珊率领大部分人马正面抵抗时,他有些迷糊了,因为正面进攻的官军人数并不多,谢志珊凭着山高路险,很轻松地就挡住了官军的攻势。

就在谢志珊纳闷之际,突然听见远近山谷炮声雷动,接着就见山头山腰满是官军旗号,还有人大喊:"我等已打下老巢,胜利啦!"这喊声和当年淝水之战时朱序在前秦军队后面喊的那一声效果一样,谢志珊的人马大惊失色,老窝都被人给

第十章　南赣戡乱，不得不亮剑

端了，还打什么啊，赶紧逃命吧，结果，众贼斗志全无，纷纷溃逃。

谢志珊无力回天，换了身行头，也加入了逃跑大军的行列，慌忙逃往桶冈，投奔蓝天凤。他的那些战车简直成了摆设，没派上一点儿用场。

其实，这不过是王阳明的计策罢了。在开战前，王阳明先派出四百多人混入谢志珊的据点埋伏起来，约定谢志珊出门迎战后，就跳出来，虚张声势，举旗大喊，攻下了山贼的老巢。

谢志珊逃跑后，官军把剩下的山贼据点来了个一窝端，杀死、俘虏山贼及其家属四千多人。然后一路狂追，一直追到了桶冈。所有人都认为应该乘士气旺盛，一举拿下桶冈。但王阳明却下令全军原地休息。这让所有人大跌眼镜，搞不清他又要玩什么花样。

王阳明摆出一副颇为神秘的姿态笑着说："用兵之道讲究一张一弛、随机应变，天时地利人和才能取得胜利。我们现在只是占有天时，还不具备地利人和，所以不能进攻。"

的确，桶冈因为实在太像一个木桶，四面青壁万仞，连峰参天。山上都是深林绝谷，易守难攻。山贼只要数人守住崖巅，坐着扔几块巨石，便可抵御进攻。再说，山贼头子蓝天凤在这里积极开展垦岗运动，自己动手，丰衣足食，已经把桶冈建成了一个"天府之国"。

即使现在桶冈人什么都不做，粮食也够养他们十多年的。再说，他们多次取得反围剿的重大胜利，非常嚣张。还有，王阳明的队伍长途跋涉，全军都疲惫不堪，亟待休整。心急吃不了热豆腐，这仗还得一点一点地打。从多方来看，王阳明的选择是正确的。

所谓杀人要诛心，攻人先攻心，如果能不费一枪一弹就能拿下桶冈，那再好不过。乘队伍休整之际，王阳明派几个俘虏前去劝降，扰乱一下敌人的部署。

再看蓝天凤，自从听说三省要夹攻桶冈后，他就吃不下饭睡不着觉，再加上强势诡异的王阳明接连取胜，他的神经都快崩溃了。当听到江西的军队攻打横水时，他舒了一口气——有人和自己分担压力的感觉真好。可不久他就看到了谢志珊的残兵败将投奔而来，他自己也陷入层层封锁之中，眉头便又皱了起来。

看到王阳明的劝降书后，蓝天凤有些动摇，因为事实证明王阳明不好惹，谁黏上他，谁就要到大霉。蓝天凤想投降，但谢志珊不愿意，后者是那种不见棺材不落泪的主儿，认为凭借天险完全可以把王阳明的军队挡在门外。

就在蓝天凤和谢志珊争吵不休时，王阳明已经暗中调遣军队，摆开了进攻的阵形，士兵们只等一声令下，便能踏平桶冈。

十一月的一个夜里，风雪飘摇，冰凉刺骨。蓝天凤和谢志珊等人还在就"是战是降"争吵不休。突然，四下里杀声震天，官军开始进攻了。

老大都定不了接下来的路怎么走，山贼们更是摇摆不定，无人细心防守，结果让官军钻了空子，乘着夜色搞了个突然袭击。

蓝天凤如梦初醒，这王阳明劝降是假，真正的目的是进攻啊，于是他赶紧命人拼命抵抗。但官军势如破竹，哪里抵挡得住！结果三十多个据点被毁，三千多山贼被杀或被俘，蓝天凤和谢志珊也被生擒。

蓝天凤叫嚣道："你姓王的不讲道义，说好三日后统一接受招降，你却玩阴的，搞突然袭击，有种就和我单挑！"

王阳明对蓝天凤不感兴趣，直接让人把他拉下去砍了。他对谢志珊反倒有一种英雄惺惺相惜之感，因为谢志珊是这些山贼里面最能折腾的一个。

在被处决前，王阳明特地去看了这位在南赣地区如雷贯耳的大人物。

"你马上要被处决了，还有什么话要说吗？"

谢志珊虽然身为阶下囚，但精神不错，雄风犹存。当得知自己即将被处决的消息后，手指微微颤抖了一下，极力维护着自己仅有的一点点尊严。

"杀你的不是我，是国法。"

"无论是谁杀我，我都已不在乎了。你用兵如神，能死在你的手里，此生足矣。"

"你是怎么做老大的？"

"挺难的。"

"怎么个难法？"

"平生遇到世上的好汉，我绝不轻易放过。我会用尽各种办法接近他，请他喝酒吃肉，为他解救急难，等和他建立了真正的友谊，我就把真情告诉他，没有不答应入伙的，你说难不难？"

"为我效力吧。"

"不可能。"

第十章 南赣戡乱，不得不亮剑

"那上路吧。"

王阳明与谢志珊的对话结束了，宁死不屈的谢志珊就此走到了人生的尽头。后来，王阳明对他的弟子们说："我们交朋友，也应该抱着这种态度啊。"

让朝廷头疼了十年的事情，王阳明只用了几个月就解决了。几场战役酣畅淋漓，王阳明简直就是一个军事天才。

桶冈、横水荡平之后，接下来就该把矛头对准浰头的山贼了。

破山中贼易，破心中贼难

漳南詹部、横水谢部、桶冈蓝部相继彻底覆灭后，王阳明声名大振，湖广的龚福全和广东的高仲仁先后归顺。虽说平乱不容易，战后恢复建设同样不能忽视。王阳明根据当地的实际情况，上奏朝廷，在原先山贼盘踞的地区设立平和、崇义二县，规划土地建筑民房，鼓励山民修建梯田，解决了山多田少的问题。此外，还鼓励山民凿山修路，恢复建设，发展经济。这些举措证明他没有镇压后拍拍屁股走人了事，他要做百姓生活的建设者。远近乡民不禁感叹：终于可以睡个好觉了。

接下来，平定浰头的山贼提上了议程。

池仲容是那里的老大，他是浰头（今广东和平县）人，年少时经常跟随父进山打猎，练就了一身好本领。他不仅力大如牛，还如猿猴一样敏捷。长大后，他不畏强暴，爱憎分明，敢作敢当。因为家中没有地，只能靠租种地主的土地为生。虽然全家起早贪黑，也换不来温饱，经常忍饥受冻。

弘治年间，浰头一带遭遇严重灾荒，池仲容的父亲因为欠租欠债被地主强行抓走。不久，县衙又派一帮衙役到浰头征粮征税，强迫农民运送粮物。池仲容带领数十人，半路截击，杀死了几名衙役，夺回粮物分给了穷苦农民。

事后，池仲容一不做二不休，倡导大家起义。广大农民积极响应，短短的几个月时间，他就组建了一支上千人的起义队伍。后来，队伍扩到万人，起义军以浰头为大本营，建立了农民政权。池仲容自称"金龙霸王"，据守浰头三十八寨。他们与漳南、横岗等多处起义军结成联盟，经常互相配合攻打邻近诸县，成为一支活跃在粤、闽、赣地区的强大的起义军力量。

眼见曾经的同行不是被灭，就是举手投降，池仲容越来越感到造反的路走不长了。想想当初王阳明率军攻打同行时，自己被他的一纸《告谕巢贼书》搞晕了头，没有及时派兵支援，才落得个如今孤军奋战的结果。他真不知道王阳明这老小子到底有多大本事，怎么可能在不到一年的时间里就扫平了明政府十几年都除不掉的匪患。古人说唇亡齿寒，自己当初怎么就没想到呢？罢了，不想这些了，天下没有卖后悔药的，想想如何应对眼前的困境才是最重要的。

王阳明的强势让远近贼首纷纷归降，卢珂与黄金巢也乘机投降了。这两个人也是在浰头混的，且与池仲容不和。如今，池仲容不仅要对付王阳明的大军，还得提防这两个人，因为卢珂与黄金巢对浰头的状况了如指掌，哪里有块石头，哪里有棵大树，他们闭着眼睛都能找到，这就一下子就增大了防守的难度。

当横水被攻克后，池仲容急了。不能再这么等下去了，与其等着被灭掉，还不如拼一把。自作聪明的他决定玩心眼，虽然他的心眼在王阳明面前不值一提。

具体来说，池仲容做了两手准备：一方面派弟弟池仲安假装投降，实际是做内应，暗中探听官军的举动；一方面积极战备，凭险据守，准备与王阳明一决高下，让众贼和他一条道走到黑。

再看王阳明，他岂是那么容易被骗的？当看到率众来"降"的池仲安时，便识破了对手的小伎俩，正巧当时要向桶冈用兵，便一纸调令，把池仲安打发到上新地扎营。这下池仲安只有哭的份儿了，因为上新地离浰头十万八千里，别说做内应，就是想回来帮哥哥对付王阳明也难了。

眼见弟弟池仲安被王阳明调得远远的，桶冈也被官军拿了下来，池仲容知道，自己将是王阳明要对付的下一个目标了。

不能就这么束手就擒，池仲容一面假装要投降，一面秣马厉兵，动静极大，准备做最后的挣扎。

明眼人都看得出来池仲容安了什么心，这自然也逃不出王阳明的慧眼，不过，王阳明没有发狠派兵直接攻打，而是决定攻心，继续和池仲容周旋。

王阳明派使者带着好肉美酒去慰问池仲容，询问他什么时候投降，有个具体的时间安排没有。

池仲容只好搪塞，说还要一些时日。

使者看到池仲容的武装情况，问："你们既然要归顺政府，还搞这些刀枪做

第十章 南赣戡乱，不得不亮剑

什么？"

池仲容借口道："说实话，其实我早有归顺之意，不想和政府作对，但卢珂等人见我孤立无援，便要寻仇报复我，我做这些防御完全是为了对付他。"

这种借口简直就是侮辱王阳明的智商，但他不从中点破，而是使出了一出苦肉计，召来卢珂，劈头盖脸就是一顿臭骂，然后又命人将他暴打一顿。接着继续向池仲容伸出橄榄枝，希望他能归顺朝廷。

埋伏在王阳明处的奸细把毒打卢珂的事报告给了池仲容，这下该池仲容犯难了。王阳明把该做的都做了，如果自己再不露面的话，也太小家子气了。

于是，池仲容领着一队剽悍壮士，前往赣州。

王阳明笑了，因为池仲容的愚蠢行为让他连哭的机会也没有了。

从这一刻起，一切都已注定。

为了以防万一，池仲容把大队人马安置在城外，自己带着几个贴身护卫进城。还和城外的人马约定：如果自己不能活着出来，就会在城内发暗号，你们就杀进城区，手刃王阳明。虽然池仲容的智商也不低，但他太大意了，低估了王阳明，他必将为自己的愚蠢付出惨重的代价。

池仲容来了，王阳明心中大喜，却假装不满地问："为什么你把你的部下留在城外，不让他们见我？难道你是怕我招待不好他们吗？来者即为客，把他们都招呼进来，否则就是看不起我王某人。"

王阳明当头一棒，把池仲容打得无言以对。他便在池仲容还未拒绝之前做主，把大小头目都招进城来，安排他们一起在城内的祥福宫住下，一起过春节看花灯。盛情难却，池仲容也不好说什么了。王阳明还把池仲容的下属当作已归降的部下对待，奖赏了他们很多钱物。

山贼们享受着五星级的待遇，喜出望外，但这花天酒地的日子比不上在浰头自由自在，他们还想回去继续干老本行。池仲容借口浰头还有几千兄弟，如果没人管他们怕出乱子，便前来向王阳明辞行。

王阳明心里恼怒极了，他本想用好酒好肉和女人笼络这些山贼，用"心学理论"感化他们，让他们心悦诚服地归顺，没想到这些人敬酒不吃吃罚酒，还要闹着回山里做山大王。如果放他们回去，岂不是放虎归山？

既然来到赣州，你们就踏上了一条不归路，想走？下辈子吧！

此念一起，王阳明便动了杀心，但他还是笑着说："急什么呀，这不马上要过年了吗，浰头离赣州那么远，你们现在走，就得在路上过年了。况且赣州的除夕夜张灯结彩，热闹非凡，你们过了年再走也不迟啊。"

　　人在屋檐下，不得不低头，再说盛情难却，池仲容不好意思驳了王阳明的面子，便答应过了年再走。

　　赣州的除夕夜果然热闹非凡，家家户户都挂着花灯，整个城市灯火通明。池仲容和他的手下难得见一次这种大场面，人人都兴高采烈，放松了戒备。

　　快乐的日子总是过得很快，一转眼，除夕夜就过去了，池仲容又一次提出要返回浰头。王阳明继续挽留，摆出一副相见恨晚、英雄惺惺相惜的姿态。池仲容好说歹说，王阳明最后准他们大年初三启程，到时候大摆宴席为他们饯行。

　　池仲容做梦也想不到，他将再也见不到大年初三的太阳了。

　　初二的夜晚，王阳明在祥福宫安排酒宴，为池仲容一行饯行，还带来不少礼物要送给他们。大小贼首心里感激万分：这吃也吃了，喝也喝了，临走还有礼物可以拿。以后谁敢说王巡抚的坏话，我们就和他拼命。

　　此刻，池仲容完全被王阳明搞晕了，毫无戒备之心，把对方看成阔别已久的亲人，结果，个个喝得酩酊大醉、人仰马翻。

　　夜深人静，月黑风高，伸手不见五指。只听得阴风阵阵，魅影重重。祥福宫内一片寂静，山贼们都沉浸在梦乡之中。这时，一伙黑衣人手持白刃悄悄潜入祥福宫，按照既定计划，冲进各个寝室乱刀砍下。

　　在这平静的深夜，纵横驰骋多年的池仲容和他的弟兄四十多人就这样悄无声息地被割断了喉咙。在梦中他们也许还在和王阳明干杯，但他们再也睁不开眼睛了。即使心中有再多的无奈和不甘，也只能在地狱中沉沦了。

　　曲终人散，一切都在王阳明的掌控之中，望着地上的尸体，王阳明感叹：人生不过就是一场虚空大梦。池仲容，不要怪我，我本不想杀你，是你自取灭亡，这是你的命。

　　池仲容等大小头目被杀死后，扫平浰头只是个时间问题。这次王阳明亲自带队，向浰头进发。战役进行得很顺利，因为群龙无首，浰头残部犹如一盘散沙，溃不成军。就这样，南赣地区最大的一股势力也被搞定了。

第十章 南赣戡乱，不得不亮剑

望着漫山遍野的尸体，王阳明却高兴不起来。因为每个人都有活着的权利，依靠自己的力量找寻最好的归宿。但谋反是条不归路，詹师富、谢志珊、蓝天凤、池仲容等人当初既然选择踏上这条路，就要为此付出代价。

一场声势浩大的池仲容农民起义就此落下帷幕，如今在浰头已经找不到太多起义军留下的痕迹，只有"金龙霸王"池仲容祖屋楼阁遗址前的半月形池塘保存完好，半池塘水静静地躺在这里，不由得让人们联想起当年发生的一幕幕故事。

总的来看，王阳明让南赣恢复平静只用了一年半左右的时间，他的心学在此得到了实践。王阳明告诉大家：懂得道理是重要的，但实际运用也是重要的！也就是说，要想实现崇高伟大的志向，必须有符合实际、脚踏实地的方法。即"知行合一"，这是一种高深的处世和生活智慧，让人受用终身。

在平乱时，王阳明对于真正的"倡恶之贼"，像詹师富、蓝天凤、谢志珊和池仲容等人从不手软，一律把他们置于死地。但对于其他走错路的流民和当地人则是怀有同情之心的，并妥善安置了他们。这些人虽然投降了，但一时间角色还转换不过来——他们多年都不种地，见到好东西，本能反应还是抢——如何把他们教化成顺民成了摆在王阳明面前的最重要的任务。

就此，王阳明写了十个大字：破山中贼易，破心中贼难。意思是军事上的打击并不能真正清除山贼，真正的贼乃在人心，在制度。也就是说，打败现实中的敌人容易，打败心里的敌人就难了。

平定南赣之乱后，王阳明强调思想统治，重视教化，坚定自己也能"破心中贼"，为此，他在南赣着手进行了以下改革：

第一，继续扩大推行十家牌法，让民众互相监督。

第二，贯彻《南赣乡约》，设置约长、里长，让民众自治。

第三，兴社学，行教化，刻印古本《大学》和《朱子晚年定论》，狠抓当地教育。

王阳明试图慢慢感化和教育百姓，让他们真正回到正常的生活轨道上来。他认为，对于"制度之贼"想要短时间破除太难了。统治中国几千年的专制制度，导致各地之贼层出不穷。若想真正从本质上治贼，任务艰巨啊。

在这里，还有一件事要提一下，就在王阳明在南赣干得如火如荼时，徐爱死了。徐爱是王阳明的高徒，可惜活得时间很短，只活了三十岁。古人说他是三十一岁死了，那是虚岁。

这突如其来的噩耗让王阳明半晌无语。想想和徐爱在船中探讨学问，仿佛就是昨天发生的事情，如今却已经阴阳两隔，这如何能不让人伤心啊。

　　那次，王阳明走后，徐爱就辞了官，在南京城外买了几间房读书论道，寻找机会出版《传习录》。师徒俩经常书信往来。王阳明劝徐爱多注意身体，徐爱说让王阳明打完仗后就回来跟他一起种地。这人怎么说没就没了？王阳明一时间真难以接受这个事实。

　　徐爱被后人誉为"王门颜回"，可见他是有本事的。根据史料记载，徐爱这个人有点内向，不像王阳明年轻的时候那么狂，那么有才，但他耐得住寂寞，心里藏得住东西。而且有德行，是一个靠得住的人。如果徐爱能活得时间长一点，他的个人成就恐怕会超过明初那些大儒，比如陈白沙，薛暄，可惜他在而立之年就早早死掉了。

第十一章
背后的大人物

招兵买马

人死不能复生，哀悼死者可以，但活着的人还得好好活下去，不能无休止地深陷在悲伤中不能自拔。王阳明很痛心，但他有更多的事情要做，所以悲伤过后，他又投入到了紧张的工作中。

王阳明一直在思索，这些山贼搞得声势巨大，却如纸糊的灯笼一样不经打，怎么就如此嚣张了十几年呢？在讯问山贼时，他终于找到了一个个让他吃惊的答案。山贼咬出了一个人的名字——宁王朱宸濠。

这就对了，背后有藩王朱宸濠的支持，难怪山贼会如此嚣张。但朱宸濠为什么要和山贼打成一片呢？看来其目的很可能是拉拢势力，意图不轨。王阳明被自己的大胆推断吓了一跳。那这个朱宸濠到底是个什么样的人呢？他真的有谋反的念头吗？

若要了解朱宸濠，他的祖先朱权是绕不开的。

明朝建立之后，朱元璋分封藩王，把二十四个儿子和一个从孙（兄弟的孙子）分封于山东、山西、河南、陕西、甘肃、湖广、四川、江西等地，意图"镇固边防，翼卫王室"，但结果却与朱元璋的初衷大相径庭——由于诸王都参与军务，逐渐形成外重内轻的局面，为江山社稷的稳定埋下了隐患。

朱元璋第十七子朱权被封为宁王，封地在今天的内蒙古自治区的大名城。能被封到边境地区，说明朱权有那么两下子。的确，在太祖诸子中，"燕王（朱棣）善谋，宁王（朱权）善战"，两个人都不是省油的灯。

朱权虽然能打，但没有反心，只要能好好当个藩王，过安稳日子，就满足了。但朱棣不这么想：都姓朱，为何自己就不能做皇帝呢？心中有了这种想法后，他便想方设法拉拢别人跟他一块谋反，朱权就是被拉拢的对象之一。

朱棣起兵篡位时，设计引诱最为善战的朱权帮着打天下。为了让朱权死心塌地地跟着自己谋反，他给朱权开了一张空头支票——事成之后，天下一人一半。

天下只能有一个王，岂有一人一半之说？可惜朱权相信了朱棣的话，帮着这位善于谋断的哥哥篡权夺位。

结果，朱权眼睁睁地看着朱允炆被朱棣搞死，但朱棣却闭口不提平分天下这档子事。这时，朱权才明白自己被忽悠了。

既成事实，想回头已经不可能了。既然你不愿意把半个天下给我，那我总有权力选择居住地吧。于是朱权说不想再过满眼风沙的日子，想去杭州过几天舒服日子，但朱棣不许；他又说如果能去武昌也不错，但朱棣还是不许。

朱权总算明白了，自己在朱棣眼里不过就是一枚棋子，而且是一枚废弃的棋子，没有任何讲条件的权利。

结果，朱棣为朱权选择了南昌。朱权啥也没说，收拾好东西乖乖地去了。他知道发脾气是找死，抗议会惹来更严重的祸患，因为他已经没有讲条件的实力。

朱棣之所以把这位善战的弟弟改封在江西，不再把他放在边陲，是为了更好地控制他，尤其严禁他拥有个人武装，以免他仿效自己昔日之举，重新上演"靖难"篡夺大戏。

朱权虽然没有把愤怒表现出来，但他咽不下这口气，嘱咐子孙后代，要记住这个耻辱，有朝一日记得要一雪前耻。

第十一章 背后的大人物

到了朱权的玄孙这代,一个让"宁王"这个名衔重登头条的人物出现了,他就是朱宸濠。朱宸濠是一个很有抱负的人,好勇斗狠,把祖训时刻记在心间,发誓要完成祖上的心愿。

巧的是,皇帝朱厚照喜欢玩乐,不是一个好皇帝,与其让这样的皇帝祸国殃民,还不如自己来做。朱宸濠开始蠢蠢欲动,可他很快发现自己手里没兵。因为燕王朱棣是造反起家,对藩王们防备得很厉害,在他当皇帝时几乎把藩王的护卫都裁掉了。到了朱宸濠这辈,他几乎就是个光杆司令,无兵、无武器,拿什么造反?

问题严重了,必须把这个问题解决掉,否则一切都是空谈。无奈之下,朱宸濠决定走后门。

当时,刘瑾乱政,朱宸濠送给刘瑾一大堆钱,请求恢复护卫。刘公公大笔一挥,批了。终于可以有一支像样的武装,朱宸濠高兴得不行。可他的运气实在太差,三年后刘瑾就垮台了,在一帮御史的参劾下,朱宸濠的护卫又被兵部没收了。

钱打了水漂,兵也没了,这事儿搁谁身上,都咽不下这口气。朱宸濠气得直想骂娘。既然刘瑾没了,那就再找寻目标,这次他看中了钱宁。钱宁二话不说就把钱收下了。在他的帮助下,宁王的护卫再次建立起来,为日后起事奠定了基础。朱宸濠手里又有兵了,但他发现,光凭这些兵还不够,还必须有自己的智囊团和广阔的人脉。

于是,朱宸濠想方设法招聘社会人才,三教九流、各色人等都收归到自己帐下。要造反时,好歹有这些人撑门面。

在这些所谓的人才中,混吃混喝的居多,有才能的没几个。不过,他作为明朝的王爷,养几个闲人还是不成问题的,关键是到时候要靠这些人卖命,值了。其中,有个叫李士实的,先前做过侍郎,后来辞官回家,已经老眼昏花,朱宸濠却觉得他是个人才;还有个叫刘养正的也算凑合,举人出身,读过兵书,自觉运筹帷幄,相当能侃,高的够不着,又不甘心一辈子碌碌无为,便投靠在朱宸濠帐下。见宁王当日,他就大讲特讲昔日宋太祖"陈桥兵变"之事。朱宸濠认为李士实、刘养正算是个人物,便把他们留在身边,成为了自己的左膀右臂。

"裸奔"式装疯

　　造反这种事，是一锤子买卖，成功了就会成为被世人瞩目的王，失败的话将死无葬身之地。所以，朱宸濠需要更多的能人异士为他出谋划策，这样才保险一些。

　　有人告诉他，苏州有一位大才子唐寅，如果此人加入，大业必成。朱宸濠大喜，赶紧亲自派人去请唐寅。

　　唐寅，字伯虎，又字子畏，号六如居士、桃花庵主等，苏州吴县（今江苏省苏州市）人，明朝著名的画家、诗人。他玩世不恭而又才华横溢，与祝允明、文徵明、徐祯卿并称"江南四大才子"。他的画作更有名，与沈周、文徵明、仇英并称"吴门四家"，又称为"明四家"。

　　唐伯虎出身商人家庭，自幼聪明伶俐。二十九岁时，他参加应天府乡试，得中"解元"。三十岁时，他到京城参加会试，没想到受考场舞弊案牵连，被罚永世不得为官。人倒霉真是喝凉水都塞牙，此后，他便以卖画为生。

　　唐伯虎本想振作精神，回家过平静的日子。可当他返乡后，发现一切都变了，乡亲们蔑视的目光，老婆的恶语相向，残酷的现实让他每天的生活都度日如年。唐伯虎彻底绝望了，他已经失去了做官的资格，他的梦想和追求也变得虚无缥缈，一下子跌入了人生的最低谷。

　　这时，朱宸濠来到了唐伯虎的身边，并向他伸出了手。能得到明朝王爷的垂青，唐伯虎仿佛又看到了人生的曙光。于是，唐伯虎应朱宸濠的邀请赴南昌。他本想好好做一个师爷，后来察觉朱宸濠图谋不轨，不仅和一些不三不四的土匪流氓接触，还囤积了大量的粮草、兵器，怕是要谋反啊。这可是要掉脑袋的事情啊，还是快点溜吧。

　　但宁王府不是菜市场，不是你想来就来，想走就走的。再说，唐伯虎看了那么多的机密，知道了内情，还能走得掉吗？

　　面对着生命威胁，唐伯虎决定学习前辈的经验——装疯。只有这样，才能让朱宸濠相信，他什么也没看见，即使看见了，一个疯子说的话是没人会相信的。

　　既然要装疯，就要装得彻底一些，唐伯虎想出了一个绝招——裸奔。一个裸体男人天天在街头溜达，还自称是宁王的贵客，这可真够丢人的。朱宸濠觉得唐伯虎真是疯了，便下令赶紧把他送回苏州。

第十一章 背后的大人物

总算逃过一劫，此时的唐伯虎对人生也已经彻底绝望了，便日以继夜地饮酒作乐，纵情声色。虽然身体垮了，但诗词书画依然别具一格，不愧为才子。

嘉靖二年（公元1523年），五十四岁的唐伯虎结束了自己坎坷的一生。他在临终时写道：

生在阳间有散场，死归地府也何妨。
阳间地府俱相似，只当飘流在异乡。

这首绝笔诗表露了他留恋人间而又愤恨厌世的复杂心情，那个曾经意气风发的年轻人已经不在了，在我们面前的是一个心灰意冷，即将离开人世的老人。

再看朱宸濠，送走唐伯虎后，没有因为失去一位能人而有丝毫的忧愁，他正鼓足精神，准备着自己的造反事业。

如果朝廷有人与自己里应外合，那么造反成功的概率就会大大提高。所以朱宸濠又着手经营他的人脉网，利用当时的江西驻京衙门四处结交权臣，声势造得很大。

朱宸濠的动作这么大，难道大臣们就没有察觉吗？当然不是。在朝中混的人，个个都是人精，岂会不知？也有人上书，提醒上层注意朱宸濠的异动，但当时的内阁首辅杨廷和却对此置之不理。因为他收了朱宸濠的钱，自然就睁一眼闭一眼了。当然，在杨廷和眼中，朱宸濠不过就是想拉拉关系而已，造反他还没这个胆子。

不过，杨廷和小看朱宸濠了。朱宸濠虽然不是那城府极深之人，但胆子贼大。虽然连"天子"之位的影子都没有看到，就开始自称"国主"，把护卫改称为"侍卫"，自己下的命令改称"圣旨"。

正德十年（1515年）的某一天，自我感觉良好的朱宸濠被江西都指挥使（江西省军区司令）戴宣惹怒了，他竟然命令手下人把戴宣当场活活打死了。

要知道，天子犯法与庶民同罪，明朝的王爷也得遵纪守法，不能擅自杀掉朝廷委派的地方官员。这下捅娄子了，身旁的谋士建议朱宸濠赶紧想辙应对危机，但朱宸濠却满不在乎地说："大明江山都是我们朱家的，我打死个把地方官有什么大不了的。"

当时，任江西按察司副使的胡世宁觉得朱宸濠太不像话了，便奏了他一本。

但朝中有钱宁等人帮衬，朱宸濠不仅没事，反诬胡世宁"离间皇亲"，结果胡世宁被逮入锦衣狱，严刑拷打，折磨至死。

由于朱厚照一直没有儿子，朱宸濠心动了，如果自己的长子能入京到太庙进香，再劝使朱厚照立自己儿子为皇储，那这天下就是我的了。想到这些，他便给钱宁送了大量钱财，希望他能促成此事。结果在廷议时，大部分大臣都持反对态度，朱厚照也没拿这当回事，就不了了之了。

种种迹象表明朱宸濠心怀不轨，但一般人不敢明说，毕竟，人家与皇帝是打断骨头连着筋，弄不好会搬起石头砸自己的脚，步胡世宁的后尘。

总的来说，朱宸濠如此一番活动，不但占据地利，在朝中还有人接应，应该有很大的把握取得成功。不过，他忽视了一个人，那就是王阳明。如果没有王阳明，也许历史会改写，但历史没有假设，当时王阳明活得好好的，而且风头正劲。

皇帝不急太监急

当王阳明意识到问题的严重性后，赶紧跑去找孙燧。

孙燧，字德成，号一川，浙江余姚人。弘治六年进士，历仕刑部主事、郎中、河南布政使、右副都御史、巡抚江西。他不但是王阳明的老乡，也是好朋友，算是半个王门弟子。

这种要变天的事，王阳明有再大的能耐也不敢妄自揣测，只能去找孙燧商量。当他跑到巡抚衙门，把事情告诉孙燧后，孙燧没有拍桌子骂娘，反而很平静地叹了一口气，说："兄台，你只顾着和山贼斗了。这件事天下人都知道，你怎么现在才知道啊？"

王阳明傻眼了，没想到自己在政治斗争这方面竟然如此消息闭塞。

早在正德十年（1515年）十月，时任河南布政使的孙燧就接到了一份命令，改任都察院右副都御史。虽然升官了，但孙燧却没有半分喜悦之色，因为后面还有一个任命：担任江西巡抚。

当时，江西就是一个死亡之地。因为连着两任巡抚都不明不白地死在了工作岗位上。接任的两位巡抚还没干到一年，就自动请辞，宁可不做官，也要离开江西。

第十一章 背后的大人物

当时流行一句话：江西是为官者的坟墓。

但江西也是大明的国土，总得有人主持政务啊。不知道孙燧得罪了谁，竟然上了推荐花名册。就这样，他被一棒子打到了江西，几乎被推到了悬崖边上。

孙燧知道其中的厉害，此行八成是有去无回，手里拿着的是单程票。但国家有难，身为臣子自应挺身而出，以死报国。于是，他与家人告别后，带着两个书童，就此踏上前往江西南昌的不归路。

孙燧到江西后，受到了宁王朱宸濠的热烈欢迎，又是送钱又是送物，还时常上门探访，那个热乎劲儿，别人看了还以为是失散多年的亲人相见呢。

孙燧对此采取冷漠加拒绝的态度。他知道拿人的手软，吃人的嘴短，因此坚决与朱宸濠划清界限。朱宸濠见无法把孙燧拉拢到自己的战线，便派人监视他，还派人送枣、梨、姜、芥四物给他，暗示孙燧"早离疆界"，进行威胁。孙燧笑而却之，不为所动，摆出一个视死如归的姿态。学过心学的孙燧显然比几位前任更加坚挺，搞不死，踢不走，这让朱宸濠几近崩溃。

就这样，孙燧在险恶的环境中一个人战斗了四年，如今，他终于盼来了一个战友——王阳明。

虽然此时的王阳明已经是巡抚南赣等地的都察院右佥都御史，但他和孙燧一样，都是空架子官员。明代规定，巡抚并无兵权，需要经过中央审批，才能调动军队。王阳明手里只有几个民兵组织，打打山贼、维持治安还可以，但上战场和朱宸濠的军队打，那还真难为他了。他们合计来合计去，总觉得胜算不大。

这可怎么办？难道就这样眼睁睁地看着朱宸濠谋反不成？

孙燧安慰道："兄台莫急，我这个巡抚也不是吃干饭的，这几年，我也做了不少实事。均征赋，饬戒备，实仓储，散盐利，慢慢削除不利于朝廷的赋税；以防盗为名在进贤、南康等地修建新城，并在九江这一兵家重地增设防备；还以讨贼为名，把卫城兵库内的武器都调派到了外地，这样就能避免朱宸濠起兵时抢劫南昌武库。"

"早做防备，这样甚好。"

"如果朱宸濠造反，即使我灭不了他，也会因为我的安排延缓他进兵的速度，最终为朝廷所灭。"

"最好还是朝廷能重视一下，否则仅靠我俩的力量是杯水车薪啊。"

"是啊，这也是最让我头疼的地方。"

与孙燧匆匆一叙后，王阳明又马不停蹄地回到了南赣。

虽然孙燧从中使绊，但阻止不了朱宸濠谋反的脚步——他正干得起劲，加紧了造反前的物质准备工作。他不仅四处劫掠军民财货物资，私制刀枪，日夜赶制火铳等火器，还派人秘密联络漳州、汀州以及南赣一带的少数民族一起起事。

朱宸濠密切注视着京城的动静，准备随时伺机造反。

鸿门宴

孙燧见情况紧急，多次上奏朝廷，大概有七次之多，内容都是急报朱宸濠有谋反迹象，但送书人都在中途被害。这更加说明朱宸濠不久就要采取行动了。孙燧急得如热锅上的蚂蚁，但由于朱宸濠本人是明廷皇亲近宗，只要没有确凿的证据证明他造反，孙燧就不能下手，只能等，等石破天惊的那一刻到来。

孙燧着急，王阳明也着急。朱宸濠虽然对孙燧没辙，无法把他拉入自己的阵营，但可以随时取他的性命。对于王阳明的心学和平乱功绩，朱宸濠也知晓一二，如果能把这个强人拉到自己这一边，那无疑又为谋反成功添加了砝码。于是，朱宸濠便邀请王阳明前来赴宴。

王阳明知道朱宸濠没安好心，他的酒不是那么好喝的，但王爷的邀请岂能说不去就不去？如果因为一顿酒结下梁子，那就太不值了。

鸿门宴，明知道是鸿门宴也得去。

当王阳明来到宁王府时，酒宴已经准备好了。李士实也在座。李士实先是大加称颂王阳明讲学的事情，接着对王阳明平乱的功绩赞不绝口。王阳明知道这些都是场面话、客气话，重要的话都在后面呢。

果然，李士实几杯酒下肚，便转入正题，道："宁王向来尊师重道，有王者气度。先生坚持恢复圣学真谛，宁王十分佩服先生的这种志气，所以想投在先生门下，命我前来说明此意。"

的确，朱宸濠也喜欢舞文弄墨，如果不是天天想着谋反，没准在中国文坛上

第十一章 背后的大人物

能留下一些印记。王阳明很清楚，这些不过是恭维的客气话，便开玩笑道："我哪有那么大的能量，宁王若真来赣州做我的学生，我着实受不起啊，折煞老夫了。"

李士实见王阳明不上钩，叹了口气，道："宁王真想做先生的学生，可惜他太忙了，忙着为百姓谋福利，为江山社稷呕心沥血。只是当今皇上总爱出巡，把国事置于脑后，这样下去，不得了啊，可惜没有汤武（商汤、周武王）。"

敢如此妄言当今皇帝，真是吃了熊心豹子胆了。

王阳明反驳道："即有汤武，也要有伊吕（伊尹、姜子牙）辅佐才行，你们差远了。"

见过狂的，没见过这么狂的，李士实刚想发飙，朱宸濠的一个眼神制止了他，他便笑着说："有汤武，便会有伊吕。"

王阳明道："有了伊吕，必有夷齐（伯夷、叔齐）。"

彼此用暗号对答，煞是机锋暗对。

王阳明知道朱宸濠是在摸他的底，想拉着他一起谋反。可他不吃这一套，便挑明了："国能否为国，百姓说了算。只要朝中还有忠臣，就很难变天。"

王阳明的这句话很有技术含量，没有明确回答自己到底站在哪一边。毕竟朱宸濠还没有反。明朝的王爷是惹不起的，万一他不反了，安心做王爷，和他的关系搞僵了，要想收拾自己还不是小菜一碟。

因为王阳明的态度不明确，所以朱宸濠把他当成墙头草，认为他还有拉拢的可能，便暂时没有加害他。宴席结束后，王阳明准备离开，为了不至于和朱宸濠闹僵，他做出了一个决定：让弟子冀元亨留下来为朱宸濠讲学。王阳明之所以这样做，目的有二：如果朱宸濠不反了，就让冀元亨好好给他讲学，以缓和自己与朱宸濠的关系；如果朱宸濠真反了，冀元亨还能做内应，提供朱宸濠的情况。

冀元亨，字惟乾，湖广承宣布政使司常德府武陵县（今湖南省常德市）人。正德十一年，乡试中举，从学于王阳明。他和徐爱一样，对王阳明忠心不贰，是王阳明非常看重的学生之一。

王阳明后来一直为自己的这个决定后悔，正是这个不经意间的决定害了冀元亨。

冀元亨到了宁王府后，朱宸濠为其所学所折服，厚赠了礼物，把他送回王阳明处。朱宸濠事败后，有人诬陷王阳明与他私通，朱宸濠并没有承认，只是说曾经与冀元亨论学。就是这一句话把冀元亨推到了绝境。

冀元亨被逮捕后，遭受了严刑拷问，但他始终不承认，遂被逮捕，入京师下诏狱。这一冤案被平反后，他出狱五天便去世了。

冀元亨死后，王阳明痛哭不已：自己与朱宸濠撇清了关系，却害了冀元亨，早知道这样，就不该让冀元亨去蹚浑水啊。这当然都是后话了。

等王阳明离开后，朱宸濠有些后悔了，后悔放王阳明回去。因为他觉得王阳明是个强人，这样的人要么为自己效力，要么把他赶得远远的，省得挡自己的路。就在朱宸濠琢磨着如何对付王阳明时，福建驻军中有人煽动士兵哗变，进贵州作乱。

警报传到京师后，兵部尚书王琼的心结一下子打开了。这个心结就是他耳闻宁王朱宸濠欲行不轨之事，必须要给他按个钉子，以备后患。由于他颇为欣赏王阳明，便对主事应典说："进贵事小，宁藩事大，我要调王阳明一行，借着进贵乱事，给他敕书（皇帝任官封爵和告诫臣僚的文书），让他调动兵马，相机行事。若他日有变，就不用担心呼应不灵了。"

机缘巧合，王琼的远虑促成了王阳明的福建之行，也是王阳明命不该绝。应典很是赞成，于是奏请赐敕王阳明，让他查处福州乱军。

正德十四年（1519年）六月，王阳明去福建处置兵变事宜。得知王阳明要走，朱宸濠非常高兴，撇开王阳明不管，专心干自己的造反大业了。

第十二章
宁王反了，再无回头之路

最终还是反了

宁王朱宸濠本来还有耐心，准备等朱厚照哪天出游时摔死再趁机举事。但太监张忠、江彬等人为了与钱宁争权，就想揭露朱宸濠谋逆之事，从而把与朱宸濠关系密切的钱宁搞下去。东厂太监张锐、大学士杨廷和都曾被朱宸濠贿赂过，怕日后事发牵连自己，也落井下石，一起上奏朱宸濠"包藏祸心，招纳亡命，反形已具"。

朱厚照坐不住了，他虽然贪玩，却也明白丢了江山社稷自己还玩个鸟啊，因此对这件事还是很重视的，立刻派太监赖义及驸马崔元等人携带敕书前往南昌，警告朱宸濠，并由内阁拟旨，着手安排削藩事宜。

这一切都瞒不过朱宸濠在京城的耳目，他们赶紧返回江西密报朱宸濠。

正德十四年（1519年）六月十三日是朱宸濠的生日。这天，他正在王府大摆酒宴，款待前来贺寿的大小官员。当听到朱厚照要收拾自己的消息时，他哪里还有心思开生日派对，赶紧找刘养正商议对策。

刘养正说:"这不正是我们想要的吗?别人的刀已经悄悄架到了我们脖子上,还犹豫什么,反吧。"

到了这种地步,已经没有其他路可走,否则只能坐以待擒。

朱宸濠一拍桌子说:"好,说干就干。"

刘养正建议:"趁江西省大小官员前来贺寿之机,杀掉不与我们同心的人,然后发兵起事,我们就胜券在握了。"

朱宸濠点点头,让刘养正着手准备造反前的工作。于是,刘养正等人连夜布置人马,在厅堂左右设下伏兵。

第二天一大早,众官来拜谢昨日的生日宴请。刚刚起身,突然从外闯进数百带刀兵士,把他们团团围住了。

众人惊诧不已:这是怎么回事,参加个生日宴会,派这么多兵来做什么?

这时,朱宸濠起身高声宣布:"正德(指武宗)是孝宗皇帝从民间捡来的孩子,没有皇家血统,太后密旨,让我起兵讨伐朱厚照。事儿就是这么个事儿,你们看着办。"

这爆料爆得太猛了,一时间大家都搞不清是真是假,便开始交头接耳,议论纷纷。

孙燧早就知道朱宸濠有反心,如今终于要动手了,却找了这么个荒唐的理由,骗三岁小孩呢?他上前责问道:"空口无凭,太后的密旨在哪里?敢让我们大家看看吗?"

朱宸濠一愣,没想到孙燧会这样质问,让自己下不来台,早知如此,就应该早点把他给办了。他略一思索,扬脖高喝:"不必多言,我今欲往南京,你去保驾吗?"

孙燧瞋目骂道:"天无二日,臣无二君,我是不会和你一起谋逆的。"

朱宸濠大怒,下令左右卫士把孙巡抚绑成粽子,然后进入内殿换上戎装,亲手折断了孙燧的右臂。

见朱宸濠如此凶残,众人连大气都不敢出。

这时,按察司副使许逵实在看不过去了,大呼:"孙都御史是国家的大臣,你们敢擅杀大臣,要反了吗?"同时,他扭头顿足对孙燧说:"我说先发制人吧,你偏不,如今受制于人,后悔无及啊。"

第十二章 宁王反了，再无回头之路

"又一个不怕死的。"朱宸濠冷笑道，命左右把许逵也绑了。

"跟我走吧，否则你活不过今日。"

"呸，我只有一片赤心，岂会跟你这个反贼穿一条裤子？"

朱宸濠大怒，命人把他们二人押往南昌惠民门外斩首。

许逵临死前，还痛骂道："今日贼杀我，明日朝廷必杀贼。"二人临刑不屈，咒骂不止，城中百姓看到这种情景，无不流泪叹息。

那天，天空本来烈日炎炎，忽然被黑云遮住，暗淡无光，也许连老天也在惋惜吧。

朱宸濠不在乎这些，既然说开了，就不怕多杀几个，多关几个。于是他一不做二不休，把众官中一向与自己不对付的十多人全部关入大牢。这下，他没了后顾之忧，可以一心一意地搞他的造反大业了。

朱宸濠于是令刘养正草檄，传达远近，革去正德年号，目标直指武宗朱厚照。还授刘养正为右丞相，李士实为左丞相，参政王纶为兵部尚书，总督军务大元帅。

朱宸濠四处收兵，夺船顺流，进攻南康，知府陈霖吓得逃跑了。接着，转攻九江，守城的将士也选择弃城而逃。就这样，在很短的时间内，数城俱陷，朱宸濠的起兵震惊了大江南北。

疑兵之计

朱宸濠的造反事业搞得红红火火，那么，王阳明此刻在做什么呢？他正在前往福州的路上。不久的将来，他将成为朱宸濠前进路上的一颗无法拔掉的钉子。

当王阳明的官船一路北上，行到丰城县时，距离朱宸濠的大本营南昌只有一百里了。这时，丰城知县已经得到朱宸濠谋反的消息，便赶紧跑来告诉王阳明。

王阳明虽然非常痛恨杀害孙燧并发动战争的宁王，但没有昏了头脑。"知行合一"的哲学智慧告诉他，仅仅有平叛的志向是不够的，还要有平叛的实力。在自己不够强大到与对手抗衡时，绝对不能轻举妄动。

另外，丰城知县还带来一个坏消息，那就是宁王开出高价悬赏王阳明的人头。看来，危险警报还没有解除，王阳明随机应变，立刻易服改装，悄悄来到临江。

王阳明虽然是文臣，但通晓兵法大略，知府戴德孺听说王阳明来了，心里乐开了花，赶紧出来迎接，急得连鞋都穿反了。因为临江距南昌不远，叛军朝发夕至，王阳明就是救星，自然让戴知府欣喜若狂，顾不上注意自己的形象了。

既然救星王阳明在危难之际来了，戴知府自然是好话说尽，苦苦挽留，希望王阳明坐镇临江，帮自己渡过难关。

"王大人和我一起防守临江吧。"戴知府近乎是在哀求。

王阳明很坚决地摇了摇头，说："临江靠近大江，且与省会南昌很近，地处南北交通要道，易攻难守。再说，我还要回吉安调集人马，整顿防务，抵御叛贼，临江的防务重任就交给你了。"

"王大人晓畅军机，料敌如神，如今叛军随时都会攻来，我该如何应对？"

"朱宸濠出兵无非有上中下三策：上策是直趋京师，出其不意，江山社稷就危险了；中策是直趋南京，则大江南北一时会被他占据；下策是只据守江西省城，不越雷池一步，他日王师齐集，四面夹攻，可一举擒灭他。"

王阳明的确是料敌如神，分析得头头是道，他走的时候说如果临江有难，一定会出手帮忙。戴知府知道这不过是客气话罢了，真到了火烧眉毛的地步，谁还顾得了别人？

如今，戴知府只能祈祷朱宸濠要么北上，要么窝在南昌不动，千万别来自己的地盘溜达，否则凭借临江的兵力，自己真是无法与他抗衡啊。

王阳明让戴德孺不要急，是因为他已经心中有数，他觉得还是先抛几个烟幕弹，迷惑一下朱宸濠。首先他派人在通往北京、南京的要害处设置疑兵，接着找人赶写假公文，内容是：奉朝廷密旨，知道宁府将要叛乱。现两广总督、湖广巡抚以及两京兵部已经集结十六万人向南昌急进，望各地方官配合伏击叛军。然后故意让宁王的手下人捡到，弄得像真的一样。

王阳明的疑兵之计起了作用，南昌城内惶惶不可终日，都以为官军很快就会兵临城下。而朱宸濠果然中计，在城里窝了半个多月，不敢出兵袭击，这就给王阳明留下了足够多的时间应对这场危机。

第十二章　宁王反了，再无回头之路

恐怖的防守者

王阳明见朱宸濠被唬住了，便立即转赴吉安。吉安位于江西中部，易守难攻，交通便利，又是王阳明曾经战斗过的地方，他对这里再熟悉不过，便决定在此地举起平叛的大旗。

船行过半，吉安知府伍文定率兵前来迎接。

伍文定，湖北人，出身于官宦世家，明弘治十二年（1499年）进士。任常州推官时，魏国公徐佣与民争田，他秉公断案，雷厉风行，被人称为强吏，犯罪分子见了他都要绕着走。现在任吉安知府，即将成为王巡抚最为得力的助手。

吉安是盛产讼棍的城市，百姓历来都不安分，这次宁王造反，吉安的无赖们又像打了鸡血似的活跃起来，煽动群众，趁乱滋事。这让伍文定颇为头疼，听说老上级要抵达吉安，便迫不及待地前去迎接。

王阳明在吉安的余威还在，他的到来让无赖们彻底老实了。

"王大人好，属下是吉安知府伍文定，吉安的百姓听说您要来，一下都老实了。"

"伍大人客气啦。"

伍文定也不跟王阳明客气，没有过多的寒暄，直奔主题："王大人是否准备平叛？"

"当然。"

"那我就恭喜大人了，宁王的名声一向不好，大人众望所归，建功立业，必定在此一举！"

各自表明态度后，接下来就该组织平叛了。王阳明在吉安成立了平叛指挥部，召开了第一次军事会议，又自任平叛军总司令。

王阳明说："宁王若带兵出长江，顺流东下，南京就保不住了，我已经定下计策，让他不敢东行。十日以后，各军调集，那时可战可守，平叛便不足为虑了。"

伍文定道："宁王暴虐无道，成不了大事，有王大人在，我们就不用担心什么了。"

王阳明道："古人说的临事而惧，好谋而成，现在发兵伊始，须先备粮食，修器械，治舟楫，一切办齐，方免仓皇。"

伍文定道："王大人说得对啊，我愿效力，有什么平叛良方吗？"

王阳明道:"我们假装在各个城府坚守不出,宁王不久就会集大兵自南昌出发,我等立刻发兵收复省城南昌。宁王听到老巢被攻击,肯定会回兵援救,我们恰好集结兵力在他回军途中来个突然袭击,这是全胜之道。"

伍文定道:"此计甚好。"他对王阳明的钦佩之情油然而生。

这时,在北京的兵部尚书王琼接到宁王造反的消息后,对自己当初安排王阳明这枚棋子颇为得意,他对众人宣布:"有王阳明在,大家不用担忧,不久就会有捷报传来。"

而朝廷得知朱宸濠造反的消息后,颇为震怒,根据江彬等人的建议,很快就逮捕了钱宁、陆完等人,下狱抄家。同时,革除朱宸濠王爵,命令南方诸省官员配合王阳明剿灭叛军。

就这样,吉安附近的大小官员、军队从四面八方赶赴而来,总共集结了七八万人,只等王阳明一声令下,便可举旗平定叛军。

再看朱宸濠,他怎么就那么轻易上当呢?其实,朱宸濠扛起造反的大旗后,李士实与刘养正天天怂恿他早日攻打南京,朱宸濠也颇为心动,正要着手发兵时,突然收到一封蜡书,打开一看,不禁大惊失色。

原来这封蜡书是王阳明秘密写给李士实、刘养正两个人的,内容是:"两公有心归国,甚是钦佩,现已调集各兵,驻守要害,专待叛酋东来,以便掩击,请两公从中怂恿,使他早一日东行,即早一日歼灭。将来论功行赏,两公要算巨擘呢。"

这其实是王阳明使的反间计,但朱宸濠不知道,还以为李、刘二人私通王阳明要出卖自己,便悄悄把书信藏了起来,对于他俩说的话便不再相信了。结果,李士实和刘养正磨破了嘴皮子也说服不了朱宸濠发兵,他们除了叹息还是叹息,只能眼睁睁地错过大好时机。

朱宸濠在南昌宅了十多天,既不见大军南下,又不见王阳明北上,天天看着几个心腹干瞪眼,越想越不对劲,等看到了真正的朝廷诏书后,拿出那封蜡信左看右看,一下子清醒过来,知道中了王阳明的诡计。他追悔不及,赶紧请李士实、刘养正前来商议。

两人仍依然不改初衷,劝朱宸濠急速东行,直取南京。朱宸濠听言,仅留数千人守南昌,他自己与刘养正、李士实等人率领六万人,号称十万人,分五路出鄱

第十二章　宁王反了，再无回头之路

阳湖，蔽江而下。

奇怪的是，所有妃嫔、世子、侍从等都载舟从行，真搞不懂，这是要打仗，还是要搬家。也许朱宸濠在表示一种决心，不拿下南京，誓不罢休，就如同当年的陈友谅一样，摆出了一副决战的姿态。

造反大军的船队行到安庆后，只见城门紧闭，城内静悄悄的，难道是守城的兵将都逃跑了？不应该呀，为何城门却紧紧关闭了呢？难道有埋伏？朱宸濠下令投书城中，试图招守城的官吏出来投降。

突然，城头一声鼓响，只见旗帜飞扬，守城的士兵齐刷刷地出现在城头。都督佥事杨锐、知府张文锦、指挥崔文三人站在最前面，都是满身甲胄，八面威风。

三人齐声道："反贼，若敢来攻城，就让你们死无葬身之地！"

朱宸濠也高声喊道："本王奉太后密旨，亲自讨贼，并非造反，尔等快快开城出降，可免一死！"

知府张文锦道："我等奉皇上的命令，守土抚民，你若认罪，束手受缚，我等好替你求情宽大处理。如果执迷不悟，就让你身首分离。"

朱宸濠大怒，即刻下令攻城。

顷刻间，城上矢石雨下，攻城的兵将被射伤射死者无数，连朱宸濠的盔缨也中了一箭，险些被射破头颅。朱宸濠赶紧下令暂停攻城。第二天又发兵攻城，但城内的防卫依旧坚挺，朱宸濠的队伍从早晨一直攻到晚上，也没什么进展。

由于安庆城防坚固，再加上全城将士与城共存亡的决心，朱宸濠接连攻打数日，没能再前进半步。他不觉叹息道："连一座安庆城都攻不进去，攻打金陵，谈何容易啊。"

可见，吼一嗓子，举起造反的大旗很容易，但真正要攻城略地，改朝换代，就不是那么容易的事了。

眼见攻城无望，朱宸濠便想曲线救国，他找来一个叫潘鹏的投降官员，让他进城劝降。朱宸濠觉得潘鹏是安庆人，看在老乡的份上，城内的守军应该会给几分面子。

都带着军队堵自家家门口了，还谈什么老乡情分？潘鹏不傻，他知道此行必定是九死一生，但领导的命令还是要执行的，无奈之下就派了一个亲戚拿着招降书进城招降。

崔文看也不看，就撕碎了招降书，拔剑在手，将来使砍成了两段，并割下他的脑袋，将其扔出了城外。两军交战，不斩来使，这崔文太残忍了吧。

朱宸濠不死心，又令潘鹏到城下喊话劝降。崔文走上城头，道："你食君禄，受君恩，却甘心为反贼卖命，你不配与我讲话。"

潘鹏还想说什么，还未等他开口，断胳膊断腿便向他飞来。原来崔文割了来使的脑袋还不解气，竟然又开始碎尸，还一样样地丢下城楼示众。

这太恶心，太恐怖了。

崔文却得意扬扬，在城头高喊："反贼你要当心了，你日后只会比这个更惨。"

潘鹏异常气愤，刚骂了几句，就见城上绑着数十人，这些人都是他在城内的亲戚。看到这里，他在心里惊呼：天啊，用不着这么疯狂吧！

只见张文锦对城下的军士喊道："你们都是朝廷兵士，朝廷也待你们不薄，为何要为叛贼效力？大逆不道，罪至灭族。这些人是叛奴潘鹏的家属，今日就为鹏受罪。"说完就喝令左右，把潘鹏的亲戚枭首示众。

潘鹏眼睁睁地看着亲戚一个接一个地被杀掉，当即吐血晕倒。

这两位守城大人如此狠毒，让城外的叛军毛骨悚然，心惊胆战。十几天过去了，朱宸濠仍然只能站在城外远远地眺望安庆，他急得团团转，想攻下安庆城，真不是那么容易啊。

我老王又回来了

再看王阳明，得报朱宸濠率领大军攻打安庆后，马上召集众官商议对策。

众人认为，安庆是长江下游的门户，如果被攻克，则南京危在旦夕，所以当务之急是去救被围困的安庆。

但王阳明不改与伍文定定下的计策，坚持攻打南昌。众人一下炸开了锅。因为朱宸濠造反准备多年，南昌是他的老窝，守备自然十分严密，一时很难攻下来。如果发兵救援安庆，抄朱宸濠的后路，与安庆守军前后夹击，一定能击溃朱宸濠的军队，到时候南昌也会不攻自破，这是一举两得的事情啊。

王阳明耐心地对大家讲道："如果去救安庆，我军训练不足，长途奔袭，一

第十二章　宁王反了，再无回头之路

定会遭到朱宸濠围点打援，在半路被截杀，那时南昌守军再倾巢而出，首尾夹击，我军就危险了。"

众人似有所悟。

王阳明接着说："宁王志在南京，这次精锐尽出，南昌守备一定非常空虚，想拿下南昌并不难。宁王听到南昌危急，哪肯坐失巢穴，势必还兵自救，安庆便可撤围。等他到了南昌，我军已经把南昌夺下，宁王首尾不能相顾，必为我擒！"

所谓知彼知己，百战百胜。这招围魏救赵，确实很妙，王阳明你太有才了。

不过，问题的关键是，王阳明能否在朱宸濠回援之前拿下南昌，还有就是安庆的守军是否给力，能尽可能久地牵制朱宸濠的兵力。

这次，王阳明又可以把心放在肚子里了，因为南昌的守军没有想象中的那么强悍，防守薄弱；而安庆的守军比想象中的要强悍的多，不论宁王如何玩命，就是无法登上安庆的城头，更不要说攻打南京了。

攻打南昌已经是板上钉钉的事了，这就是王阳明的决定，鉴于他一贯和别人的看法不同，所以大家也不怎么吃惊，只好不折不扣地执行命令，谁让他是全军统帅呢。

正德十四年（1519 年）七月十九日，王阳明正式起兵。他向江西全境发布勤王军令，并率领八万多人，逼近南昌。七月二十一日，大军便到达南昌城外。

站在城外，王阳明眺望着这座坚固的城池，感慨万分。一个月前，他几乎是夹着尾巴从这里逃走的，如今他又回到了这里，兵强马壮，已非昔日可比。

南昌，我来了，该做个了结了。

按说到了这个份上，就该动手打了，毕竟对手是不会大开城门，迎接你进城的。可王阳明的想法很独特，不来点邪的，他是不会罢休的。

王阳明命人将平叛的檄文绑在箭上，射入城中，让城中的老百姓关好自家房门，安心睡觉，无论听到什么响动，都不要出来多管闲事，也不要因为害怕逃跑躲藏，以免误伤。这是在分化瓦解敌人，让老百姓分清是非，不要站错了队伍，否则后果很严重。王阳明这样做是为了减小攻城的难度。

守军将士本来见城下那黑沉沉的一片军队，心里就已经发虚了，这一招更让他们惊慌失措。眼见王阳明的军队就要攻城了，却不见朱宸濠的影子，这南昌城能守得住吗？他们心里不禁打起鼓来。

王阳明要用最小的代价换取最大的胜利，在扰乱敌人心智后准备开始攻城。在战前动员会上，王阳明黑着脸下了死命令："这次攻城，由我亲自督战。一鼓令下，靠近城墙；二鼓令下，开始登城；三鼓令下未登城者，杀无赦；四鼓令下未登城，斩杀队将。"

众将士见这是要玩命啊，便抢着表决心，誓死拿下南昌城。

接着，攻城的序幕拉开了。各军整顿攻城的器具，携带云梯到了城下。霎时间，鼓声大震，各军嗷嗷叫着冲到城下，把云梯架了起来，等到鼓声再响，都顺梯齐上，奋勇攀城。城上虽然有不少守卒，抛下矢石无数。但官军个个拼命攀爬，前仆后继，全然不顾头上砸下来的石头和飞来的箭雨。等第三通击鼓后，各军已有半数入城，开了城门，王阳明的大军便大踏步入城，如入无人之境。

南昌城轻易就被攻了下来，这出乎王阳明的预料，但他却没有半点放松，因为真正的对手宁王朱宸濠还没有露面，如今攻下了他的老巢，他必定会发飙的，必须做好接招的准备。

军队进城虽然没有遇到什么大的阻力，但麻烦还是不断。因为时间有限，王阳明集结的队伍有很多是流氓强盗出身，这些人习惯了打家劫舍，到了南昌城内便露出了本性，干起了放火打劫的老本行，把军队军纪都丢到了脑后。最可气的是，他们把宁王宫殿也一把火给点了。

王阳明大怒，发布安民告示，并严申军律，不准骚扰百姓，还抓了几个带头抢劫的斩首示众，安抚民心，并封存了府库的金银财宝，这才稳住了局势。

南昌城安定了下来，这下就等宁王率兵前来攻城了，王阳明下令军队严阵以待，绝不能有半分马虎之心。

再看朱宸濠，得知王阳明带兵进攻南昌的消息时，他正在赶往南京的路上。这是刘养正和李士实的建议。因为安庆的守将太强悍，久攻不下，他俩便提出直取南京的主张：攻下南京，就可以即位称帝，那时传檄天下，大江南北较容易平定，江西自然也会顺服。这是王阳明提到的中策。

自己的老巢兵力防守薄弱，若不回援，铁定会成为王阳明嘴里的肥肉，但刘养正和李士实坚持大军向南京挺近，只有攻下南京称帝，才能吸引更多的人加入造反的队伍，才有希望攻进北京城，否则这次造反必定会以失败告终。

第十二章　宁王反了，再无回头之路

朱宸濠犹豫了，相对于保卫南昌来说，攻下南京诱惑力更大，便决定继续前进，等攻下了南京再回过头来收拾王阳明。

不久，南昌被攻陷的消息传入了朱宸濠的耳朵里。老巢被端，这是莫大的耻辱，再说南昌是他经营多年的地方，有数不尽的金银财宝，不能就这样落入王阳明的口袋。

虽然属下极力反对回师南昌，但朱宸濠说："南昌是我的大本营，金银钱谷，积储很多，如果我们失去了这些积储，军费从哪里来？现在必须回南昌，重新夺回根据地，然后再说别的。"

就这样，目光短浅的朱宸濠不再听从刘养正和李士实的建议，下令大军后队变前队，回师南昌。

这正是王阳明希望看到的结果，如果朱宸濠继续向南京挺近，并攻下了南京，就会造成恶劣的影响，这次平叛还真有些麻烦。如今朱宸濠向自己来了，这就注定了他的造反路走到了尽头。

既然起兵平叛，那么朱宸濠这个人是绕不开的，迟早是要面对的，如今他率领大军舍弃南京，还攻江西，真的来了。

那好吧，让我们一较高下，看看谁能笑到最后。

朱宸濠的大军就要来了，自己的部队也是临时拼凑的，战斗力比不上正规军，在南昌发生放火抢劫事件就说明了这一点。既然如此，那就不能硬拼，应该借助有利地形打个防守反击战。

有人建议："宁王的兵力强盛，又是带着复仇的愤怒而来，我们的援军还未到，势单力薄，不如凭借南昌的坚固城防坚守，以待四方之援。即使援军不能及时赶到，等他在城下粮尽援绝，也一定会自行溃败，那时我们就可以把他们一举歼灭了。"

王阳明却说："大家又说错了，宁王的兵力虽然强盛，但以威劫众，所到之处放火抢劫，不得民心。他的队伍还未遇到旗鼓相当的势力交战，所谓的兵强马壮，不过是徒有虚名，不足为惧。他的部将本来想等他称帝后取得富贵，如今进展不顺，又丢了老巢，没了根据地的他进无可进，退无可退，军心已经开始动摇了。而我军气势正旺，如果乘胜攻击，宁王的部队就会不战自溃！"

大家已经见识了王阳明的神机妙算，他总是能从不同的角度分析战事。跟着老王走，是不会错的。

王阳明握紧了拳头，暗道：就到此为止吧，朱宸濠，让我来终结你的造反之路，这一切该画个句号了。

人为财死，鸟为食亡

既然决定要重新夺回南昌，那就不能再迟疑犹豫了，朱宸濠随即督率将士登船，溯江而上，直抵扬子江口。他先派遣精兵二万作为先锋逼近南昌，自己率领大军殿后。

二十四日，就在朱宸濠的先锋部队到达鄱阳湖黄家渡时，王阳明也带领主力部队赶到了这里，在对岸扎营，摆出决战的架势。

此时，朱宸濠的军队来回奔忙做着无用功，而王阳明的军队在南昌城里休息了三天，正憋足了劲儿要和叛军一较高下。以逸待劳，王阳明已经占得了先机，朱宸濠的疲惫之师注定不会有好果子吃。

还记得，至正二十三年（1363年），朱元璋与陈友谅在鄱阳湖决战，大获全胜，为夺取天下奠定了坚实的基础。一百五十二年后，这里即将再次燃起战火，不同的是，这是一场正义和邪恶的战争，战争的胜负将决定无数人的命运。同时这也是一场书生对流氓的战争，没有什么仁义道德，谁的手段硬，心肠狠，谁就能掌握战争的主动权。

双方都已经集结完毕，只等一声号令，便要举起刀枪，开始厮杀了。

奇怪的是，整整一天，双方都没什么动静，湖岸一带寂静无声，气氛压抑得让人喘不过气来。

当时，正值酷暑，蚊子又多，朱宸濠的士兵们一个劲儿地抹汗拍蚊子，有的开始骂骂咧咧：要打就痛快地打，在这里猫着算个什么事儿？老子还想发大财呢。

朱宸濠捉摸不透王阳明在玩什么把戏，不敢贸然进攻，焦急地等待战机的出现。在快近傍晚时，只见湖面上出现了几艘战船，船上插着伍字旗号，大摇大摆地来回游弋，这是伍文定的船队在恶心朱宸濠。

靠，别忘了，南昌是老子的地盘，你既然敢出来，定让你有来无回。

朱宸濠立即下令让先锋队前去攻击，灭了这不知天高地厚的伍文定。先锋队

第十二章　宁王反了，再无回头之路

得令后，驾驶战船，顺风顺势，扑向伍文定的船队。

伍文定不是闲着没事来敌营面前溜达，他是奉王阳明之计前来引诱敌人上钩，朱宸濠作战心切，果然上钩了。

伍文定依着诱敌的秘计，佯装交战几个回合，便下令掉转船头逃跑，一逃一追，逃得很急，追得很猛。

伍文定貌似寡不敌众，节节败退。但他是王阳明的主力，岂会这么轻易就败走，这说不过去啊。但朱宸濠被表面的现象迷惑了，以为胜利女神正在向他招手，也率众跟进，妄图借势攻入王阳明的大本营，夺回南昌。只是两军相隔较远，中间有很大的空当。

这是兵法大忌啊，如果王阳明派一队人马从半路杀出，那么朱宸濠的军队首尾不能相顾，必定死伤惨重。

其实，这正是王阳明定的计策，他认为不能和敌人硬拼，故意派出伍文定率军诱敌深入，然后趁夜色分割包围敌人，一块一块地吃掉敌人。

看着伍文定军"节节败退"，朱宸濠以为自己就要大获全胜，非常得意。突然，他发现自己的军队陷入混乱，心里便开始打鼓，莫非又中了王阳明的圈套？的确是这样，他又上当了，等他醒悟过来时，已经太晚了。

他的身后响起了震耳的喊杀声——王阳明的伏兵从屁股后面杀了出来。此时前面的伍文定也不跑了，掉过头杀了回来。

这是要玩前后夹击啊，没什么稀罕的，老子就陪你玩玩，朱宸濠当即掉头迎接伏兵。

如果仅仅有这些招数，就太小看王阳明了。

朱宸濠还未全部摆开阵势，左右一声炮响，又杀出两路兵船，两翼官兵，把朱宸濠的船队拦腰截击，分割开来。

朱宸濠顾此失彼，战不多时，呼号惨叫声乱成一片，已经处于下风了。这时，前面的伍文定已经将前行的敌船清扫干净，又赶来助阵。

朱宸濠被四五路官兵夹击，哪里有还手之力，只好下令撤退，好不容易杀出一条血路，向东逃去。官兵赶了数十里，擒斩二千多人，夺得船械无数，方才收兵。

初次交手，就被打了个屁滚尿流，这王阳明太鬼了，朱宸濠不仅丢了面子，自信心也大打折扣，他率领军队退守鄱阳湖东岸的八字脑。

当夜，朱宸濠本乘舟夜泊，泊地名为"黄石矶"。朱宸濠见此处地势颇险，便问左右："此处叫什么名字？"左右大多数人都表示不知道，只有一小卒是饶州人，熟悉地形，上前答道："这地名黄石矶。"没想到朱宸濠大怒道："你敢讪笑我？"说完便拔出佩刀杀死了小卒。

大家都感到莫名其妙，怎么回答个地名也会被杀啊，这宁王难道疯了不成？不禁人人自危。刘养正进谏道："大王为什么杀死小卒？"

朱宸濠怒气未消，道："他说是王失机，怎么会这么巧？这不是明明讪笑我吗？"

刘养正道："他说的是黄石矶，黄色的黄，石头的石，并非是王失机啊。"

朱宸濠这才反应过来，知道自己太敏感，错杀了人，于是令军士把小卒的尸首掩埋了，叹息一声，便不再理会众人。

众人见朱宸濠打了败仗，心情不好，也就不再多言。

刘养正和李士实作为朱宸濠的两大谋士，在这种关键时刻必须要发挥参谋的作用。他俩也领教了王阳明的厉害，知道再这样打下去，也许连南昌的城墙也摸不到，就被王阳明给玩死了。留得青山在，不怕没柴烧，于是他俩异口同声地提出建议：撤退。

朱宸濠却摇了摇头，平静地说："这里是我的家，我是不会逃走的，宁可战死，也不后撤。"

的确，天下之大，莫非王土。一个造反者能逃到哪里去？如果失败了，等待他的只有一个结果——死。

刘养正和李士实沉默了，他们知道，逃跑只是权宜之计，终究逃不过一死。不论走哪条路，也难逃一死，那还不如战死，死得有尊严一些。

既然决定破釜沉舟，那就得想法和王阳明继续较量了。

刘养正道："事已至此，不必说了。现在只有振作军心，再图一战。若能战胜王阳明，夺回南昌，就没什么好忧虑的了。"

李士实道："我看将士们因为败了一次，多已泄气，必须想个办法鼓舞士气，才能再战。"

朱宸濠道："重赏之下，必有勇夫，我只要舍得花钱，就不怕打不败王阳明。"

第十二章　宁王反了，再无回头之路

众人纷纷点头，仿佛又看到了胜利的曙光。

朱宸濠是土豪，他不缺钱，准备拿钱来砸死王阳明。再看王阳明，虽然他有朝廷这个强硬的后台支持，但他手里没有大把的钞票，只能先开空头支票，许诺将士们在平叛后给予高官厚禄。不管什么时候，真金白银是最好说话的，这样看来，王阳明似乎略逊一筹。

朱宸濠拿出自己积聚多年的财宝放在那些见钱眼开的强盗土匪面前，大声宣布："明日决战，大家一定要全力杀敌！带头冲锋之人，赏千金！阵前受伤的人，加给百金。"

那些属下们听到有大把的钱可以拿，个个喜笑颜开，纷纷摩拳擦掌，表示愿意拼死作战。

人为财死，鸟为食亡。不过，这钱真是好东西，要不然也不会有这么多人为朱宸濠卖命，也不会有那么多人为了钱丢了性命。

朱宸濠知道这是一场事关生死的战斗，所以把所有的资本都押了上来，他同时下达了一道命令："让防守九江、南康的部队立刻赶来增援！"

南昌丢失后，九江和南康是朱宸濠仅剩的两个据点，如果连这最后退路也堵死了，看来他真是要跟王阳明玩命了。可他还是晚了一步，因为王阳明已经派兵攻打九江和南康了。

在重赏的诱惑下，朱宸濠手下的亡命之徒个个眼睛瞪得血红，恨不得马上把王阳明碎尸万段，以便领到巨赏。

好了，你王阳明再有计谋，遇到不怕死的，看你还有什么能耐！

七月二十五日，双方都在摩拳擦掌，鄱阳湖大战一触即发。

朱宸濠率领大军扑向王阳明的大本营，先锋伍文定远远就看到了敌军，一片白帆竟和水天融为一体，看不到边际，看来，朱宸濠是全军出动，要决一死战啊。也好，干脆一勺烩，省得麻烦。

伍文定下令摆开阵势，做好了迎敌的准备。

朱宸濠的将士嗷嗷叫着向官军扑来，伍文定发现他们与以前大不相同，刀枪并举，炮铳齐发，锐不可当，而且个个好像刀枪不入，根本就不把官军放在眼里，像疯了一样，猛冲猛砍。

官军一时没有适应这种不要命的打法，竟然被杀伤数百名，还渐渐呈现溃败之势。

伍文定眼见情况危急，便登上船头，拔出佩剑，砍死了几名临阵退缩的兵卒；接着把令旗一挥，率领各战船，向朱宸濠的船队杀了过去。

当时，战云密布，炮声不断，拳头大的火星不断飞入伍文定的船中，把他的连鬓长须烧去一半。伍文定毫不胆怯，仍然挺身矗立，督军死战。退却的官兵见主将都不要命地死战，个个抖擞精神，重新投入战场。当下将对将，兵对兵，枪对枪，炮对炮，酣战多时。就这样，局势终于被稳定了下来，官军逐渐占据上风。

王阳明见反击的时刻已到，命令大小战船全部出动，一举歼灭敌人。就在此时，湖中突然传来巨响。大大小小的石块、铁弹从天而降，王阳明的船队被打了个措手不及，损失惨重。

原来，朱宸濠也不是吃素的，眼见情势不妙，便亮出了王牌炮舰，向王阳明的船队开炮，进行火力压制。

这种装备有弗郎机、火龙出水等各种火炮、火箭的战船是当时最厉害的武器，朱宸濠为了造反花巨资打造了屈指可数的几艘。现在终于发挥作用了，不仅有很强的杀伤力，震耳欲聋的爆炸声也几乎让人心胆俱裂。

伍文定的座船不幸被火炮炸开了一角，但他仍然立在船头，奋力撑橹，毫无惧色，指挥大家拼死一战。

战争的惨烈程度超乎王阳明的想象，他本来站在座船的箭楼上观战，现在却心有不忍，默默地闭上眼睛。他知道所有的战斗都是心战，拼的不仅是实力，还有耐力。只有拥有坚强信念的一方才能取得最后的胜利。

朱宸濠的炮舰再厉害，但弹药总有射完的时候，眼见弹药越来越少，而战争的走向还不明朗。他急了，一急就乱了分寸，竟然拨船突阵，也想学伍文定，提提士气，一举击溃官军。

朱宸濠太小看王阳明了，以为对方没有炮舰。其实，王阳明不是没有炮舰，而是不到关键时刻，绝不向对手亮出底牌，等辨清了朱宸濠的座船后，便一齐开火。其中一炮正中朱宸濠的座船，把船头击得粉碎。

朱宸濠被炮声震得双耳轰鸣，眼前的景象开始摇晃起来，模糊不清。他的座船顷刻间便陷入到一片火海之中。

第十二章 宁王反了，再无回头之路

等朱宸濠再次清醒时，已经被手下转移到了另一条大船上。看着混乱被动的局面，他一声长叹，下了撤退到鄱阳湖樵舍的命令。

兵败如山倒，朱宸濠仓促撤退后，没来得及撤退的叛军被俘虏了两千多人，落水溺亡的也不计其数。伍文定打扫战场后，向王阳明做了汇报，预备进行最后的决战。

决战鄱阳湖

接连吃了两次败仗，说明这不仅仅是运气的问题，朱宸濠郁闷极了。他想，如果他也有伍文定这样的猛将，别说南京，就是北京也一定能打下来。看看自己手下的一群亡命之徒，只是见钱眼开，哪里有半点为兵为将的样子。

唉，造个反怎么就这么难啊。

如今，败局貌似已定，再打下去，也不过是做一番挣扎罢了。虽然预见了自己的结局，但朱宸濠还是够男人，他没有气馁，更没有逃跑。他既然举起了造反的大旗，就要像个爷们儿一样站着走完最后一段路。

虽然朱宸濠的勇气可嘉，但他的做法就让人大跌眼镜了。他竟然下令让人连夜将战船用铁锁连接到了一起（连舟为方阵），真是蠢到家了，即使他没有看过《三国演义》，怎么也听说过火烧赤壁吧。

当时正是七月，湖面水草丛生，遇火就着，朱宸濠这样做不是让自己死得更快一些吗？朱宸濠先生，这辈子你算是白瞎了，下辈子一定要好好学习，用心读书啊。

朱宸濠忙活了一晚，王阳明也没闲着，等搞明白了朱宸濠的意图后，他忍不住笑了，因为他知道自己想不赢都难了。既然朱宸濠给了自己取胜的机会，自然要牢牢抓住，一举击溃对手。

王阳明急忙派人给伍文定送去一封书信，内容只有四字：急用火攻。

伍文定看后道："王大人和我想到一块儿了，我也正有此意。"他命人准备了柴火和船只，议定埋伏夹击等计策，让余恩、邢珣、徐涟、戴德孺等分道并进。

正德十四年（1519年）七月二十六日，朱宸濠早早地起来，召集骨干开战情总结会。他的情绪非常激动，痛斥了那些不顾同伴、贪生怕死的败类，还准备拿几个只领钱不办事的哥们儿开刀，以儆效尤。

底下的人不乐意了，跟着你造反本就是把脑袋别在裤腰带上的事儿，如今没有战死，倒要被你弄死，这太不地道了，于是吵吵嚷嚷地争辩起来，你推我诿，吵个不停。

想要收拾几个不听话的盗贼，却是这般结果，这还有什么军规军纪可言。当初收罗一伙流氓盗贼造反，真是个天大的错误。

就在大家吵嚷不休时，外面传来惊呼："着火啦，着火啦。"

朱宸濠大惊失色，赶紧出来查看。只见前后左右，全是炎炎烈火。此时江上秋风大作，火苗向四面八方乱窜，就是想灭火，也来不及了。

这正是王阳明的杰作，官军兵分四路，发动了最后一轮攻击：邢珣负责左翼，戴德孺负责右翼，另一路由余恩率兵绕到樵舍后面切断后路，伍文定扮演黄盖的角色准备火烧敌人的战船。

接下来的情节就老套了，和火烧赤壁如出一辙。伍文定点燃船只发动火攻，风助火势，把敌船尽数引燃，总攻发起后，敌军开始溃退。但结局有些不同，朱宸濠没能像曹操那么幸运，逃得一命，不过他也没想着逃跑。

朱宸濠在船头上，痴望多时，只见官军越杀越勇，已经杀到了眼前，自己的部下纷纷投水，毫无抵御的能力。他不忍心再看这场屠杀了，便默默地走进了娄妃的船舱。

娄妃，名素珍，上饶信州区人，明代女诗人、书法家。祖上是被誉为"名儒高足，心学前驱"的著名理学家娄一斋。她博学多才且很有政治见地，是朱宸濠的正妃。当她洞察到宁王朱宸濠欲反，曾多次泣谏劝阻，但没有成功。

如今眼看就要败北，朱宸濠想起了夫人曾经的劝谏，后悔万分，便想见见娄妃。他拉着娄妃的手，哭道："商纣因听妇人之言而亡国，我因不听妇人之言而亡。"

娄妃见自己的男人在关键时刻如此软弱，便挺身站起道："妾曾劝谏殿下，不要负了国恩，殿下不听，才有今日。罢了，殿下负了皇上，妾不忍心负着殿下。"

说完，便拿起笔，用血泪写成了《西江绝笔》，寄托了自己无限的悲哀：

画虎屠龙叹旧图，血书才了凤眼枯。

迄今十丈鄱湖水，流尽当年泪点无。

第十二章　宁王反了，再无回头之路

朱宸濠看着这首绝笔，不由得流下了热泪。早知如此，何必当初啊，当一个普通的藩王，其实也是不错的。

就在朱宸濠暗自伤心时，娄妃疾步来到船头，纵身跳入水中。朱宸濠赶紧喊人打捞，但左右除了熊熊燃烧的烈火，连一个随从也没有。这种时刻，大家都顾着各自逃命，自己身边竟然连一个靠得住的人也没有。

结果，只那么一瞬间，一个人便没了。

据传，娄妃投江后，她的尸体没有顺流而下，而是缓缓逆流到南昌。为了表彰娄妃的义烈和贤德，王阳明在南昌城边、赣江南岸修筑了一座娄妃墓，此后不少文人骚客都在这里题诗留念。

娄妃一走，朱宸濠更加孤单，与嫔妃一一泣别后，万念俱灰的他不禁仰天长叹："大势去矣，大势去矣！"

妃嫔们生死惜别后，料定难以逃生，知道造反被抓没什么好结果，便都陆续投水，向龙宫处报到了。其余的人或降或逃，作鸟兽散。

朱宸濠的几万人马转眼间便被打得七零八落，大家都各顾各的，根本就没人管朱宸濠，真是树倒猢狲散。

看着漫天火光和四散逃命的人，朱宸濠彻底丧失了抵抗的勇气，坐在船中发呆。官军从四面跃上船头，立即用最粗的铁链将朱宸濠父子捆缚停当，牵出船外，交给伍文定处置。与他同期被俘的还有丞相李士实，数百贼头等一干人。

此战下来，共擒斩叛兵三千多人，溺水淹死的就有三万多人，水上漂浮着被遗弃的衣甲器仗财物和数不清的浮尸，惨烈无比。

朱宸濠虽然有当年朱棣的野心，却没有他的能力，竟然上演了一场翻版的"火烧赤壁"，没文化真可怕，看来书还是要读的。

从起兵到失败，总共不过短短四十二天，但朱宸濠却用了十多年的时间来做准备。因为王阳明从中作梗，十多年的心血才毁于一旦。如果没有他，自己现在也许正在南京吃香喝辣呢。自己和他无冤无仇，他为何偏偏咬着自己不放呢？这个人太可恶了。

朱宸濠一行人被押上囚车返回南昌，军民聚集围观，欢呼之声震动天地。想想自己以前在南昌出行时，那是前呼后拥，威风极了，如今虽然还是骑着马进城，但身份已经变了，从原来的王爷变成了阶下囚，被人扔菜叶、丢鸡蛋，这落差真是太大了。想到这些，朱宸濠就更加痛恨王阳明了。

当朱宸濠被押解到王阳明面前时，他恶狠狠地问："这些都是我们朱家的家事，你何必如此费心？"（此我家事，何劳费心如此？）

"身为臣子，就要为君分忧，你造反，我就不能置之不理。"

"难道我还不如那个贪玩的皇帝？"

"为了权势和皇位，你杀死了孙燧，发动了不义的战争，害死了许多无辜的人，把百姓置于水深火热之中，你值得同情吗？"

看来在王阳明面前是得不到任何宽容和好处的，朱宸濠绝望了，既然硬的不行，就来软的，他用近乎哀求的口气说："王先生，我愿意削减所有护卫，做一个老百姓，可以吗？"（王先生！我欲尽削护卫，请降为庶民可乎？）

王阳明的回答十分干脆："有国法在！"

让王阳明徇私枉法，那比登天还难。何况朱宸濠现在的钱财已经被这场由他挑起的战争焚烧殆尽，他两手空空，没有任何资本与王阳明讨价还价了。不过，他还有一个请求，不是为自己，是为自己最深爱的人。

"真后悔当初没有听娄妃之言，才有今日的惨败。希望先生能派人打捞她的遗体，好生安葬。"

王阳明这回点头了。

朱宸濠了却了心事，便低下了头，不再多言，他知道等待着自己的将是什么。当要真正面对这个结局时，内心多少有些惆怅和不爽。想想自己昨日还是高高在上的反叛之王，如今却成了任人宰割的鱼肉。再回首，已经恍若隔世。

一个多月前，王阳明手无寸铁，孤身夜奔，是被人拿来悬赏的对象。他在逆境中发扬艰苦奋斗的精神，不等不靠朝廷，没想到，竟然平定了叛乱，名垂千古。

既然叛乱被平定了，战后重建工作也在有条不紊地进行着，一切本来都该结束了。然而，事实恰恰相反，一切才刚刚开始。

第十三章
威武大将军来了，激情上演的闹剧

御驾亲征为哪般

当初，宁王朱宸濠造反的消息传到京城时，百官都惊骇不已，有的甚至已经打包好行李，做好了随时开溜的准备。

兵部尚书王琼却很自信，因为有王阳明在南方坐镇，朱宸濠就翻不了天，他可以把心放肚子里。除了王琼，还有一个人表现异常，他就是皇帝朱厚照。他的第一反应是兴奋，除了兴奋，还是兴奋。因为他心底一直有一个巡游江南的梦想，如今，终于有借口去实现这个梦想了。

作为一国之君，听到有人叛乱，对于这种危及社稷江山的贼子，应该感到气愤才对，但朱厚照偏偏就是异类。他烦透了沉闷的皇宫和无聊的政事，梦想着能在广阔的草原上一展雄姿，开创不世之业。早在正德十二年（1517年），朱厚照一行就曾浩浩荡荡地去宣府巡游。

这次，大臣们看到朱厚照脸上的喜色，就知道皇帝又有歪点子了。果然过了不久，他就下达了亲征的命令，传旨内阁，略称：

宸濠悖逆天道，谋为不法，即令总督军务威武大将军镇国公朱寿，统各镇边兵征剿，所下玺书，改称军门檄。

御驾亲征要具备两个条件：一是有必胜的把握，二是万不得已。如今，朱宸濠发动叛乱，有王阳明在，他就蹦跶不了几天，这第一个条件满足了，可并不是万不得已的，所以皇帝就没有亲征的必要了。

明朝发生的土木堡之变，至今让大臣们心惊胆战，虽然过去很多年了，但朝臣听到"亲征"一词无不神经过敏。于是，无数大臣拼命上书，开始反复规劝，还推出了杨廷和，希望杨大人能阻止朱厚照的亲征行动。

但这次朱厚照没有退让，意志非常坚决，为了图个耳根清净，下旨"再言之，极刑"。

虽然皇帝下了死命令，但文臣有不同的见解，还是要上奏的。"文臣死谏，武将死战"素来被奉为帝制时代的典范。历史上有很多死谏的文人忠臣，比如比干、屈原、海瑞等。他们从大局出发，敢于在天子脚下冒死阐述自己的不同政见，最终落得个"因言获罪"的下场。虽然这种精神可嘉，但前赴后继式的死谏，让这些人成了帝制时代的陪葬品。

首先站出来的是刑部主事汪金疏陈"九不可"，且劝解皇帝不能沉迷酒色不能自拔。但朱厚照不以为然。一个人死谏不管用，那大家一起来吧，法不责众，就不信拉不回朱厚照这头倔驴。

结果，一百多人伏阙痛哭，朱厚照知道这些大臣们没有坏心眼，无非就是死脑筋，转不过弯来，也就不当回事，等哭累了，他们自然也就回去了。但江彬故意添油加醋，说这些大臣太可恶了，完全不把皇帝的命令当回事儿，不把皇帝放在眼里。皇帝被激怒了，后果很严重，死谏的大臣被当廷杖责。

明朝的文官是以享受廷杖为荣耀的，这代表了他们有高尚的气节，如果有幸没被打死，养好伤后会受到朝野上下的一致尊敬。王阳明就曾被廷杖，他很幸运地挺了过来。不过，这次有十多位文官被杖后因伤重不治而亡。

皇帝如此执拗，群臣也精疲力竭，只好随他去了。

皇帝要亲征，家里总得有一个管事的，杨廷和担任起了留守的工作。于是朱厚照得意扬扬地收拾行装，穿戴盔甲，准备亲征。

第十三章　威武大将军来了，激情上演的闹剧

虽然朝中的官员几乎都反对朱厚照亲征，但总有一些人会适时地拍皇帝的马屁，朱厚照这次就并不是一个人在战斗。自从刘瑾被除掉后，又有四个人围绕在朱厚照身旁，他们是边将江彬、许泰，宦官张忠、张永。在这四个人中，江彬的受宠程度远超过同时代的其他人，不亚于他的前辈刘瑾。

江彬，北直隶宣府（今河北宣化）人，初为蔚州卫指挥佥事，没有什么特殊才能，只是倔强勇悍。后来通过钱宁引荐，因为作战勇敢受到朱厚照的召见并留在了身边，与他同起卧。后来成为朱厚照的义子，赐姓朱，封为宣府、大同、辽东、延绥四镇的统帅。

这次，朱厚照异常坚决地亲自出战，江彬起了推波助澜的作用，他不仅极力鼓励，并积极做好亲征前的各种筹备工作，竭力迎合朱厚照。可见，江彬扮演着朱厚照肚里蛔虫的角色，得宠就不足为奇了。

不过，世上没有无缘无故的爱，也没有无缘无故的恨。江彬不像其他奴才一样拍皇帝的马屁是为了得到更多的权力和金钱，他的听话是装出来的，他一直怀有不可告人的目的和阴谋。这次鼓动朱厚照亲征，便怀有极大的私心。

新欢与旧宠

正德十四年（1519年）八月，身着闪亮铠甲、风光无限的朱厚照终于如期离开了北京城，他对身后这座宏大的都城早已失去了兴趣，如今他自由了，解脱了，不会再有老臣如蚊子般在他耳边说个没完，这种感觉真好。

在出发前，朱厚照最宠爱的刘美人因身体不适不能随行，朱厚照便与她密约，拟定车驾先发，稍后派人再来接她。美人拿出一个玉簪，交给朱厚照，作为日后迎接的证据。还别说，这朱厚照就喜欢搞点浪漫的把戏。

朱厚照把玉簪藏在袖中，孰料朱厚照纵马过卢沟桥时把簪子颠掉了，于是下令全军原地休息，大索三日不得。如此领兵，简直是儿戏。哪有去平乱的派头，完全就是游山玩水去了。

大军到临清州后，朱厚照派人迎接美人，美人却辞道："不见玉簪，怎敢赴召？"

没办法，朱厚照只好独自乘着单舸，昼夜疾行，来到京师，接上美人一同南行。

为了美人可以让大军止步不前，为了美人，九五之尊可以冒险从临清州到京师跑个来回。可见，朱厚照的本意并不在亲征朱宸濠，无非是待在宫中闷得无聊，出来散心罢了。

关于朱厚照亲征一路上的小插曲暂且不谈，再看看王阳明，当他得知皇帝亲征的消息后，一下子蒙了。因为俘虏朱宸濠的当日，他就写了捷报上报朝廷了，算日子，在皇帝亲征前就应该收到了，皇帝怎么还会来亲征呢？

其实，王阳明的这份捷报的确传到了京城，但朱厚照没有看到，因为捷报被江彬扣押了，他要不惜一切手段促成朱厚照亲征的这件事，一是讨皇帝的欢心，二是实施他的计划。

叛乱已经被平定了，皇帝却还要来亲征，这是做无用功，劳民伤财啊。不管皇帝看没看到那份捷报，必须再写一份，而且加点佐料，争取把朱厚照吓回去。

王阳明便又写了一份奏折，大意是：

在叛乱之际，臣选将集兵，先是收复省城，接着恶战鄱阳湖，如今朱宸濠已经被擒，逆党已经被全部清除，闽、广赴调军士已经解散，回到原驻地，被惊扰的百姓也安定了下来。但朱宸濠招纳叛亡，布置了大量奸细。在叛乱之初，料定皇上必将亲征，便事先在沿途埋伏奸党，效仿博浪、荆轲之谋，重演博浪沙椎击秦王的故事。现在刚刚平叛不久，虽然朱宸濠被擒，但他布下的不法之徒还没有全部清除，恐怕要乘机发难。如果皇上有什么意外，臣有一万个脑袋也担当不起啊。臣愿亲自到京城献俘，让皇上处置。

换句话说，王阳明的意思是，南昌还不安全，皇上你就原路返回吧，我把俘虏带到你家门口，让你亲自处置，这事儿就算完了。

王阳明本想吓一吓朱厚照，把他吓回去，但他太不了解当今皇上了。朱厚照玩的就是心跳，巴不得多些余党给他练手，所以越吓精神头越大，再加上一旁的江彬不断鼓动亲征，朱厚照的批复只有一句话：元恶虽擒，逆党为尽，不捕必遗后患。意思是，为了不留后患，这些余党就由他来亲自解决。

看到这样的批复，王阳明打了自己一个嘴巴，何苦要画蛇添足，真是多事，结果把朱厚照撩拨得心里痒痒。可事已如此，没别的办法了，只能迎接皇帝的大驾了。

第十三章　威武大将军来了，激情上演的闹剧

再看朱厚照，本来路上磨磨叽叽，一听说还有余党没有被清除干净，一下子激起了他的兴趣，便一路挥师南下。行程大体上是这样安排的：途经保定进入山东，过济宁抵达扬州，然后由南京、杭州一路南下，到达目的地江西。

稍微有心，就能看得出这是一条曲折的路线，从而再次验证朱厚照这次是以亲征的名义游山玩水。

在这支亲征的队伍中，除了兴高采烈的朱厚照和心怀不轨的江彬外，还有一个人心绪不宁，他就是朱厚照的二号宠臣——钱宁。因为他当初收了朱宸濠的钱，提供京城的动向情报，无形中就站在了朱宸濠那边。如今朱宸濠战败了，行贿的人已经落入法网，他这个受贿的自然会受到牵连。除非朱宸濠咬紧牙关，死也不开口，但钱宁知道这是妄想。指望朱宸濠讲义气，不把他供出来，那是希望母猪会上树，太不靠谱。朱宸濠犯的是死罪，自己这些年收了他那么多钱，一个同谋的罪名就能让自己脑袋搬家。

同样是因为贪财，钱宁搬起石头砸了自己的脚。当初，收了钱的钱宁把江彬引荐给朱厚照，没想到江彬这小子不是省油的灯，不仅骑射一流，还精通兵法，常常在朱厚照面前眉飞色舞地讲战事，把朱厚照说得如同身临其境，叹服不已。不几日便与皇帝同起同卧，成为了皇帝身边的"大红人"。

江彬这个人大大咧咧，与皇帝下棋，竟敢争棋子，还不许悔棋，语出不逊。禁卫军将周骐在一旁叱责江彬，皇帝却笑而不言，纵容江彬的不尊行为。不久，周骐就被诬陷下狱，拷打至死。经过这件事后，众大臣都畏服江彬，争先恐后地拜谒，并给他送礼。

江彬得宠后，最早荐他面君的钱宁心中渐渐不悦：没有我，哪有你的今天。

江彬也察觉到钱宁不能容自己，就想着法地陪朱厚照玩乐，借以排挤钱宁。比如，他调兵入京，让上万人在大内操练演习，旌旗招展，铳炮齐鸣，兵士们摔跤搏斗，射箭击打，喊杀声震天，场景极其壮观。朱厚照本人也身穿黄金软甲，跨上高头大马，与江彬并骑巡视，这种感觉让朱厚照大呼过瘾。另外，江彬还与朱厚照等人一起微服出京，在京郊等地游逛。

对于一个爱玩的皇帝来说，江彬总能变着花样来满足他，很自然，江彬在他心目中的地位慢慢地超过了钱宁。

钱宁虽然被朱厚照渐渐疏远了，但江彬知道钱宁的势力盘根错节，要想打败他，

还需要选择合适的时机。这次朱厚照亲征就是一个不错的机会，江彬决定对钱宁下手。

行到半路，钱宁就接到了回京帮忙料理生意的命令。虽然朱厚照也做买卖，但他从来没这么在意过他的那些生意，不过是玩玩罢了，如今怎么就突然想起让自己回京帮他料理生意了呢？这不是个好兆头。但皇帝的命令，他是不敢违抗的，只好乖乖地打道回府了。

原来，太监张锐与江彬都禀告朱厚照说，钱宁一直与宁王朱宸濠暗中勾结，图谋不轨。朱厚照很生气，便把钱宁支开，不让他随驾了。

钱宁不在身边，办起事来就没那么多牵绊了。江彬马上派人快马加鞭赶到江西，寻找钱宁与朱宸濠勾结的证据。

这官员不查，个个都有模有样，一副为国为民的模样；如果查的话，那是一查一个准，大大小小贪官一片。

钱宁最大的爱好就是钱，他收钱收得手软，结果，使者不费什么力气就找到了不少证据。

当江彬把证据堆到朱厚照面前时，朱厚照道："狗奴才，我早就看他不顺眼了。"

如果没有江彬，钱宁肯定不会东窗事发，他还是朱厚照面前的红人。可朱厚照有了新宠，那钱宁注定要成为被弃的棋子。

朱厚照立即下令逮捕钱宁，并查抄他的家，结果"得玉带二千五百束，黄金十余万两，白金三千箱，胡椒数千两"。

就这样，刘瑾之后的第二大权奸就此垮台。让人想不到的是，钱宁竟然比关他的朱厚照和江彬活得还要长。

走一路，糟蹋一路

惩办了钱宁后，朱厚照继续前进，不几日便到达了保定。朱厚照对这个地方比较有兴趣，便决定住几天再走。

巡抚伍符领着一帮官员一起设宴接待皇帝和京中的权贵。伍符的酒量惊人，

第十三章 威武大将军来了，激情上演的闹剧

他的官位就是一路喝上去的，人称"斗酒不醉"。不过，在皇帝面前，他还是很收敛，毕竟伴君如伴虎，陪皇帝喝酒更马虎不得，稍有不慎，也许不仅官位不保，人头也不一定是自己的了。

朱厚照听说伍符很能喝，想见识一下他的酒量，就把他叫过来要和他抓阄比输赢，谁输了谁喝酒，比试一下谁的酒量大。

皇帝是不能赢的，但也不能太假，否则就有欺君之罪。伍符很聪明，开始时，他玩得很认真，连赢几盘，看皇帝喝得有些晕乎了，便开始放水，每抓必输，判若两人。伍符真是个表演天才，朱厚照丝毫没有发现破绽，接连赢了几次，乐得手舞足蹈。

就这样，号称"斗酒不醉"的伍符在朱厚照面前败下阵来。虽然喝酒输了，但赢得了皇上的欢心，这是赚钱的买卖。可见，在人生这个舞台上，不仅要能喝酒，还要会表演，演技才是王道。

几天之后，朱厚照离开保定，在九月初，大军来到山东境内京杭大运河沿岸的繁华都市临清。

这时，朝野已经得知宁王叛乱被平息的消息，劝皇帝返回的奏疏漫天飞了过来。朱厚照是谁，几道奏疏就能把他拉回去？太小看人了。朱厚照对此的处理态度是置之不理，继续我行我素。

虽然大军走到哪里，哪里就要被祸害一番，百姓叫苦连天，但对于地方官来说，这是近距离接近皇帝的一个绝佳机会，自然不会放过。

不过，在朱厚照的行程安排上，本没有临清这一站，这是江彬听说王阳明有北上献俘的意图，才临时决定从临清上船走水路的。

这下，临清的地方官开始手忙脚乱了，虽然竭尽全力，但要安顿几万人的吃住问题，还是显得捉襟见肘，有些草率和简单。

江彬等人见吃住的待遇上不去，非常不高兴，便开始挑刺。朱厚照倒是很随和，觉得是自己麻烦了人家，有些过意不去，不计较粗茶淡饭和简陋的住宿，坐下来和大家喝酒。

见皇帝没有提出什么难题，临清的地方官松了一口气，开始在皇帝面前极力表现自己，争取给皇帝留一个好印象。

有卖弄自己极尽谄媚的，也有借此机会勒索中饱私囊的。有一个叫王翊的官员拒绝了太监的勒索，并且对一些在当地参与勒索的太监秉公执法。没想到一下下捅了马蜂窝，太监们去朱厚照那里告状，说王翊目中无人，还殴打他们。

打狗还得看主人，太监背后是朱厚照，这种诬告应该相当严重的，万一朱厚照一生气，王翊的命就不是他的了。不过，朱厚照也不是傻子，他对身边人的这些伎俩再熟悉不过了，便笑着说："一定是你有求于人，被拒绝了吧？王翊这个人还是不错的，不要难为他了。"

朱厚照在临清吃喝玩乐，折腾了二十多天，终于要离开了。得知朱厚照要走的消息后，临清百姓热泪盈眶，夹道欢送。看到百姓如此热情，朱厚照高喊："我还会回来看大家的。"

朱厚照前脚刚走，被政府组织的欢送百姓便破口大骂："这伙王八蛋终于走了，这几天可把临清祸害苦了。"

如果朱厚照听到百姓的心声，也许他会哭的，可惜他是听不到的，他看到的和真实情况往往相差十万八千里。他很享受这种被哄着的感觉，而下面的人变本加厉，尽可能多地捞钱财，好让自己的腰包越来越鼓。这种恶性循环最终会让一个王朝逐渐由盛转衰，当矛盾不可调和时，便会有人举起改朝换代的大旗。这个道理，当权者不是不懂，但就是走不出这个怪圈，高高在上的他们只有被从神坛上拉下来后，才能清醒过来，但一切都晚了。

闲话就此打住，继续朱厚照的行程，他离开临清后，顺运河而下，不几日便抵达淮安清江浦，住在太监张阳的私宅中。打猎和钓鱼是朱厚照的爱好，这次免不了要好好玩一回。

朱厚照在这里钓了几天鱼，自己也吃不了那么多，就随手赏赐给当地的官员，虽然是名为赏赐，但得到赏赐的官员往往要献上金帛，答谢皇恩。几条鱼不值几个钱，但官员们的回礼不能太少，如果仅仅拿出几条鱼的钱，那就太不会办事了。结果，凡是得到皇帝赏赐鱼的官员都做了赔本买卖。最郁闷的是，御赐之物不是什么无价之宝，而且也不好保存，吃了吧，糟蹋了，毕竟是皇帝亲手钓的鱼。但等鱼死了，就是一条死鱼了，慢慢腐烂，就贬值到连渣渣也没有了。

官员们心里不禁骂道：这朱厚照也太他娘的会做买卖了，这不是明抢吗？其

第十三章　威武大将军来了，激情上演的闹剧

实，朱厚照不缺钱，他这样做不就图个乐嘛。

现实是不仅朱厚照大赚一笔，连身边那些军官和太监们也跟着作威作福，仗着皇帝的威风不时就传出一道圣旨，命令某些官员送上各种钱财和食物，如果有人胆敢说半个不字，就会遭到报复。那些平日里说一不二的州县老爷们，现在也像奴隶一般被人推来搡去，说打就打，说骂就骂。有个通判名叫胡琮，因为受不了这种污辱，竟然上吊自杀了。

另外，江彬和他的手下还常常派人到富有的民家，假传圣旨索要鹰犬、珍宝、古器，人们不敢多问一句，稍有抗拒之意就会遭到毒打，淮河周围几百里之内都被骚扰遍了。

此刻的朱厚照有美酒，有女人，有他喜欢的户外活动，对身边这些人的行为也就睁一只眼闭一只眼，不加理会。

朱厚照一行简直就是戴着官家面具的"强盗"，走到哪里就把灾难带到哪里。这种下基层式的巡游简直就是灾难。

淮安清江浦虽然能钓鱼打猎，但下一站扬州更加诱惑人，因为美女众多。

正德十四年（1519年）十二月初一，朱厚照到达历史上的繁华名城扬州府。

从朱厚照准备到扬州的那一刻起，扬州的大街上就像炸开了锅，混乱一片。原来太监吴经在皇上未到达之前就来到扬州，除了给皇帝找个舒服的住处外，还悄悄地办了另一点事——为皇帝搜罗未婚女子。

当这个消息传出来后，扬州就热闹了，街道上站满了四处张望的人，他们都是家里有待嫁女儿的人，只为了做一件事——抢人。只要碰到年轻男子，二话不说，就往家里拉，拉不动的就抬，总之要把人弄回去，拜堂成亲。另外，还有不少人家为了逃避这场人祸，乘夜争着逃到城外，四散藏匿。

光天化日之下，怎么能做这种事呢，即使是为了皇上，也不能这么过分。扬州知府蒋瑶便到太监吴经那里去求情。

吴经怒道："你个芝麻大的小官，就不怕掉脑袋吗？"

蒋瑶不怕恐吓，态度很强硬地说："如果违背了皇帝的旨意，我这个小官死不足惜。但老百姓若是被逼急了，就会生变，这个责任你负得起吗？"

吴经盛怒之下把蒋瑶赶了出去。

不管结果如何，蒋瑶这种不怕死，一心为百姓着想的精神是让人钦佩的。

其实，吴经也并非是为了皇上着想，他之所以搜罗这些女子，也有自己的私心。被抓获的女子中，凡是家中比较富裕的，都可以交上身价银，赎身回家；而那些贫苦人家交不起赎银的，就只能被关着了。

很多史书对吴经的作为用一个词来描述——矫上意，意思是打着皇帝的名号干坏事，让皇帝背黑锅。

客观地讲，朱厚照虽然干过很多荒唐的事情，私生活也比较丰富，但他还是能辨是非的，但他不愿意受束缚，喜欢自由自在。这样一来，他很难接受那些传统文官的劝导，而且身边总有一些会旁门左道，找乐子的小人，给小人背黑锅就在所难免了，吴经就是其中的一个。

既然到了扬州，南京是重要的政治中心，当然是要去的，而且还要多住几天。正德十四年（1519）十二月二十六日，朱厚照终于到达了南京。

烫手山芋

朱厚照的南巡之旅就此没有再往南走。

我们再来看看王阳明，在南昌的他度日如年。他冒着生命危险平定叛乱，抓住了朱宸濠，本以为能得到朝廷的嘉奖，没想到却惹来皇帝亲征，这帮人如蝗虫过境般往南昌赶，到底要干什么？

皇帝老老实实地待在京城里多好，为啥要四处闹腾呢？劳民伤财不说，大家也没工夫伺候你啊。

最让王阳明难受的是，他的祖母岑氏在上个月去世了。为了平定叛乱，他连祖母最后一面也没有见上。如今还要等朱厚照的大驾，他连奔丧这点儿权利都没有。另外，父亲王华年迈多疾，王阳明想回家尽孝，也都成了奢侈的事情。

不能就这么傻等着做无用功了，当务之急是要尽早把朱宸濠这个烫手山芋尽快处理掉。再说，刚刚经过战争的南昌也经不起折腾了，必须主动出击，把朱宸濠交给朝廷。王阳明决定去杭州找张永，通过张永把朱宸濠交出去。毕竟，张永在扳倒死太监刘瑾时出过力，不是一个是非不分的人。

第十三章　威武大将军来了，激情上演的闹剧

就在王阳明准备出发时，收到张忠、许泰的书信，大意是，不要把朱宸濠押解到京，现在皇上亲征，先把朱宸濠放了，等皇上亲自与他交战，再一鼓作气把他擒住，论功行赏。这样一来，平叛的功劳就归皇上了，圣驾也不虚此行。

可笑，真是太可笑了，亏他们能想得出这种馊主意，真不知皇帝身边的这些人天天都在想什么。

这种儿戏，我王阳明是不屑于做的，即使是为了取悦皇帝也不干。

当晚，王阳明就押着朱宸濠，带领少量人马离开南昌，奔杭州而去。

偏偏张忠、许泰派遣使者拿着威武大将军（朱厚照）的檄文中途拦截，勒令将朱宸濠交给他们。

原来，王阳明走后没几天，许泰和张忠便率兵到了南昌。得知王阳明已经押着朱宸濠前往杭州后，立刻派锦衣卫前去截人。

王阳明不得已，连夜过玉山，押解朱宸濠取道浙江，来到杭州。此时，大太监张永在杭州正奉命等着王阳明，准备让他把俘虏放归鄱阳湖，以便皇帝能亲自"打猎"。

以目前的形势，张永绝不会为了王阳明而公然和江彬作对，不过，他还是接见了王阳明。

王阳明先是把张永设计除掉刘瑾的功绩赞美一番，说得张永心花怒放，接着又进言道："江西的百姓，遭到朱宸濠毒害很深，困苦不堪；况且大乱刚刚结束，又遇到旱灾，百姓吃饭都成了问题，如果再供给京军，必将逃匿山谷，聚众为乱。当初帮助朱宸濠叛乱，是被威逼利诱，他日揭竿而起，弄个剿抚两穷就说不过去了。足下公忠体国，一向被人钦佩，希望能美言几句，免得多费周折。"

这番话既讲道理又摆事实，委婉动人。

张永却叹道："王大人在外就职，不知道朝廷内情啊。皇上日夜花天酒地，身边被小人围绕，哪个敢效忠尽言？我不过是皇上的家奴，只有默默侍奉，找机会说一两句罢了。皇上素性固执，凡事只宜顺从，再悄悄挽回；如果违抗命令，皇上一动怒，群小一挑唆，事态只会更加恶化。对天下大计，有什么益处？"

王阳明点头道："张公公如此忠诚，让人敬服。"接着，又把一路的经过叙说一番，尤其是将张忠、许泰二人要求放了朱宸濠，并把以前他们写的书信等一一说明。

张永道:"我所说的小人,就是指他们,王大人将做如何处置?"

王阳明巴不得赶紧把朱宸濠扔给别人,什么功劳嘉奖都不要了,只要把朱宸濠能交到皇帝手里,只要皇帝不来南昌,就阿弥陀佛了。

王阳明道:"逆藩朱宸濠已经押解到这里了,现在把这副重担交给张公公,希望您能妥善处置。"

张永道:"我知道这是王大人的功劳,但不能直接讲。有我在,绝不让王大人受屈!"

于是,王阳明把押解朱宸濠的囚车交给张永,连夜绕道越境,回到了江西。

王阳明没有看走眼,张永还算正直,他对家人说:"王都御史赤心报国,但张忠、许泰、江彬等还要害他,日后朝廷有事,谁还能效忠?我一定要保全他。"

作为一名资深太监,张永知道必须时刻紧靠权力核心,便押解着朱宸濠星夜兼程赶向朱厚照的所在地南京。

弱智老大上演的闹剧

再看朱厚照,他到南京后,便命张忠、许泰、刘晖等,率京军赴江西,再剿朱宸濠的余党。哪里还有什么余党,但总得做做样子,继续演戏。大军尚未出发,张永就已经到了。

紧赶慢赶,总算是赶上了,张永眼见事态还可以控制,长出了一口气。见到朱厚照后,他苦口婆心地劝说,中心思想只有一个,那就是王阳明是个好同志。

对于这个半路杀出来的程咬金,江彬等人痛恨不已,立即反驳,大进谗言,说王阳明就是一个投机分子,这次勾结藩王,阴谋败露后,倒戈相向,摇身一变,成了平叛者,分明是惑乱圣听。

婆说婆有理,公说公有理,辩论双方说得都不无道理,这可如何是好,朱厚照犯难了。

这时,张忠上奏道:"王阳明既然已经到了杭州,为何不来南京拜见皇上?心里分明有鬼。即使皇上有旨召他,恐怕他也不敢来。这样的人目无君上,一定是个飞扬跋扈的人。"

第十三章　威武大将军来了，激情上演的闹剧

朱厚照虽然爱玩，但也不能容忍臣子对自己不敬。便就此做个实验，下旨召王阳明觐见。

等见到皇帝，谁对谁错，自然一切都能说清楚了，这也许是王阳明的一个机会。但不要高兴得太早，因为皇帝下旨召见和能见到皇帝是两码事。

王阳明接到诏书后，立即动身，日夜兼程，赶往南京。好不容易赶到龙江，连口水也没顾得上喝，便要入见皇上。没想到被江彬派的爪牙截住了，不让进谒。

这是什么情况？我大老远跑来又不让进谒，逗我玩呢？王阳明不知道这是一次实验，他很生气。不过大风大浪咱见得多了，不就是不让见皇帝，自己跑了冤枉路。没什么大不了了，但也不能白跑一趟，于是他干脆脱下朝服，跑到附近的九华山找和尚道士谈玄论道去了。

张永听到王阳明被阻的事情后非常恼火，便把这一情况如实地向上反映，说："王阳明一召即来，没想到中途被阻，现在已经弃官进山，愿意当道士。国家有这样的忠臣，却闲置不用，岂不可惜！"

朱厚照知道是江彬等人暗地里捣鬼，便说："看来王阳明的确是个好同志啊，还是让他回江西吧。"

结果，王阳明升为江西巡抚，知府伍文定升为江西按察使，邢珣为江西布政司右参政。算是对于这次平叛功臣的一个奖赏吧。

但这还没完，在奖赏的背后，还有一个小插曲，朱厚照竟然命令王阳明重新写一份捷报书。

虽然朱厚照没有明说，但里面的道道，王阳明还是明白的，否则他就在官场白混这么多年了。为了满足皇帝的愿望，他违心写了一份捷报，把所有的战绩都归功于"总督军务威武大将军"身上，说他运筹帷幄、决胜千里，在这样英明皇帝的领导下，取得了平叛的胜利。另外，还把江彬一伙人也吹嘘了一番，说他们调剂有功。而真正的功臣王阳明和伍文定却扮演棋子的小角色，只有听候差遣的份儿。就这样，王阳明、伍文定等人平叛的功劳全部被抹杀，而成了武宗朱厚照的亲征大捷。

朱厚照对这个捷报很满意，江彬见自己也榜上有名，便也不吱声了，王阳明就此度过了信任危机。

虽然有了书面文件证明是自己指挥有方，平定了叛乱，但朱厚照还不过瘾。

如今手上有现成的俘虏，这就好办了，朱厚照决定玩一把亲手捉拿朱宸濠的游戏，体验那种胜利平叛的感觉。

这天，南京兵部尚书乔宇在城外的演兵场，主持了一场今生最弱智的"受俘仪式"，没办法，赶上了弱智的老大，就会做弱智的差事。

在演兵场，竖着威武大将军旗帜，京军和南京驻军整齐列队，做好了演习的准备。乔宇站在阅兵台上，装模作样地把手中的令旗一挥，游戏开始了。

伴随着激烈的鼓点，一员大将身着铠甲，头戴冲天冠，手拿大砍刀，骑着高头大马，冲入阵中。来人正是这场游戏的主角朱厚照，他骑马在场中跑了一圈，然后把大砍刀举了起来，周围的将士很配合地高呼，如此反复了三次。

接着，配角该出场了，朱宸濠被带到了场地中央，去了桎梏，并给了他一把兵器，他就那么站着，被周围的兵将包围着。最可怕的是手持大砍刀的朱厚照，这步兵怎能敌得过骑兵，不是一个级别啊。

主配角都到齐了，乔宇的令旗再次挥动，表演正式开始。

只见，朱厚照舞刀扑向朱宸濠，朱宸濠本能地举刀相迎，结果，兵器被打掉在地上。场上立即响起了欢呼声。

朱厚照接着来了个第二次冲锋，朱宸濠连招架的工夫也没有，被大砍刀直接拍在了地上。场上欢呼声雷动，大呼"万岁，万岁，万万岁"。

在外面等候多时的兵卒赶紧冲上前去，把朱宸濠五花大绑后押走了。

朱宸濠估计在想：如此脑残的皇帝，能坐稳江山吗？大明的江山危险了。

不过，这已经不是他要考虑的问题了，等待他的只有死亡一条路，那是逃不脱的，因为他已经成为大明的公敌了。

以德报怨

再看江彬，他的运气一直不错，大字不识几个，擅长打架斗殴，但跟对了老板，顿时飞黄腾达。杨廷和对他很客气，张永也躲着他，轻易不招惹他，钱宁更是被他关进牢房，这辈子是走不出来了。

按理说，江彬混到这种地步是相当牛气的，但他现在极度郁闷，本来想借此

第十三章　威武大将军来了，激情上演的闹剧

机会整垮王阳明，把平叛的功劳抢过来，没想到半路杀出个张永，王阳明不仅没垮掉，还当了江西巡抚。这口气咽不下啊，江彬就此与王阳明结下了梁子。

虽然江彬这次没能取得胜利，但他并不认输，恶狠狠地想：不弄死你，我就不姓江。既然在皇帝面前搞不掉你，那我到你老窝江西整你。

恶人江彬要把坏事做到底，在王阳明还未回到南昌就任，他就派遣他的同党张忠和许泰等人率领部分京军进入了江西境内。

叛乱早就平定了，京军还来江西干什么？很明显，南昌的地方官不喜欢许泰、张忠和他们带来的京军，但敢怒不敢言，只好用愁眉苦脸的表情来表达自己的不满。但伍文定就不同了，他摆出一副要打架的姿态，恨不得把这些京军都生吞了。

咱好歹也是京城来的，还带了军队，你一个小小的地方官敢这么无礼，真是活得不耐烦了。

张忠和许泰对视一下，便让人把伍文定给绑了，还让他交代罪行。伍文定火了，骂道："老子上刀山下火海，为国家平叛，有什么罪？你们这伙混吃混喝的家伙竟然冤枉忠良，不得好死。"

由于是在别人的地界上，伍文定又是颇受关注的平叛英雄，张忠和许泰不敢把他怎么样，便把他先关起来了。眼见在伍文定身上问不出什么"有用"的东西，他们便把目光转向了百姓，但一提到王阳明，百姓们都竖起大拇指，没有一个说差的。

按理说到了这种程度，张忠和许泰该死心了，但他们还是不放弃，又把询问的对象转向了朱宸濠的同党。这些人曾经是王阳明的敌人，应该能从他们嘴里得到一些不利于王阳明的证据吧。让人失望的是，没想到这帮反贼也是有道德的，无论怎么问，始终没有一个人冤枉王阳明。

既然问不出什么门道，那就干最拿手的好戏——捣乱，让南昌无一日安宁。结果这帮京军天天在南昌街头寻衅闹事，敲诈勒索，不断挑起事端。好端端的一个南昌城让他们搞得乌烟瘴气。再这样下去的话，局面就要失去控制了。

这时候，王阳明回来了。

老大终于要出场了，地方官见到了主心骨，开始诉苦，希望王阳明能赶走这帮人渣。

听到这帮京兵如此祸害南昌城，王阳明心里非常愤怒，但他知道张忠和许泰

背后是江彬，江彬背后是皇帝朱厚照，这些人个个都是爷，惹不起啊。

角色决定位置，愤怒不是攻城锤，发作出来没准会引火烧身，自取其辱。人高在忍，诸事能忍品自高；人贵在善，积德行善方为贵。于是，王阳明克制住了自己的愤怒情绪，决定当一个忍者，静待风平浪静。

京军见王阳明终于回来了，便把怒火都发泄在了他的身上，不仅对他傲慢无礼，还直呼他的名字，从早到晚谩骂不绝，把王阳明的祖辈都骂了个遍。

这是什么素质啊，哪里有京军的模样，就是一帮人渣啊。

这还没完，有人觉得仅仅骂几句不过瘾，竟然直接去巡抚衙门门口故意挡道，寻衅挑事。冲击政府机构，这胆儿也太肥了吧。

王阳明手下的一帮人实在看不过去了，这也欺人太甚吧，都劝王阳明不能就这么忍着不动。有几个人甚至请求下黑手，灭几个京兵头目，看他们还怎么嚣张。

王阳明却摆摆手，摆出一副宽容的姿态，不仅不与这些人渣计较，反而以礼相待，笑脸相迎。俗话说，有人打你的右脸，连左脸也转过来由他打，王阳明就是这么做的，把以德报怨做到了极致。

一个正二品的省部级高官对小兵恭恭敬敬，即使搁到现代，都是绝对能上头条的。对恶意中伤自己的人如此礼贤下士，这需要有多么大的胸怀才能做到啊。

人家都这样了，你还好意思捣乱吗？京兵们稍稍收敛了一些，不再像以前那么嚣张了。

既然要做好人，就要做到底。王阳明本着"打不还手，骂不还口"的原则以德服人。他经常派人抬着酒肉，犒赏京军。面对王阳明的糖衣炮弹，京军有些招架不住了，但许泰却前往阻止，勒令士兵不能接受王阳明的馈赠。

你不体恤下属，别人送酒送肉，你又不让接受，安的什么心啊？这样一来，京军中有些人就不满意了。

要的就是这个效果，虽然我不能一下就感动你，但我可以慢慢融化你，把你磨得没有一点儿脾气。

王阳明每次外出办事，遇到京军长官后，一定会停车下来慰问一番，解决京军的各方面问题，提供最好的后勤保障。

王阳明不仅定期送肉送酒，还定期搞体检，尤其是对那些由于不服水土纷纷患病的京军，更是无微不至地关怀，重金聘请南昌最好的医生为他们治病。对于那

第十三章 威武大将军来了，激情上演的闹剧

些不幸病逝的京军，一律给予厚葬。

王阳明不仅自己非常友好地对待京军，还要求南昌的百姓也要这样做。他让人遍贴告示，称京军远道而来，有各种苦处，本省居民，要以主人的身份，以礼相待，如果有欺骗侮辱的事情发生，一经查实，严惩不贷。

南昌的百姓非常佩服王阳明，看了告示，都唯命是从，所以与京军相处时，能退就退，能让就让。京军本来像头暴怒的狮子，见谁咬谁，这样一来，想咬人都找不到合适对象，打出去的拳头如同打在棉花上，他们自觉没趣，也感到不好意思了。

人非草木，孰能无情？王阳明的善举，就是一块石头也给焐热了。果然，京军悄悄议论："王巡抚礼遇有加，我们怎么好意思再去冒犯他啊。"既然有了这种思想，不管张忠和许泰如何下令给王阳明使绊子，京军都表面上答应得好好的，背地里却不再为难王阳明。

这样一来，南昌城内一下安静了许多，没有人再去找王阳明的麻烦。张忠和许泰虽然催促多次，鼓动挑拨，却始终是雷声大雨点小，得不到京军的积极响应。

敲竹杠

王阳明用一招"以德报怨"征服了京军，赢得了他们的尊重，但问题是这几千号京军就这么在南昌待着也不是个事儿。时间长了，群众难免会有不满情绪，到时候就不好收拾了。所以必须想个办法，把这些京军送出南昌，还南昌真正的太平。

冬至是传统的祭奠亡灵的节日，南昌刚刚经历了战乱，死了不少人，自然有很多人要祭奠亡灵。王阳明计上心来，决定利用这个机会做做文章。

冬至这天，在王阳明的号召下，南昌百姓有序地祭奠亡魂，寄托哀思。一时间，白幡招展，素孝遍地，哀乐阵阵，白色的纸钱漫天飞舞。

京军触景生情，悲从中来，想想家里也有死去的亲人要祭奠，便也加入到哭祭的行列，一把鼻涕一把泪地哭起来。南昌城内，哀声遍野，哭声震天。

万分悲伤的京军纷纷找张忠和许泰哭诉：我们离开故土很久了，不能尽孝，与其在这里待着无事可做，还不如返回家乡，就让我们回家吧。

面对求归的将士，张忠和许泰感到压力很大，但他们不能就这样两手空空地

回去，否则不仅丢了面子，江彬那里也不好交代啊，于是他们拒绝了将士们求归的请求。但将士们的怨气越来越重，再这样下去的话，不仅斗不倒王阳明，没准会发生哗变。

不能再这样僵持下去了，必须要想个办法。虽然搞垮王阳明遥遥无期，但狠狠宰他一笔应该不成问题。就是要离开南昌，也要把自个儿的腰包塞得鼓鼓的再走。

就这样，张忠和许泰一起出现在了巡抚衙门。

王阳明笑脸相迎，还亲自倒茶，心里琢磨着这二位来这里的意图。

张忠不带任何寒暄，开门见山地质问王阳明："反贼朱宸濠富甲一方，虽然成了阶下囚，但他的家产应该不少吧？"

王阳明一下明白了，原来这二位是冲着朱宸濠的钱财来的，便道："是啊，朱宸濠肥得流油。"

张忠以为王阳明上当了，冷笑道："既然朱宸濠在南昌经营多年，那么有钱，为何抄家所得这么少，其他钱财都到哪里去了？难道都进了某些人的腰包了吗？"

"是啊，都哪里去了？"许泰也帮衬着质问。

王阳明心里也很恼火，自己平叛，没有和朝廷要过一分钱，缴获的赃款，难道不能给手下的将士们当军饷吗？再说，朱宸濠的十万军队也要花销，打仗就是烧钱，再多的钱也不够花呀。

面对咄咄逼人的张忠和许泰，王阳明知道和这种人是理论不清的，没准说来说去，还会被扣个贪污的帽子。

想想这些朝廷的蛀虫，手脚自然不干净，不可能和朱宸濠撇得那么干净，便决定换一种方法将对方一军。

王阳明双眉紧锁，做出一副认真思考的样子，然后恍然大悟道："有件事我本来不想往上报的，既然话说到这个份儿上了，我让二位帮我参谋参谋。"

"什么事？不要绕弯子，赶紧说朱宸濠的大笔家产都哪里去了？"

"是这样的，在抄朱宸濠的家时，找到一个小本子，上面记满了名字，后面还有钱款数目，我想这是朱宸濠对朝中官员行贿的记录吧。我本打算把这个小本子悄悄毁掉的，既然二位要查朱宸濠的家产，那我就把这小本子一起上交，让皇上派人彻查如何？"

第十三章　威武大将军来了，激情上演的闹剧

张忠和许泰面面相觑，没想到朱宸濠来这么一手，他们或多或少也接受过朱宸濠的贿赂，上面没准也有他们的名字，万一把这个小本子递到皇帝的手里，那牵涉面可就大了，朝廷一大片官员都会受到牵连。当初王阳明也是基于这个考虑，把这件事瞒了下来。

"看来，这个朱宸濠把钱财用在了走关系上了。"

"张公公说的是啊，抄家时的确就抄出那么些东西，那么这个小本子该怎么处理啊？"

这是个烫手山芋，搁谁手上都会惹来麻烦的。

"我看就不用上缴了，谁都不容易啊。"

"既然如此，那我就把它毁掉吧。"王阳明说完，便一把火把那个小本子烧掉了。

既然钱财都进了各位大人的腰包，那再和王阳明耗着也没什么意义了，张忠和许泰便告辞了。

本来想向王阳明敲诈一笔，没想到反被将了一军，张忠和许泰咽不下这口气，想着法地要报仇，让王阳明在众人面前出丑。

虽然智慧上略逊一筹，输给了王阳明，但在体力上应该能狂胜他，瞧他那小身板，又瘦又有病，在竞技场上应该能把王阳明打得满地找牙。

许泰便想出了一个整治王阳明的主意，但结果却是他怎么也想不到的。

老王的百步穿杨

一天，天气晴朗，不是特别冷。王阳明早早起身，在院子里散步，做简单的运动，这是他多年形成的习惯。

这时，他接到一封张忠和许泰送来的书信，内容是邀请他率军观看京军训练。从表面看，张忠和许泰在搞军事训练，邀请他这个巡抚嘉宾到场指导观看，这没什么问题，但王阳明总感觉里面有什么见不得人的秘密。不过，这种邀请他是没办法也没理由拒绝的，只能答应。

王阳明带着江西军，先到教场等着。过了半天，张忠和许泰才领着京军策马而来，后面跟随着不下万人的兵士，那叫一个威风。

王阳明赶紧鞠躬相迎，傲慢的张忠和许泰才下马答礼。三人走到座前，分了宾主，依次坐了下来。

许泰高声道："今日天高气爽，草壮马肥，是试演骑射的好时机。在场的南北将士都是国家的栋梁，现在虽然平定了叛乱，但不能就此懈怠，应该互相校射，才能不断进步，这是我们带兵人的职责所在啊。"

王阳明笑笑，心理暗想：书信上只是说观看京军训练，没说要和京军比武啊，现在突然提出要南北校射，这分明就是乘人不备，有意刁难。

不过，这种小伎俩还不足畏惧，王阳明随即答道："伯爵不忘武备，让人钦佩，不过，江西的精锐都派出去分守各个要塞了，城内的兵将多半是老弱，恐怕比不过京军啊。"

许泰暗自得意，但嘴上却说："王都堂不要谦虚啦，谁不知道你把逆藩朱宸濠的十万部队都打得落花流水，若非兵精将勇，就不会取得如此战绩了。"

王阳明道："这全仰仗皇上的威灵，诸公的教导，我王阳明何德何能啊。"

许泰的目的就是想看王阳明出丑，懒得再磨叽下去，便说："王都堂就不要再推辞了，开始比试吧。"说完就传令校射，手下军士来南昌除了恶心王阳明，制造混乱外，什么也没干，都快忘记自己是一个兵了。如今有了展露身手的机会，个个都摩拳擦掌，准备在王阳明面前露一手。

百步外的箭靶已经竖起来了，王阳明即使不想接招也不行了。

一声令下，京军中走出善射的数十人，弯弓搭箭，接连发射，十箭约中七八箭，这成绩已经相当不错，张忠兴奋得连声喝彩，觉得挣回了面子。

接下来，江西军射箭的成绩是十中四五。

张忠嘲笑道："都说强将手下无弱兵，这些兵的水平怎么这么差？"

许泰道："看来，这将也强不到哪里去啊。"

刺耳的言语激起了王阳明的斗志，不服输的他恨不得把眼前这两个可恶的家伙都放倒在地。要知道王阳明也是有功夫的，虽然是文人，但用兵如神，年轻时在居庸关外单枪匹马射杀过胡人，武艺精湛，可见一斑。

但王阳明还是克制，克制，再克制，他不想因为这些小事情，把这两个人惹急了，现在最要紧的就是想法让他们赶紧带着京军滚蛋。

本以为张忠和许泰奚落一番后，就会罢休，没想到他俩要逼着王阳明出手，

第十三章　威武大将军来了，激情上演的闹剧

非要让王阳明把脸丢尽了才收手。

许泰又说："听说王都堂少年时就在居庸关外单枪匹马射杀过胡人，这射箭的水平应该不差吧。"

王阳明道："射法只是略知一二，多年不练，已经生疏了。"

许泰又说："王都堂就不要谦虚了，咱们比试一下吧。"

不等王阳明回话，许泰就径自下台，弯弓搭箭，只听嗖嗖几声响，三箭已经在靶心上排成了一个三角形。

京军欢声雷动，叫好声不断。

许泰很满意自己的成绩，大摇大摆地走回到看台，摆出一副不可一世的姿态。

如果放弃比试的话，那在别人眼里就真成懦夫了，王阳明被逼得没有了退路。虽然射箭对王阳明来说是小菜一碟，但因为他染有肺疾，身体一直不好，跟许泰这样的职业军人是没法比的，身体比不过，只能比技术了。

王阳明呵呵一笑，拿起弓箭，道："将军弓马娴熟，战无不胜，本不想班门弄斧，为了不扫京军兄弟们的兴致，只好献丑了！"说完就走下台，让随从把马牵过来。

这几年，王阳明不是坐轿子，就是坐办公室，别说射箭，就是骑马也很少了，他还能射中靶心吗？大家为他捏了一把汗，尤其是伍文定，想替他射，但被王阳明制止了。

王阳明扫了众人一眼，自信地一跃上马，拍马赶到箭靶处留神一瞧，然后反辔驰回，不慌不忙地拈弓搭箭。只眨眼工夫，那箭就射了出去，不偏不倚，正中红心。由于力道过大，箭尾不停地晃动，嗡嗡地响个不停。

没想到看似弱不禁风的王阳明竟然还有这种本事，不管是京军，还是江西军都不停地鼓掌喝彩，铜鼓声也是震天响。

在众人的喝彩声中，王阳明换了角度射出第二箭，这一箭恰巧与第一支箭并杆竖着，相距仅隔分毫。接着，王阳明翻身下马，拈着第三支箭，侧身连续射出。结果，三支箭都中靶心，且都在许泰射箭的三角形范围之内。

众人惊呆了，这王都堂文武双全，果真了不起啊。王阳明在震天动地的欢呼声中走回看台，享受着被人顶礼膜拜的荣耀。

看着惊讶得合不拢嘴的许泰，王阳明说："献丑了，献丑了。"

许泰回过神来，道："都堂神箭，不亚当年的养由基，怪不得能平叛逆藩。

今天的比试就此歇手吧。"

王阳明正好顺着台阶下，借此收场，带队离开了。

再看张忠，脸色要多难看有多难看，本想让王阳明出丑，没想到，让他更神气了。不禁暗叹：这王阳明是个人物，真不好对付啊。

既然不是王阳明的对手，再这么在南昌耗下去，也没什么意思了。第二天，许泰和张忠便到巡抚衙门辞行。王阳明设宴饯行，盛情款待了他们二人。

细细算来，京军在江西以肃清余孽为名驻兵有五个多月了，其实叛党早就被歼灭了，不用再次围剿。京军也没有出城，只是在城内捕风捉影，罗织罪名，没收财产，被冤枉的无辜百姓苦不堪言。如今，这些瘟神终于要走了，王阳明心里也轻松了许多。

宴会结束后，京军便撤出了江西，王阳明经受住了考验，江西百姓也就此得到了解脱。

看着带兵狼狈归来的张忠和许泰，江彬气得肺都要炸了，怎么自己手下的人这么无能啊，有位高权重的自己和庞大的军队给他们撑腰，为何还搞不垮一个小小的王阳明。罢了，等找机会再把这个姓王的老小子彻底弄趴下。

再看朱厚照，解决了朱宸濠以后，本可即日回朝，但他这次亲征的目标并不是朱宸濠，而是南朝金粉，他对此早就羡慕已久。如今好不容易有了借口出来，岂肯轻易就此回京？

朱厚照在南京游行自在，乐不思蜀。江彬又乘机怂恿，劝他游苏州，下浙江，抵湖湘。朱厚照来劲了，早就听说苏州多美女，杭州多佳景，既然已经到了南京，不去巡游一番，岂不遗憾。朱厚照正要前往巡游，一些大臣看不过去了。

自从正德十四年冬季到南京到十五年正月，朱厚照不仅没有说什么时候回京，反而还要往南走，这哪里有皇帝的样儿，一国之君怎么能如此贪玩，如何做国人的表率，这当真要当甩手掌柜啊。

随驾出行的大学士梁储、蒋冕等极力谏阻，三次上疏后，获得恩准。朱厚照不再提游幸苏、浙的事了，但就是赖在南京，不肯回銮。朱厚照已经退了一步，大臣们也不敢逼得太紧，毕竟人家是握有生杀大权的皇上。就这样，又耗了半年，朱厚照还是没有回京的意思，江彬等人倚势作威，驱役官民，如同走狗。

第十三章　威武大将军来了，激情上演的闹剧

比如，成国公朱辅，在宁王作乱时立有守御之功，只因为一件小事忤逆了江彬，便被罚长跪军门，才算了事。

还有南京兵部尚书乔宇，刚正不阿，江彬曾派人索要城门的锁钥，乔宇严词拒绝，理由是：门钥一项，关系甚大，从前列祖列宗的成制，只令守吏掌管，虽有诏敕，不敢奉命。江彬听后没有办法，只好作罢。

有时，江彬还以皇帝的名义刁难，乔宇不为所动，据理力争，假的就是假的，真不了。任江彬如何摆布，也不免心虚害怕，只好不了了之。

乔宇不仅不怕江彬，还率九卿进谏，三次上章，请皇上回銮。朱厚照召江彬商议，江彬正好对乔宇恨之入骨，便请朱厚照下诏严惩。朱厚照不傻，知道这些大臣们没有害人之心，便踌躇道："去年在京师时，加罪言官，有些过头了，今日何可再为，不如由他去吧。"

既然皇上都这么说了，江彬也没办法，整不了乔宇，也只好如此了。

朱厚照谕令各官，尽心办事，不几日便回銮等等。各官接到此旨，只好等了。但过了一个月，也不见动静，只是行宫里传出了各种怪异的传闻。

据说，有一天朱厚照睡得正香，突然掉下了一个古怪的东西，被惊醒的朱厚照拿起来一看吓了一跳，原来是个被人涂成绿色的猪头。这代表什么意思呢？朱厚照想破了脑袋也想不出来。不过，这事儿太奇怪了，在防备森严的行宫内，怎么能发生这样的事儿呢？这对皇帝的安全或者命运来说，算是个小小的警告或威胁吧。

甚至有人谣传朱厚照的寝室中，悬挂着人头，把半夜起来撒尿的朱厚照吓得晕了过去。

一时间，谣言百出，人情汹汹。

大学士梁储对蒋冕道："春去秋来，折腾了这么久，若再不回銮，恐怕要发生变故啊。谣言这么多，多是恶兆，我辈身为大臣，怎忍坐视不理？"

蒋冕道："那就伏阙极谏，直到皇上答应回京为止。"

两人连夜写好奏折，第二天跪伏行宫外，捧着奏章，号哭不已，劝谏朱厚照回京。朱厚照算是怕了这些文官，便答应回京。梁储和蒋冕见事情有了进展，不禁喜笑颜开。不曾想，又过了数日，也不见朱厚照动身。

这时，朱宸濠的审讯结果出来了，在那份涉及谋逆一案的长长的名单中，有太多熟悉的名字。有这么多人都卷入到宁王叛乱的事件中，这是一个危险的信号。

没想到这些平时对自己毕恭毕敬的人竟然也藏有祸心，朱厚照开始重新审视自己身边的环境。

就在朱厚照重新审视身边这些人的时候，又传来朱宸濠在狱中谋变的消息，这促使来苏杭寻找天堂的朱厚照毅然选择了回京。

细细算来，朱厚照从正德十四年（1519年）十二月二十六日抵达南京之后，一直到十五年闰八月十二日才从南京启程回北京，他在南京一共滞留了二百四十多天。如今要离开了，内心真有些不舍，但身为一国之君，这趟南巡之旅已经做得快人神共愤了，是到了该画句号的时候了，回北京吧。

第十四章
亲爹不是爹，亲娘不是娘

泰州学派

叛乱已平，瘟神已去，朱厚照也玩腻了，踏上了回京的路。王阳明又有了大把的空闲时光，他又拿起书本，在江西讲学了。

南昌讲学盛况空前，上至达官贵人，下至平民百姓，简直要把巡抚衙门的门槛踏破了。

这天，一位泰州的商人来到了王阳明家，虽然他是个无名小卒，却吸引了很多人注意。因为他的穿着打扮实在是太奇怪了。只见他头戴五常冠，身穿深衣大带，手执笏板，而且还"言尧之言，行尧之行"。这样一个穿着独特，言行怪异的人，回头率自然是百分之百。

穿着这身奇奇怪怪的行头走在大街上，如此狂放，自然会招来很多异样的目光，引起很多人窃窃私语，他究竟是哪路高人呢？

他叫王艮，出生在泰州安丰场一个贫苦的盐丁家中，七岁入私塾读书，学的是儒家典籍《大学章句》，因为家境贫寒，十一岁就辍学了，接过父辈手中的活计，成了一个盐丁。四年的启蒙教育，未必能让王艮学到多少东西，但《大学章句》在王艮幼小的心灵中埋下了崇尚儒学的种子。

辍学后的王艮挑起了生活的重担，艰辛的生活和低贱的身份在他的心中打下了深深的烙印。他特别向往自由自在的生活，不愿意再重复父辈走的路。十九岁那年，他征得父亲的同意外出到山东经商。经商之暇，王艮特地到孔庙拜谒，八年前的那段儒学情缘又在他心中变得强烈起来。

由于王艮经营得法，家境渐渐富裕起来，这为他日后的学术活动提供了物质基础。王艮的理想并不是终身为陶朱公，而是要当新孔圣。二十九岁那年，王艮做了一个奇特的梦：天开始坠落，人们惊慌失措，只见他王艮奋然上前，高举双臂，一手托着天穹，一手把日月星辰重新归位，众人得救后纷纷拜谢。大梦醒来，王艮顿觉心体洞彻，一种即将肩负重任的神圣感油然而生。

既然自己要做大事，就要和常人不同，不仅思想境界不同，连外表也要有所不同。从这以后，以前的盐丁王艮不见了，一个每天穿着奇装怪服的人出现在大家面前。

这些狂怪荒诞的行为在平常人看来多少有点摆谱，有哗众取宠的嫌疑。但王艮是认真的，毫无作秀之心，一心一意地经营着自己的圣人梦。当他听说了王阳明，并接触到王阳明的学说后，被深深地吸引了，决定前去会一会这位与自己同姓的牛人。

起初，王艮拜见王阳明并不是冲着拜师去的，他是要看看自己的见解与王阳明究竟有什么异同，他要领教一下这位领引江南思潮的人究竟有多大能耐。如果不是遇到了王阳明，恐怕他一辈子都要在自大中沉沦下去。

二人在谈到天下事时，王阳明说"君子思不出其位"，意思是不要去做超越自己本分的事。

王艮说："某草莽匹夫，而尧舜君民之心，未尝一日忘。"意思说自己虽然是平民百姓，却始终在追求尧舜时代的理想政治。

王阳明举例说："舜居深山，与鹿豕木石游居，终身忻然，乐而忘天下。"意思是说，若想追求尧舜时代的理想政治，就应该像舜那样勤奋劳作，欣然自乐而忘天下。

王艮说："当时有尧在上。"意思是说，现在没有像尧那样圣明的君主。

第十四章　亲爹不是爹，亲娘不是娘

王艮大有"天下兴亡，匹夫有责"的气概，当谈论到良知时，他非常服气，认为"简易直截，予所不及"。王阳明认为他"有疑便疑，可信便信，不为苟从"是很难得的。对他这种独立思考、不轻盲从的态度大为赞赏。经过反复辩论，王艮最终对王阳明佩服得五体投地，拜王阳明为师，退执弟子礼。

王艮师从王阳明近十年，他一心求圣的狂者人格虽然没有改变，但王阳明的心学理论丰富了他的精神世界。可以说，在王阳明的影响下，才促成了一代大师的诞生，并催生了泰州学派。

也许你会问，王艮不过是一介平民，他的思想为何能在思想控制比较严酷的明代存活呢？

中国封建社会的统治者一直没有放松对人们精神的统治。不管是秦始皇焚书坑儒，还是汉武帝"罢黜百家，独尊儒术"，都是为了控制人们的思想。

到了宋明时代，儒家学说代表的程朱理学成为一种思想的钳锢，消极和弊端日益显现出来。但情况在晚明似乎发生了改变，以儒学经典为根据的理学，作为一种政治和生活的信念与准则，从封建社会的上层开始动摇。这给王艮提供了相对宽松和自由的发展空间，从而形成一股颇具声势的思想潮流。

王艮提出了中国思想史上独创性的"百姓日用之道"，就是不分贵贱贤愚，而以"百姓"为本位，以是否合乎"百姓日用"为标准判别是非，甚至检验是否是"圣人之道"。这在思想禁锢、个性萎缩的时代具有思想革新和个性解放的积极意义。

王阳明去世后，王艮开门授徒，开始了他"自立门户"的讲学时期，在家乡安丰场主要从事讲学活动。前期外出较为频繁，多游于江淮间。晚年居家讲学，从学、造访者络绎不绝。

有人曾说："王艮从阳明那儿借得了火，炼的是自己的金。"的确，王艮的思想以阳明心学为源，却又不囿于此。王艮让晚明社会卷起了一个泰州"旋风"，给十六世纪的中国思想界带来了一次大震动。尽管由于历史原因，它最终昙花一现，但它的价值非常大，是不容抹掉的。

诡异的清江浦

再看朱厚照一行,这队人马不久就抵达了江对面的仪真。朱厚照想起去年在这里钓鱼的快乐,就又去江边捕鱼,过了一把瘾。他突然想起赋闲在家的杨一清,既然来到了家门口,就不能这么走了,便又过江来到镇江,跑到杨一清家做客。白吃白住闹了几天,这才心满意足地拍拍屁股走人。

数天之后,朱厚照一行走到淮安清江浦,这里是钓鱼泛舟的好去处,朱厚照游玩的兴致又起,但谁也想不到,这里竟然成了朱厚照的鬼门关。

正德十五年(1520年)九月己巳,朱厚照带着随从来到积水池,准备继续钓鱼。只见这里层山百叠,古木千章,环抱一沼,清洁幽静,有一种说不出来的雅致。

朱厚照仗着自己威武,登上小船,另外还有四名太监随同下船,二名太监划桨,二名太监布网,渐渐地荡入中流。突然,不知什么原因,船竟然翻了,朱厚照一下子落入水中,周围的人吓得脸色惨白,纷纷跳入水中把皇帝救上了岸。

这又不是在海里,也没有什么狂风暴雨,船怎么会翻了呢?太诡异了。

好在被救上岸的朱厚照没缺胳膊少腿,他也不怎么在意,继续钓鱼,直到尽兴。大家本以为这次落水风波就这么过去了,但接下来发生的事情更让人琢磨不透了。

本来,朱厚照不是那种喜欢待在书房里的人,从小习武,体格练得很棒,身体素质是相当过硬的,但自从这次落水后,他的身体突然就变得非常虚弱,患病后,病情开始迅速恶化。每天都无精打采的,再也没有了以往的活力和精神。随行的太医也无能为力,悲观地断定皇帝病得非常重,能熬到北京就不错了。

一次意外的落水,竟然让一个体格强壮的人病入膏肓,这怎么也说不通啊,但想想那些在南京的谣言,还有朱厚照急匆匆地回京,种种异象都表明这不是一次简单的落水事故,背后一定有见不得人的阴谋。史书上对这件事虽然多有争论,但没有一个定论,这个谜团似乎永远都无法解开了,给我们留下了无限遐想的空间。

浑身没劲的朱厚照并不知道自己的病情,只是感觉这次病得比较严重,以为过些时日就会好起来。他没在意自己的身体,立即带着军队赶往北京,因为审理朱宸濠的那份名单让他心中感觉不安,还是尽快把这些人处理掉为妙。

但队伍走到通州时,朱厚照突然下令全军在此驻扎。因为北京有太多的朱宸濠的党羽,安全与否还不确定,在通州这个离北京不远的地方遥控朝政,更容易处

第十四章 亲爹不是爹,亲娘不是娘

理掉那些和朱宸濠勾结的人。

接着,除了已经被关起来的钱宁外,为朱宸濠恢复护卫的吏部尚书陆完,几位重要的太监,锦衣卫指挥,监察御史和河南布政使等人全部被抓下狱。同时,朱厚照提拔调整了一些重要岗位的人选,完成了一个新政府的组建。

这个生性爱玩、崇尚自由的皇帝就此在生命最后的日子彻底根除了宁王朱宸濠叛乱的顽疾,为大明王朝的稳定加了一把力。

朱厚照坐镇通州,开始大清洗,他召开了中国文明史上的第一次"人大代表"大会,下了一道奇特的圣旨:"令五府,六部,都察院,通政司,大理寺,鸿胪寺,锦衣卫,六科,十三道,每衙门止留佐贰官一员在京,其余并内阁,皇亲,公侯,驸马,伯俱赴行在。"也就是说,朝廷的每个部门只留一个副部长级别的人在北京处理政务,其他几乎所有的官员还有皇亲国戚都要赶到通州开会。

消息一出,舆论大哗,这太不可思议了。就是要开会也应该在北京呀,为何要把这么多官员和皇亲国戚都集中到通州呢?难道有什么阴谋不成?有传言说江彬挟持了皇帝要发动政变,要把政府官员和皇亲国戚一网打尽。如果传言属实,那就太可怕了。为了慎重起见,内阁集体上疏表达了异议,但朱厚照意已决,铁了心地要大家来通州一起议事。

没办法,皇命不可违。

于是,大明王朝历史上发生了奇特的一幕,几乎所有官员和皇亲国戚骑马的骑马,坐轿的坐轿,纷纷前往通州。他们心里都打着鼓,不知道还能不能见到明天的太阳。

大明王朝几乎所有精英和上流人物全部聚集在通州,当他们见到脸色蜡黄、气喘吁吁的朱厚照主持大局时,总算是放心了,只要皇帝还活着,他们就性命无忧了。但生病的朱厚照又让他们担心,这皇帝怎么突然就病成这般模样,还能好起来吗?

朱厚照这次召集大家开会的议题只有一个:如何处置朱宸濠。当在场的人听到这个议题后,都差点要晕过去。这还用这么兴师动众地讨论吗?叛乱者自然是要被咔嚓的。要杀要剐,你皇帝自个儿定不就完了。很显然,大家对朱厚照的民主意识还一时无法接受。

大家对神经质的朱厚照已经习惯了,这个皇帝总是要玩些幺蛾子,不折腾人,他心里就不爽。年轻的官员还好说，那些老一些的一路颠簸到这里，气得都要快吐血了。

经过一番讨论，朱宸濠被判决赐死，他的十个亲属也被斩首。判决基本正常，大家谁都没有异议，再说，谁敢有异议，若被扣个同党的帽子，这辈子就算玩完了。

干净漂亮地处理掉了朱宸濠和他的党羽后，朱厚照在十二月十日带领大军凯旋，回到了阔别达一年半之久的京城。

下一个继承者是谁

回到北京城后，朱厚照的病越来越重，他预感到自己的大限将至，必须在还没咽气前把身后事都处理干净。最让他忧虑的问题就是继承人。

如果皇帝不幸驾崩，而没有指定谁是继承人，那必将引发内乱，后果不堪设想。所以必须防患于未然，一定要尽快结束这种无太子的现象。

同时，大量的言官奏疏开始赤裸裸地提到皇帝无嗣，要求朱厚照立即册封一个宗室为皇太子。朱厚照拖着病重的身体看着这些奏疏，内心非常矛盾，他多想有一个自己的儿子来继承皇位，但现实是一个也没有。自己才三十岁，正值壮年，也许老天爷会让自己挺过这一关的吧，所以，他迟迟下不了立太子的决心。但现实是残酷的，往往不能尽如人意。

十二月十三日，朱厚照刚刚凯旋回京没几天，礼部就提出让皇帝亲自出席郊祀大典。虽然朱厚照病得比较厉害，但这些礼数是不能落下的。于是他拖着病重的身子亲自主祭，到天坛循例行礼。按照规定，皇帝要进行四次跪拜才算完。朱厚照艰难地跪了下去，准备进行第一拜，但突然感觉心悸目晕，支撑不住，眼看就要晕倒在地了，侍臣连忙过来扶持了一把。过了半天，朱厚照才颤颤巍巍地站起来，可还没迈步，只听"哇"的一声，朱厚照吐出一口鲜血，浑身颤抖不已，那摊鲜红的血已经染红了洁白的地面。

朱厚照都到了这个地步，再也无力完成下面的动作了，郊祀大典只好草草收场，侍从们连忙把朱厚照扶回到宫内休息。

这下，朱厚照的病情大白于天下了，朝野内外都知道他病得不轻，上下一片

第十四章　亲爹不是爹，亲娘不是娘

哗然。但朱厚照对于储君问题仍然闭口不言，他祈祷自己能渡过这个难关。

转眼已是残年，爆竹一声除旧，正德十六年（1521年）到来了。过年了，家家户户张灯结彩，喜气洋洋，一派热闹的景象。新年新气象，我们不禁要问，朱厚照的身体会出现好转的迹象吗？

正月初一，朱厚照先是抱着病体给死去的祖宗和活着的皇太后行礼。接着又接受文武群臣和"四夷朝使"的庆贺礼，然后命百官中的命妇到皇太后和皇后宫中朝贺。

朱厚照这几年就想着玩了，从没把这种隆重的朝会放在心上，这是他第一次如此用心地参加。看着满朝臣子都面露喜色，朱厚照的心情也变得好了起来，但让他忧心的是他的身体并没有因为过年而有所好转，参加完这些朝会，他便提不起精神，又躺在了病床上，一动也不想动。

眼见皇帝的身体一天不如一天，大臣们都急得团团转，万一这朱厚照哪天蹬腿闭眼后，这大明的江山还得有人来坐啊，所以，这皇位的继承人还是应该赶紧确立下来为好。

正月初九，监察御史郑本公上书说："过去汉朝和唐朝的继统都曾断过，后来仓促地立了昏弱的皇位继承人，结果让国家遭受了无穷的祸害。我们应该引以为鉴。陛下正当春秋鼎盛之际，将来肯定会生有皇子，但现今各地灾祸频繁，宗藩叛变，都是因为皇储未定惹的祸。希望陛下以宗庙社稷为重，早立东宫太子，维系天下人心，让百姓安居乐业，让大明越来越强盛。"

又是皇位继承人，烦不烦人？我还没死呢，朱厚照很生气。说我正当春秋鼎盛，骗谁呢？连我自己都不相信。

朱厚照心中憋着一口气，对诸位大臣的提议不加理会。

就在群臣都为皇位继承人的问题挠头时，江彬等人却越来越骄恣，竟然矫传皇帝的旨意，改西官厅为威武团营，自称兵马提督，兼掌京内大军，所领弁卒，也是狐假虎威，横行霸道。

江彬手握重兵，如果朱厚照驾崩后，他为祸作乱，那大明将会再燃战火，百姓又要遭殃了。大臣们都非常担心，害怕江彬在旦夕之间便举起造反的大旗，所以确立皇位继承人显得更加迫切。

虽然朱厚照不急着确立继承人，但有人着急。以皇太后张氏为首的皇族势力坐不住了，必须要找一个能代表自身利益的人来做大明的下一任皇帝，否则等朱厚照驾崩后，他们的利益也将受到不可估量的损失。

当前，选择皇位继承人有两种办法：一种是选朱厚照的从兄弟，即"兄终弟及"；另一种是从朱厚照以下的侄儿辈中选出，即"入继大统"，也就是说从兄弟的儿子中过继一个，继承皇位。

就在皇太后张氏为下一任皇帝张罗时，朱厚照不行了。虽然有御医的精心治疗，但他的病终不见有起色，真元耗损得太厉害，没救了。

司礼监魏彬悄悄询问了朱厚照的病情后到内阁对大学士杨廷和说："皇上的病危险了，医力已穷，不如悬赏巨金，选一个圣贤当继承人。"

杨廷和听后，沉吟一阵后才开口道："御医久侍圣躬，经验丰富，譬如人生伦序，先亲后疏。亲近的人，才靠得住吧。"

话语说得很含蓄，但都围绕朱厚照的继承人谈的，杨廷和更倾向于"入继大统"。

再看张太后，她只有这么一个儿子，自然不希望皇位的继承者来自旁支，但目前不容乐观。如果再这么拖下去，皇帝驾崩后，局势没准会陷入混乱中。自己这个皇太后的位置能不能坐稳都是个未知数。于是，备感焦虑的张太后派人去问杨廷和："皇上既没有儿子，也没有弟弟，谁合适做他的继承人呢？"

关于皇位继承人的人选，杨廷和物色已久，他心目中已经有了合适的人选，便道："兴献王次子朱厚熜。"

张太后一听，放心了，有杨廷和的支持，自己的位置一定会坐得稳稳的。

杨廷和为什么会推荐朱厚熜呢？因为武宗唯一弟弟朱厚炜幼年夭折，于是上推到武宗父明孝宗一辈，孝宗两名兄长都早逝无子嗣，四弟兴献王朱祐杬虽然已经死了，但有二子，长子（朱厚熙）已死，便以"兄终弟及"的原则立次子朱厚熜为嗣。杨廷和寻找的皇位继承人完全符合"皇明祖训"，父死子继，兄终弟及。

正德十六年（1521年）三月乙丑，朱厚照进入弥留状态，太医们束手无策。皇后、太监、内阁大臣以及皇族成员围坐一堂，大家哭泣着聆听皇帝最后的遗言。

奄奄一息的朱厚照看着四周哭泣的人，留下了他人生的最后一句话："我的病已经没救了，请把朕的意思告诉皇太后，国家大事以后可以和内阁商议处理，以

第十四章　亲爹不是爹，亲娘不是娘

前的事情都是我的错，与他人无关。但愿你们以后谨慎处事，不要太狂妄了。"

人之将死，其言也善。英俊爱玩的朱厚照说完便驾崩于豹房，时年三十一岁。

这从一个侧面说明朱厚照本人并非残虐淫暴的大恶之君，并没有坏到哪里去，他这辈子坏就坏在一个"玩"字上。

属于朱厚照的时代结束了，为了能让新帝顺利登基，稳定政局，杨廷和与张太后商议，密不发丧，必须把一切不稳定的因素都剔除掉，再昭告天下。如今，最让人担心的就是手握重兵的江彬，必须把这个人除掉。

朱厚照一死，江彬便没了靠山。他虽然解决了钱宁，但没有能够搞垮王阳明，如今他能战胜新对手杨廷和吗？

就在江彬琢磨对策时，杨廷和出手了。他与张永及兵部议称："团营官军，正该皇城诸门守御，边军离家日久，不可久留，即放出城，不许停驻。"这实际上是削弱了江彬的势力。不过，江彬手握重兵，如果把他逼急了，难免会狗急跳墙，到时候京城就乱了。大家密议一番后，准备动用张太后这张牌。

当初，杨廷和之所以要和张太后站到一起，就是看准了她能在朱厚照死后发懿旨。很快，他就利用颁布遗诏做出了一系列矫弊返正的决定，把矛头对准了江彬。

杨廷和与司礼太监魏彬定计，以坤宁宫殿成，要行安装上梁的仪式，让江彬与工部尚书李𬭚一起入宫主持典礼。在江彬看来，这是一件十分光荣的事情，所以他去了。

杨廷和亲自与江彬寒暄，装作没事人一样。江彬也没察觉出有什么不对劲，他不知是计，穿礼服入宫，侍卫被挡在宫外。宫内的规矩一向如此，他也没多想，独自进了宫。

祭礼完毕后，江彬正要离开，太监张永又要留他吃饭。江彬有些晕乎了，今天这些人都是怎么了，一下对自己这么热情。这时，他看见有宦者持诏带着几个锦衣卫走了过来。

江彬感觉不对，一阵凉风顺着脖子灌进了他的后背，他打了个激灵，心头顿生一种不祥之感。江彬隐隐觉得上当了，便朝西安门方向狂奔，但宫门紧闭，他出不去。没办法，继续跑吧，停下来就连一点希望也没有了。他又顺墙疾行，奔向北安门。无论如何左冲右突，也无济于事，他最后的一场人生长跑就这样结束了，最后被守门的兵将挡住了去路。

宦者打开圣旨，大声宣读："皇上有旨，留提督在宫内！"

江彬觉得这太可笑了："今日旨从何出？"意思是说皇帝都病成那样了，发旨要经过我的手，他都不知道有这样的圣旨，这圣旨自然不会是真的。

说话间，江彬开始推搡拦阻他的兵将，想乘机逃出宫去。没想到反被一拥而上的兵将绑成了粽子。开始时他还能痛骂几句，不久就被塞住了嘴巴，只能哼哼了。而且胡须也被拔了个精光，昔日威武绝伦的大将，就这样成了阶下囚。接着，江彬的余党也被一网打尽，张忠、许泰后因他故减死充边。

新帝继位后，江彬被凌迟，已经成年的五个儿子也被杀了，他的幼子江然及妻女都被转到有功臣家为奴。另外，从江彬家抄出黄金七十柜，白银两千两百柜，其他珍宝不计其数。

正德年间的最后一个权奸就此结束了他的一生。江彬这一辈子干过很多坏事，害了不少人，最后连本带息还了回去。其实，说到底江彬只是个恃宠跋扈武夫罢了，只想哄明武宗朱厚照开心，在武宗身边十年，所做的恶事，比起刘瑾，还是差远了。

即使在朱厚照弥留之际，江彬也没有拥立宗室的打算，可谓对皇帝忠心耿耿。只是他的位置和权势太过于显眼，结果害了他，让人误以为他会乘机作乱，结果因此丢了性命。

真是高处不胜寒啊。

新帝不可小觑

解决了江彬以后，京城稳定下来了，一片和谐。接下来，该迎接新帝来京了。当初杨廷和之所以选择朱厚熜当新帝是有原因的。一是朱厚熜喜欢读书，有贤名，是个好苗子，应该能培养成一代明君；二是朱厚熜已经虚岁十五，太后不容易控制，不会出现不利于文官的垂帘听政、外戚专权的局面。

另外，张太后为了不至于被新皇帝一脚踢开，她开出的条件是：朱厚熜加继嗣，也就是朱厚熜要过继为张太后的儿子。认个妈，不用改姓（都姓朱），就能做皇帝，这买卖谁都想做，正好落在了朱厚熜头上，他自然不会拒绝。

第十四章　亲爹不是爹，亲娘不是娘

张太后很满意，杨廷和也乐呵呵的，不过他不会乐很久，因为他没想到小小的朱厚熜也很有个性，不是那么好驾驭的。

由于兴献王朱祐杬的封地在湖北，杨廷和派阁臣梁储便去湖北奉迎朱厚熜。

在中国古代，人人都眼馋皇帝的宝座，有人为此费尽心机，有人为此六亲不认。然而天上掉馅饼，未必要早起。这位十五岁的少年就交了好运，人在家中坐，皇位天上来。

朱厚熜一行顺利抵京，虽然只是个十五岁的孩子，但在原则问题上他是绝不让步的，虽然对手是强大的内阁首辅杨廷和，但也不足畏惧。

大学士杨廷和在正德七年（1512年）成为首辅后，与蒋冕、梁储等大学士在正德朝已经形成了一个较稳固的内阁班子，强有力地主持国家的行政事务，在一定程度上限制了武宗朱厚照的胡作非为。尽管朱厚照倒行逆施，但明王朝的整体大局还算比较稳定，没出现不可收拾的祸乱。等朱厚照驾崩后，以杨廷和为首的内阁形成，牢牢地掌控了明王朝最高的权力。

有人的地方就有江湖，何况是在朝堂之上，权力角逐就更加激烈。以杨廷和为代表的内阁必然会与新帝产生矛盾，争斗是避免不了的。

新帝既然到了，朝廷百官自然要去迎接。在杨廷和的布置下，礼部员外郎杨应魁请嗣皇从东安门进入京城，居住在文华殿，择日即位，一切礼仪按皇太子嗣位安排。

在杨廷和看来，朱厚熜睡了一觉，第二天一睁眼便成了皇帝，这皇位来得出乎意料。再说，他还是个孩子，用皇太子嗣位的礼仪安排也说得过去。但这只是杨廷和的一厢情愿罢了，他低估了这个十五岁的孩子。

少年朱厚熜仰头望着远处雄伟的京城城墙，心里感慨万分，本来他身为藩王的子弟，没有资格留在京城。如今，承蒙幸运女神的眷顾，他不仅来到了京城，而且将住在这里，成为被人敬仰的帝王。想到这些，他就兴奋得想蹦几下。可还没等他蹦起来，一群官员就迎了上来，并告诉了他一个不好的消息：从东安门进宫，到文华殿暂住。另外，还送上了一份长长的礼单。

当朱厚熜看了礼单后，心中很不高兴，板着脸说："大行皇帝遗诏，是让我来当皇帝的，并不是来做皇子，所拟典礼与遗诏不符，应行另议。"

就这样，朱厚熜回绝了杨廷和的安排，说什么也不肯进门，在城外悠闲自在地溜达。从这一刻起，他和朝臣的斗争生活便开始了。

听到朱厚熜不肯进门，杨廷和才开始重新审视这个小皇帝，心里隐隐感觉眼前的这个孩子颇有城府，不像预料中的那么弱小。不过，他根本不把朱厚熜这个乳臭未干的小子放在眼里，接着联合朝臣集体上疏请求朱厚熜接受礼部的提议。这朱厚熜也是一头倔驴，坚决拒绝皇太子的身份，否则拒不入城。

双方互不相让，就这么僵持着。眼见双方都这么强硬，深宫之中的张太后看不下去了，便出来打个圆场。希望双方都让一步，让朱厚熜迅速进宫即位吧！

由于明武宗遗诏中的"接班人"人选天下皆知，不可能另外推一个"嗣皇帝"出来，杨廷和等人有些拗不过少年朱厚熜了。

国不可一日无君，没办法，在这种时候，是不能较劲的。再说，太后都出面了，怎么也得给太后个面子，杨廷和便选择了妥协。

最后，太后下懿旨，令群臣出郊恭迎，劝朱厚熜进京。于是，朱厚熜从大明门直入文华殿。

这是一个皇帝专用门，第一次对一个还没有穿上龙袍的人开启。朱厚熜非常欣慰，他开始意识到了皇权的威力。

进京后，朱厚熜先遣百官告祭宗庙社稷，接着，拜谒大行皇帝（明武宗）梓宫后，又拜见了宫内的皇太后，然后便出御奉天殿登上皇帝的宝座。

当杨廷和给朱厚熜送上了即位诏书后，心思缜密的朱厚熜看了很久，沉默不语。百官们静静等着，不知道新皇帝究竟有什么意见。只见，朱厚熜微微一笑，拿起御笔修改了他平生第一道诏书，抹去了内阁拟定的新年号"绍治"两个字，在上面写上了"嘉靖"两个字。当下颁布诏书，称奉皇兄遗命，入奉宗祧，以明年为嘉靖元年，大赦天下。

就这样，在第一回合的较量中，朱厚熜小胜，杨廷和被打了个措手不及。不过，这仅仅是一个开始，更大的纷争还在后面。

第十四章　亲爹不是爹，亲娘不是娘

亲爹不是爹，亲娘不是娘

正德十六年（1521年）四月二十二日，大明嘉靖皇帝朱厚熜正式坐上了龙椅，嘉靖时代开始了，明代历史上最著名的政治事件之一——大礼议事件在演完了其短暂的序幕后也正式拉开了大幕。

虽然贵为九五之尊，但朱厚熜心里明白，他这个所谓的皇帝其实只是大家选出来的傀儡，什么时候能拿回属于自己的至高无上的权力，才能成为真正的皇帝。

不得不说，做藩王虽然级别低一些，但至少安全系数高。如今爬上了金字塔的最顶端，反而危险了，因为只要跌落下来就会死无葬身之地。

在深宫中，朱厚熜辗转反侧，怎么也睡不着，他又想起和母亲蒋王妃分别时的情景。

那天，当朱厚熜接到大行皇帝的遗诏时，他到兴献王园寝辞行，跪伏在母亲蒋王妃膝上流泪不止，母子哭成一团。这并不是什么作秀和表演，朱厚熜对父母是非常孝顺的，而当时母子二人将要天各一方，他们不知道将要面对什么，更不知道母子是否还会有相聚的一天。

蒋王妃呜咽道："我儿此行，入承大统，凡事须当谨慎，切勿妄言！"朱厚熜谨记，一步三回头地离开了自己的母亲。

想到这些，母亲蒋王妃的音容笑貌便在眼前晃动，朱厚熜不禁又热泪盈眶，渐渐睡去后，泪水打湿了枕巾，一夜无语。

既然已经当了皇上，那和自己母亲相守的这点要求应该没人会反对吧。于是，朱厚熜在即位后的第三天，便向大臣提出希望能把自己的母亲接到北京母子团聚。

古人说："百善孝为先。"一切善行都是从孝开始做起。孝是人世间一种最高尚、最美好的情感，是人一生中最深刻的亲情，它是人的根、人的本。

大臣们自然没什么好反对的，只好派人前去迎接皇帝的老妈。

不过，他们即将面对一个棘手的问题，人可以接到北京，但给什么名分，就成了一个需要认真斟酌的问题了。因为儿子都成皇帝了，母亲却至今还顶着个王妃的称号，这说不过去啊。

朱厚熜此刻最大的心愿就是能看到母亲，能和母亲在一起，至于名分问题，他还来不及考虑，为此他三番五次地嘱咐迎接母亲的使臣，一定要十二分地小心，不能出任何差错。朱厚熜甚至亲自去为迎接母亲的使臣们送行，他的拳拳孝心表露无遗。

在等待母亲来京的同时，朱厚熜下诏，革除明武宗时期的弊政，平反昔日蒙受不白之冤的官员，还惩治了前朝的一些飞扬跋扈的官员。

这天，又是一次君臣见面会，会议的主要议题是讨论正德皇帝的谥号，最后决定为承天达道英肃睿哲昭德显功弘文思孝毅皇帝，庙号武宗。结果，全票通过，没有人反对。接着，又议了一些乱七八糟的小事，眼看到了饭点，大家都希望能结束会议，好去填饱肚子，大快朵颐一番。但朱厚熜突然想到了自己死去的父亲兴献王朱祐杬，希望礼部能给他确定主祀和封号。

对自己的父亲念念不忘，这朱厚熜还真是个孝子，应该受到表扬，但问题紧跟着出现了。

一般来说，给皇帝的父亲加封号，都是追封为什么什么皇帝。但现在的情况是朱厚熜的父亲不是皇帝，如果给个什么什么王又不恰当，因为他的儿子是皇帝。这似乎陷入了"先有蛋，还是先有鸡"的怪圈，大臣们面面相觑，一下没了主意。

现代人看来，也许觉得这根本就不算是个问题，名字不过就是个代号而已，没那么重要。但在明朝，宗脉延续的观念非常强，礼仪上的稍微变化就可以改变很多说法，正所谓名不正则言不顺，有了"名"，你的根基才会稳固，办起事来才会顺畅很多。

也许有人会说，这朱厚熜白捡了一个皇位，怎么还不知足，还想着让死去的亲爹也风光一场，这也太贪心了吧。

其实，也不能这么说，这是原则问题，人不能没有原则，否则别人会看不起你，即使你是皇上，也是如此。再说，一个皇帝连给自己的父亲要个合理的称号都办不到，这皇帝当得也太无趣了。

皇帝要给自己的亲生父亲加封号，这是合理要求。问题摆出来了，接下来就看怎么解决了。当时的礼部尚书是毛澄，他接到这样的命令后，顿感不知道该如何下手。因为事关重大，他便向杨廷和求教。

杨廷和一副胸有成竹的样子，自认为对付一个那样的十五岁小孩是手到擒来的事。他对礼部尚书毛澄说："毛大人，莫慌，此事是有依据的，汉代定陶王、宋

第十四章　亲爹不是爹，亲娘不是娘

代濮王的故事大家都不陌生，何不援引一下。"

毛澄恍然大悟，对熟谙史籍的杨廷和佩服得五体投地。第二天便上了一道奏折，大意是：

根据前代外藩王入继大统的事例，新皇帝应以明武宗为皇兄，以明武宗之父明孝宗（嘉靖的伯父）为皇考（父亲），不能再管您的父亲（兴献王）称为父亲了，您应该称呼他为叔叔（皇叔考），称您的母亲为叔母（皇叔母）。以后你要祭祀自己的亲生父亲，要记得自称自己为侄皇帝。另外，为了弥补兴献王"无后"的"遗憾"，廷臣们建议让益王的儿子朱崇仁过继给死去的兴献王为"儿子"。还有，我们几个人商定，如果大臣中有谁反对这一提议的，可以定性为奸邪之人，应该推出去杀头。

朱厚熜看完奏折后，顿时火了，把奏折扔得老远，怒道："父母的名称，能这么轻易就改变吗？"

其实，朱厚熜说得也对，他又不是孤儿，又不是没有亲爹亲娘，为什么自己的爹就不是爹了，自己的娘就不是娘了？

这时，杨廷和很安静地走出来，说："可以。"

朱厚熜看了看其他大臣，他们都异口同声地支持杨廷和。

这时，朱厚熜明白杨廷和这个幕后人物太可怕，自己虽然坐上了皇帝的宝座，不过是个傀儡罢了。

看到这种"编排"，朱厚熜很不高兴，丢下两个字："再议！"便退朝了。

退朝后，朱厚熜的心情很不好，他躺在床上，琢磨着该如何对付杨廷和这个老狐狸，想想朝堂上大家都站在杨廷和那边，便叹了一口气，知道自己现在还没有实力和杨廷和斗，必须养精蓄锐，等合适的时机出现后，再一记重拳，把杨廷和直接打回老家去。

不过，虽然暂时动不了杨廷和，但也不能就这样坐以待毙。既然正道走不通，那就走走后门，改变一下策略。于是朱厚熜让身边的太监把杨廷请进宫，把他安排在偏殿，恭恭敬敬地请他喝茶聊天，用恭维的口气吹捧了杨廷和一番，表扬他的丰功伟绩。见铺垫得差不多了，朱厚熜才为难地表示，自己的父母确实需要一个名分，希望杨先生能够高抬贵手，成全了这件事。

不料，老杨全然不买账，茶照喝，话照谈，坚决不妥协，臣子的礼节尽数做到，但是原则问题没的商量，该怎么着就怎么着。

费了半天口舌，也没能说动杨廷和，谈话不欢而散。

就在朱厚熜还在琢磨对策时，杨廷和其他大臣六十多人也多次上疏力谏，希望新帝从大局出发，兼顾"天理""人情"。说白了，就是让朱厚熜不要认亲爹为爹，也不要认亲娘为娘。

靠，天底下竟然有这么不讲理的人，既然你们要无赖到底，就别怪我耍流氓了。朱厚熜也是一条筋，坚决不听，打死也要认亲爹亲娘。

朱厚熜孤军奋战，如果连父母的名分都保不住，那这皇帝当得还有什么滋味？痛苦的他感到软弱无力，不禁仰头问天：老天爷，难道你真的这么无情，要如此折磨朕吗？

大礼议事件

朱厚熜虽然年纪小，但是一个很固执的人，即使已经接近崩溃的边缘，他也不会认输，依旧固守着不能舍弃自己父亲的道德底线。

也许只有把人逼到了绝望的境地，才会看到希望的曙光出现。要知道，天无绝人之路，痛苦只是胜利的前奏。只要学会坚持，总有时来运转的时刻出现。朱厚熜在最绝望的时候，他的帮手出现了。

这天，朱厚熜在案头看到一个署名为张璁的奏折，这份奏折引经据典，旁征博引，只向他传递一个思想：你想认谁当爹都行。

朱厚熜看到了希望，原来自己不是一个人在战斗，还有其他人在背后默默地帮自己！他实在是太高兴了，来回走了几圈还不能平复自己激动的心情。

张璁，字秉用，号罗峰，浙江温州府永嘉（今温州市龙湾区）三都普门村人。少好经学，博学多才。但七次进京参加科举，都名落孙山，此时他中举人已经差不多二十年了。

对于一般人来说，经历了这么多次的失败，早就气馁了，但张璁不是一般人，他以屡败屡战的精神在正德十六年（1521年）参加了第八次会试。这次他终于考上了，虽然名次不高（二甲第七十余名），但总算是中了进士。

第十四章　亲爹不是爹，亲娘不是娘

张璁已经是奔五的人了，但总算赶上了末班车，成了政府官员。不过，他运气不好，没有被选中成为庶吉士，被排斥在翰林之外。按照惯例，如果不是翰林，这辈子是入不了阁的。在别人看来，他这个半老头子也就是混混日子，干不了什么实事。他虽然被分配到礼部，却没有得到任何工作，只得了个实习生的身份。他这个年纪也不想着努力奋斗了，只好喝茶看报纸，打发时光，等待光荣退休。

这天，张璁闲来无事，顺手拿起毛澄写的那份关于"爹娘名分问题"的报告读了起来，一下子从中看到了机遇。

能否飞黄腾达，就看这一下了。

虽然张璁知道对手很强大，是权倾天下的杨廷和，但没有风险，就没有收益，只有高风险，才有高收益。

自己寒窗苦读，不就想混个功名，出人头地，可如今半死不活，还不如拼死一搏，没准就能搏出一条光明大道。

于是，张璁四处查找资料，挑灯夜战，一篇惊世大作横空出世了。

朱厚熜对张璁的大作赞叹不已，他仿佛看到了击败杨廷和的曙光，激动得高声呼喊："老天爷，朕终于可以认爹了！"朱厚熜如同打了鸡血一般兴奋，即刻召见杨廷和，把这篇文章甩给他看，得意扬扬地说："这份奏章遵循祖训，拘古礼，应该采纳，你们不能再误朕了！"

杨廷和不会被一篇文章所吓倒。他将原疏看了看，不屑道"新进书生，知道什么大体，他不配谈论国家大事"，说完，放下奏章，行礼之后扬长而去。

国家兴亡，匹夫有责。皇帝的事，也是全天下人的事，张璁怎么就不能说话了？既然你这么狠，就不要怪我不客气了，要知道我是大明货真价实的皇帝。

朱厚熜不管三七二十一，马上写了一封手谕，尊父亲为"兴献皇帝"，母为"兴献皇后"，要求内阁为自己草诏（没有内阁草诏的皇帝任何手敕都不是合法的诏令）

当杨廷和看到这封手谕后，便封了起来。他要让朱厚熜明白没有内阁同意，他的手谕不过就是个手谕而已，想跨过内阁，那是不可能的。

这皇帝当得真憋屈，愤怒的朱厚熜顾不上自己的实力如何，杨廷和的势力如何强大，他决定要和杨廷和斗到底，即使是鱼死网破，也在所不惜。

就在朱厚熜与杨廷和斗得难解难分时，又一个猛人出场了，她就是朱厚熜的娘蒋氏。

此时，兴献王妃蒋氏已经到了通州，听到儿子这么受气后，不禁气愤地说："是我亲生的儿子，奈何认他人为父，认他人为母？"

蒋王妃本打算到京城当太后的，结果得知她不但当不上太后，连儿子也要成为别人的了，怎能让她不气愤？

身边的仆人问接下来怎么办，蒋王妃说："车驾就暂停在这里，不走了。"

朝使等奉命前来恭迎，见车驾不走了，便问是怎么回事。

蒋王妃怒吼："你们去告诉姓杨的，名分未定之前，想让我进京，没门！"

朝使见事情有些搞僵了，心里不安，便报告给了朱厚熜。朱厚熜知道这是母亲在帮自己，心里非常感激，但也很难过。因为自己身为皇帝，却连亲爹亲娘都不能认，这皇帝当得还有什么味道，想到这里，他便涕泣不止，有了退位的念头。

朱厚熜带着满脸的泪水到后宫拜见了张太后，说："我妈来不了了，我也干不下去了，为了不让母亲受苦，情愿避位归藩，回安陆当土财主，奉母终养。"

张太后很吃惊，这皇帝没干几天，怎么就吵着不干了，问明缘由后，便极力安慰。但任凭张太后如何劝慰，嘉靖的态度都异常坚决。无奈之下，张太后便出面让阁臣做出妥协。

对于此时的朱厚熜来说，即位初期的新奇、喜悦早已在与廷臣的斗争中消磨得无影无踪，处处碰壁让他无比失落。与其做一个处处受制的皇帝，还不如母子团圆共享天伦。

不过，用退位做赌注来抗争，显然是意气用事。如果朱厚熜是一位成熟的政治家，就会从大局出发，用先继嗣再继统的方式维护政权稳定，建立和谐的君臣关系。但在他心中孝高于一切，所以才用退位的方式表达自己的不满和执着。

再看大臣们一下子都傻眼了，皇帝如果退了位，那自己就成了逼皇帝退位的臣子了，这名声可不好听啊。而且即使再选个新皇帝，把君父之名看作儿戏，这本身也是对大臣们的一种极大的侮辱。

虽然杨廷和还很强硬，但大臣们有些动摇了，不愿意被人背后戳脊梁骨。

这时，张璁又写了一篇论礼仪的文章，要求杨廷和做出适当的让步，在舆论上制造了很强的声势。张璁把宝都押在了朱厚熜身上，梦想着有朝一日能借着新帝这把梯子飞黄腾达。

第十四章　亲爹不是爹，亲娘不是娘

这次该杨廷和头疼了，朝中有闹着撂挑子的朱厚熜，城外有遥相呼应的寡妇，全世界的人都以为他杨廷和在欺负这对孤儿寡母。再加上张璁时不时地恶心他一把，还有张太后在背后撑腰，杨廷和有一种被包围的感觉，他知道该退一步了，但不是没原则地退，要退也要退得有水平。

最后，杨廷和等人统一将朱厚熜的父亲和母亲分别命名为兴献帝和兴献后，特意说明这是张太后的意思，以保全内阁的颜面。

在"大礼议"第一回合的较量中，朱厚熜取得了胜利，他很高兴。但他在城外的母亲觉得还不够分量，非要在称号里加上一个"皇"字，这样才能显示出尊贵的皇家气派。

虽然只是一个字的问题，但在杨廷和看来这不是小事，他认为自己已经退了一步，不能一再退让，便拿出了撒手锏——如果要加这个"皇"字也可以，但我杨廷和就辞职不干了。

开始是朱厚熜拿不当皇帝相要挟，现在杨廷和也用回家卖红薯这招来威胁。

不管杨廷和是真想走，还是装样子，他现在不能走，因为朝廷中都是他的人，如果他走了，朝廷还不乱了，朱厚熜的日子就更不好过了。

于是，朱厚熜赶紧给他娘回话，让她不要再折腾了，见好就收。杨廷和有了台阶下，也不闹着辞职了。这场关于权力的争斗就此暂告一个段落。

朱厚熜的母亲顺利进入了北京，母子团聚共享天伦，但这并不意味着整个事件就此结束，下一幕的序幕即将拉开。

再看张璁，在这场"大礼仪"争斗中，他也算是个风云人物，实习期满，却被分配了一个"南京刑部主事"的工作。

本来朱厚熜非常感激张璁，要给他升官的，杨廷和虽然挡不住，但他可以做点手脚，找出很多让皇上难以反驳的理由，将张璁高升到外地。再说这个刑部主事相当于正厅级干部，已经是高升了，朱厚熜也不好再说什么了。

而张璁到了南京，远离了权力中枢，这不是个好兆头，他心里那个妄图借助朱厚熜飞黄腾达的梦想暂时落空了。

到南京去任闲职，张璁知道这是杨廷和对他的惩罚，没办法，人总得为自己的选择付出代价，他只好垂头丧气地去南京上任了。

张璁已经引爆了重磅炸弹，接下来会发生什么是谁也无法预料的。他已经在朝廷烙下了深深的印记，就不愁打个漂亮的翻身仗。事实证明，南京才是他真正崛起的地方，他在这里即将遇到一个志同道合的人桂萼，完成他入阁的梦想。

桂萼，字子实，号见山，江西安仁（今江西东乡东北）人。正德六年（1511年）进士，授丹徒知县，因为人性刚烈，多次忤逆上官，仕途颇不顺利，被发配到刑部，做了一个六品主事。桂萼在官场摸爬滚打了十来年，很不得志，直到遇见张璁，他仿佛看到了希望，决定搏一把。

桂萼虽然身在闲曹，却非常关心国事和政局的变化。他非常赞成张璁的主张。再加上他与张璁在仕途上都多次受到挫折，对政治现状非常不满，这样就有了建立统一战线，结为政治盟友的基础。于是桂萼主动结交张璁，研究对付杨廷和集团的斗争策略，煽动他不要放弃和杨廷和的斗争，建议一起上奏，将斗争进行到底。

张璁做梦也想不到，在南京会遇到一位盟友，如今他不是一个人在战斗了，有了帮手后更加自信，相信朱厚熜最终会取得胜利，自己也会由此飞黄腾达。

好吧，所有的一切都已齐备，攻击的时刻到了。

嘉靖二年（1523年）十一月，又一波针对杨廷和的攻击开始了。

桂萼首先发难，他上书皇帝，中心议题就是现有称谓并不适宜，应该重新议礼。这正是朱厚熜所希望看到的，当即采纳了桂萼的意见，决心重议大礼。

张璁和桂萼已经做好了接招的准备，但杨廷和接下来的举动出乎他们的意料，这位朝廷的第一号人物竟然选择了投降。

面对这份激烈批评现有议礼方案的上疏，再看看朱厚熜不悦的神色，杨廷和淡淡地对皇帝行了礼，叹息一声道："我老了，请陛下允许我致仕吧。"

朱厚熜惊呆了，不知道杨廷和又要玩什么把戏。

其实，此时的杨廷和再真诚不过了，他是认真的，确实是不想干了，对于六十四岁的他来说，长达四十多年的钩心斗角，已经让他疲惫不堪，他彻底厌倦了这种生活。

而朱厚熜的地位已经稳固，也早已厌恶杨廷和的跋扈，便顺水推舟同意杨廷和致仕归里。于是，这位历经四朝不倒的老臣光荣退休了。

就这样，在"大礼议"第二回合的较量中，朱厚熜又取得了胜利。

嘉靖三年（1524年）九月，朱厚熜终于可以在父母的称呼中用"皇"字了，

第十四章　亲爹不是爹，亲娘不是娘

下诏改称孝宗为"皇伯考"，昭圣皇太后为"皇伯母"，追尊兴王为"皇考恭穆献皇帝"，母为"圣母章圣皇太后"。

桂萼、张璁因为有功，被调到京城，摇身一变成了内阁大学士，走向了权力的巅峰。

可以说，"大礼议"是朱厚熜在孝亲情结驱动下无意发起的政治事件，是廷臣所捍卫的宗法礼制与朱厚熜的孝亲情结之间的冲突。

三年的大礼议争论，最后以君权的高压结束，朱厚熜此时已经羽翼丰满，从议礼的过程中体会到了行使皇权的无上威严，此后逐渐变得独断独行、一意孤行，促成了他刚愎自用的政治作风。

第十五章
此心光明，亦复何言

一念放下，万般自在

朝廷闹得沸沸扬扬，怎么没看到王阳明的身影，他在干什么呢？难道朱厚熜不知道王阳明的大名吗？答案是知道。

嘉靖元年（1522年），朱厚熜登基后看到王阳明的功绩，赞不绝口，还当众发了脾气："这样的人才为何得不到重用，马上把他调入京城。"

皇帝要用的人，应该没人会阻拦吧，但事实是有人会从中插一杠子。皇帝的这道命令没有被落实下去。朱厚熜左等右等，也不见王阳明的影子，他不耐烦了，便问吏部王阳明哪里去了。结果，吏部给出的答案是调南京兵部尚书。

这是什么情况，连皇帝的话也不好使了吗？的确，有时候，皇帝的话也未必好使。吏部是执行了调用王阳明的命令，但不是皇帝的，而是杨廷和的。

杨廷和之所以阻止王阳明入京为官是有原因的。一来，王阳明的能力太强，如果来到京城和朱厚熜穿一条裤子，无疑是给自己找了个强硬的对手，这种费力不讨好的事情，杨廷和自然不会做。二来，杨廷和和王琼有很深的矛盾，而王阳明是

第十五章　此心光明，亦复何言

王琼推荐启用的，自然被划归到王琼的队伍中。此刻，王琼好不容易被杨廷和搞下去了，心胸狭窄的杨廷和自然不会重用王阳明。没有了后台的王阳明想进京，比登天还难。

后来，朝廷又封王阳明为"新建伯"（爵位），并赐建"新建伯府第"于绍兴。算是给他的补偿吧。但王阳明上书推辞，要求把封赏分给其他有功之臣。他认为，夺天之功，埋没别人的善举，偷占部下的功劳，忘掉自己的耻辱，这是造成灾祸的全部原因。王阳明不接受爵位的大度让朝中那些锱铢必较的大臣们汗颜了。

明迁暗降，只得了张空头支票，王阳明虽然觉得不公平，但并不在意，荣华富贵不过是身外之物，于是，他收拾东西，去南京接任兵部尚书了。

不得不说，能人总会遭到别人的嫉妒，这是不可避免的事情。在官场，仅仅说领导英明下属努力是远远不足以避祸的，不自傲还不够，学会不居功才是大家。功劳让给别人又如何，你能干谁会不知道？何必锱铢必较，为了一点儿利益搞得大家都不高兴。

正德年间，王阳明用事实证明谁惹了自己，都不会有好结果。如今到了嘉靖年间，这条定律同样适用，王阳明依旧是强人一个。

嘉靖元年（1522年）二月，王阳明刚到南京，就传来了噩耗——父亲王华去世了。王华为人淳厚谦逊，有节操，善恶分明。临危临难，从容不迫，一生节俭，从不把利害放在心上。

王老先生前半辈子被王阳明玩命地折腾，一度为自己教子无方感到难过；后半辈子看到儿子越来越有出息，混得一点儿也不比自己差，成为人人景仰的大明军神，桃李遍天下的心学大师。自己是个状元，但儿子取得的成绩全面超过了自己，又为有这么一个儿子感到自豪。如今七十七岁的他含笑而去了。

这件事情来得太突然了，没有一丝征兆，沉重地打击了王阳明。他的整个世界突然开始变暗，风呼呼地在耳边刮着，枝丫不停地摇晃，乌鸦在头顶盘旋。他的心像是被一把钝了的锉刀残忍地割开，悲痛从伤口流出，洒落一地忧伤。他的脑子一片迷蒙，身体开始失重，似乎要飘起来，一种要掉入黑洞般的感觉让他的泪水夺眶而出。他独自站在冷风里，像泥塑木雕一样，一动也不动，仿佛父亲在他的心肠上面系了一条绳索，只要动一下就会牵扯得心肠阵阵作痛。

"子欲养而亲不待"的痛苦让王阳明无暇他顾，即刻离任回家守孝，由于过于悲痛，还大病了一场。官场的不顺和这场大病让王阳明放下了所有的一切。

　　不得不说，放下，是一种生活的智慧；放下，是一门心灵的学问。人生在世，有些事情是不必在乎的，有些东西是必须清空的。只有放下该放下的，你才能够腾出手来，抓住真正属于自己的快乐和幸福。放下是一种解脱、一种顿悟。正所谓，一念放下，万般自在。

　　菩提本无树，明镜亦非台，本来无一物，何处惹尘埃。从容的胸怀宠辱不惊，看庭前花开花落；去留无意，望天空云卷云舒。

　　父亲曾经的训斥还回荡在耳边，格竹子的执着仿佛就发生在昨天，龙场的悲凉换来了悟道的喜悦，悲愤的生死逃亡，平叛的浴血奋战，经历了这么多的风波，还有什么事能扰乱王阳明的心绪？经历了诸多大难，他更加相信良知，除了"致良知"，再没有其他了。他放下了一切，终于可以静下心来，专心搞哲学了。

　　在生活中，我们经常会遇到各种选择，经常会举棋不定。这就需要我们在完全平静的状态下，问问自己的内心，问自己到底想要什么，这时做的决定才不会让自己后悔。

　　王阳明居家守孝，不能入朝为官，虽然三年期满，但因遭到权臣的妒忌，家居达六年之久。最终因为官场的派系斗争，没能进入最高权力机构。

　　对王阳明来说这何尝不是一件乐事，在这几年中，他没有军务之繁，没有政事之杂，可以说这是他一生中最为清闲的日子。当时，朝廷大礼议起，沸沸扬扬，不可开交。王阳明虽然是一位礼学专家，但对于朝廷事务采取超然态度。除了明道和讲学外，朝廷的事务一概引不起他的兴趣。

桃李满天下

　　此时的王阳明虽然已经名满天下，但他毫无架子，四处游历讲学，继续他的教育事业，规模不断扩大，学说也在此时得到系统完善。此时王阳明门下的弟子比任何时候都多。

　　其实，王阳明刚回浙江绍兴时，来拜访的朋友还不算多。后来，听说他回来了，

第十五章　此心光明，亦复何言

从四面八方来求学的人便与日俱增。

为了方便交流，在王阳明周围居住了很多从外地赶来的人。比如在天妃、光相等寺庙中，每间屋子经常是几十人住在一块，夜晚没地方睡觉，大家便轮流就寝，歌声常常通宵达旦地响彻夜空。

在南镇、禹穴、阳明洞等山中的寺庙里，不管路途多远，只要是人能到达的地方，都有求学的人居住。

王阳明每次讲学，围在他周围的听众经常不少于几百人。学生每次听讲出门时，无不欢呼雀跃。每天都迎来送往，甚至于有人在这里听讲达一年之久，王阳明也不能记清他们的姓名。每当告别时，王阳明常感叹地说："虽然我们分别了，但不会超出天地之间。如果我们有共同的志向，我也可以忘掉你们的容貌了。"

在到南京之前，求学的人虽然不少，但比不上在浙江绍兴的多。这固然因为王阳明讲学的时间长了，获得的信任多了，但关键是王阳明的学问越来越精，感召学生的机会越来越多，开导学生的技巧也越来越娴熟。

绍兴城内挤满了操着不同方言的人，摩肩接踵，这种空前盛况引起了绍兴知府南大吉的注意，他不禁暗自揣摩这王阳明究竟有多大能耐，竟然有如此大的吸引力。

南大吉，字元善，号瑞泉，陕西渭南人。幼年聪颖敏捷，稍长治礼兼通易，曾经赋诗言怀，在幼年就树立了伟大的志向，弱冠以古文辞章鸣于世。正德五年（1510年）中举，明武宗正德六年（1511年）进士及第。授户部主事，历员外郎、郎中、浙江绍兴府知府。虽然入仕，但他是轻官重道的人，尚友讲学，对圣贤之学渴求不已。

如今见人们对王阳明趋之若鹜，南大吉便入学听讲，从此便挪不开脚步，当了王阳明的门生。他性格豪爽，不拘小节，有极高的悟性。

有一次，南大吉反问王阳明："我为官多年，有不少过失，先生为何从不说我一句呢？"

王阳明问："你有什么过失？"

南大吉开始掰着指头一一数落自己为官的过失。

等南大吉说完后，王阳明说："我说过了。"

南大吉反问："什么？"

王阳明笑着说："我不说你怎么就知道自己的过失呢？"

南大吉说："是良知啊。"说完笑着道谢而去。

过了几天，南大吉觉得自己的错误更多了，便又来忏悔。

王阳明说："你以前心镜不明，藏了许多污垢，如今心镜已明，难以容下任何细小的污垢，这正是入圣之机啊，多加努力吧。"

可见，南大吉能经常审慎反思他为政的过失，并积极改过。同时，王阳明也通过南大吉有自悔之真证明每个人本来都具有良知，只要镜明已开，则良知自现。南大吉也在王阳明的点拨下明白了入圣之机在于保持心之镜明，以了悟本有的良知。所以，南大吉才能把贫贱、忧戚、得失等置之度外，只以得闻道为喜，问学为第一要事。

因为南大吉忙于入圣，忽视了官场规则，结果在考查政绩时被人穿小鞋，但他对这些毫不在乎，只以"不得为圣人为忧"，在与王阳明的信件来往一心请教如何自新。他追求道化境界，告诫人们要警惕陷于物化之中。这对于物欲泛滥，功利主义肆虐的当代社会有重要的警示作用。

南大吉还开辟了稽山书院。稽山书院早已存在，在卧龙西岗，但荒废已久，他下令让山阴县令把书院修葺一新，为的就是让王阳明来讲学。

还有一个六十八岁的民间诗人，号萝石，来游会稽（浙江绍兴）山水，听说王阳明在深山里讲学，便用拐杖挑着他的瓢笠诗卷，入门长揖上坐，傲气十足。王阳明与他论学，萝石深有领悟，一连听了几次，觉得王阳明很有学问，便要拜王阳明为师。

有一个问题出现了，那就是年龄横亘在他们之间。当时，王阳明五十三岁，比萝石小十五岁。王阳明觉得年轻的人不能收年长的人为弟子，便再三推辞。若一个近七十岁的老人被拒之门外，颜面何在？

一些人劝道："您这样老了，何必还那么用功？别死皮赖脸地丢人了。"

萝石却笑着回答道："我的年纪虽然大了些，但过去的六十多年我白学了，如今有幸遇到这样的好老师，我要从头学起，才能脱离苦海。"

两年以后，萝石如愿以偿地向王阳明行拜师之礼，正式成了王阳明的弟子，自号从吾道人。两个老人就此成了师徒。

王阳明认为他是大勇者,为他写了一篇《从吾道人记》。诗集中有四首与他唱和的诗,说他头发虽白人并不老,有一颗年轻的心。

嘉靖四年(1525年),王阳明索性在越城西郭门内光相桥之东,自立阳明书院讲学,向门人传授他的哲学思想。这时,王阳明提出了"无善无恶心之体,有善有恶意之动,知善知恶是良知,为善去恶是格物",他的哲学思想更趋完善。

这一年,王阳明为父亲守丧三年已经满期,按照惯例,朝廷应当召他回京,官复原职,但朝廷却对他不予理睬。就这样闲居了几年,朝廷一直对王阳明不闻不问。不是朝廷忘记了他这个强人,而是朝廷还没遇上头疼的事儿。这不,事儿来了,王阳明便又被推到了战场的最前沿。

事儿来了,还得找老王

嘉靖六年(1527年),两广的思恩州、田州两地的两名少数民族首领卢苏、王受起兵造反,两广总督姚谟束手无策,朝廷在万般无奈之下再次起用王阳明,不仅恢复了他原来的官职,还加上了左都御史,总督两广、湖广、江西四省军务,务必平定思田之乱。就这样,王阳明像一个救火队员被再一次起用,从此结束了他的讲学生活。

五月,王阳明站在天泉桥上,把钱德洪与王畿两个嫡传弟子召到自己身边,把自己即将出征的消息告诉了他们。

经过长期征战和常年奔波,王阳明的身体已经很差了,如果再经历一次长途奔袭,怕是要吃不消了。再说,他此时已经不在乎名利,完全可以拒绝这个差事。但向来以国事为重的他是不会说半个不字的,在离别之际,他要和自己最看重的学生说几句话。

"此次赴任,不知何时才能回来,今后我不能再教你们了。"

"怎么会?老师可以拒绝朝廷的指派啊。"

"我此生就是为国为民活着,大丈夫岂能贪生怕死。我已五十有六,生死之事,自有定数。"

钱德洪和王畿泪流满面，马上跪倒在地继续聆听王阳明的教诲。

"我死之后，心学必定大盛，希望你们将之发扬光大，普济世人。切记，只要一心向善，心存良知，人人皆可成为圣贤。"

说完，王守仁仰首向天，大笑之间飘然离去。他拿起武器，深入两广的深山老林，开始了他的剿匪生活。

思恩州和田州，即今南宁以北及武鸣县西北，和百色市及田阳、田东一带地区。这里是少数民族聚集区，向来采取民族自治政策，州长官都是当地的土司。

土司制度是从唐宋时期逐步发展而成的，实质是"以土官治土民"，承认各少数民族的世袭首领地位，给予其官职头衔，以进行间接统治，朝廷中央的政令实际上没能真正地贯彻下去。

随着生产力的不断发展，落后的土官制度越来越不适应社会的需要。有些土官因为世袭的缘故，品行恶劣，随意虐杀百姓，为患边境，百姓不断的反抗斗争动摇了土官制度的统治。

同时，土官渐渐与封建王朝闹对立，想摆脱封建王朝对它的控制和管辖。这有损于国家统一的行为是无法让人容忍的，皇帝老儿自然不高兴。

到了岑猛这一代，不光是小打小闹，发发脾气，他为了扩展在桂西的势力，充当起桂西土司盟主，率田州土司兵四处征讨各州府。对于这种破坏社会和谐的不安定因素，朝廷自然不会置之不理，在1527年，朝廷命广西都御史姚镆、总兵朱麒领八万精兵，平定"岑猛之乱"。

这些土司兵哪里是正规军的对手，明军兵分三路攻入田州，击败岑猛。岑猛兵败后逃往归顺州岳父岑璋家，在朝廷压力下，岑璋被迫诱杀了岑猛，岑猛之乱就此被平定了。

"岑猛之乱"被平定后，朝廷觉得必须要加强对少数民族地区的控制了，姚镆便在桂西强行推行改土归流政策。

改土归流是指改土司制为流官制，将原来统治少数民族的土司头目废除，改为朝廷中央政府派任流官。这有利于消除土司制度的落后性，同时加强中央对西南一些少数民族聚居地区的统治。

一般来说，改土归流采取两种办法：一是从上而下，先改土府，后改土州。二是抓住一切有利时机进行，如有的土官绝嗣或宗族争袭，就派流官接任。总之，封建王朝瞅见机会，便立刻派流官接任。

没想到，这个政策引起田州土司上层的不满，遭到抵制。由于姚谟举措失当，一味征剿，遭到土官头目拼死反抗，酿成叛乱。派兵镇压终究不是个好办法，必须从根本上解决问题，姚谟一时束手无策，王阳明便被推出来堵漏了。

最后的辉煌

在王阳明看来，思田之乱不过是癣疥小病，根本不值得他费神。他现在一脑门子都是"心学"，世事对他来说并不是那么重要。在绍兴讲学的这段日子，是他最舒心的日子，现在他走到哪里都能感到心学的光辉在普照，都有一帮学生出迎、远送，他现在简直是受无数莘莘学子拥戴的"教主"了。

十月，王阳明从广信（今上饶）走水路前往思恩州和田州，许多学生沿途求见。由于情况紧急，他不能一一相见，答应大家等回来时再见，没想到这一别却成了永别，再也没能回来。

有一个叫徐樾的学生，从贵溪追到余干，如信徒朝圣一样虔敬，希望能和王阳明见面。王阳明被他的执着感动了，便让他上了船。

徐樾还处于心学的初级阶段——静坐，他确信在静坐中理解了王阳明心学，得到了真谛。王阳明让他举示心中的意境，他连举数种，王阳明都说不对。徐樾举了十几个，已无例可举，相当沮丧。

王阳明指点道："你太执着于事物。"

徐樾一脸茫然。

王阳明指着船里的蜡烛说："比如这个蜡烛，光无所不在，但不可以只以为烛上的光才是光。"

徐樾还是不明白。

王阳明在空中画了个圈说："这也是光。"接着又指向船外的湖面说："这也是光。"

徐樾脸上的茫然之色渐渐看不到了,他兴奋地说:"老师,我懂了。"

王阳明笑着说:"不要执着,一定要记住光不仅仅在烛上。"

于是,徐樾拜谢而去。

当王阳明走到南浦时,受到百姓的热烈欢迎,以至于道路都不能通行了。父老乡亲轮番为他抬轿推车,一路把他送到了都司(官署名,明代地方军事领导机构)。王阳明在都司开始接见父老乡亲,了解民生,让他高兴的是百姓都能安居乐业,让他忧愁的是朝廷没有放宽对这里的税收。没能为百姓争取到实际利益,却受到百姓如此热烈的欢迎,王阳明内心实在是惭愧。

第二天,王阳明去朝拜孔庙,他在孔庙的明伦堂讲《大学》,里三层外三层围了很多人,外面的人虽然什么也听不见,但也不想错过这难得的机会,舍不得离去。这种情景是可喜的、感人的。不得不说,讲学虽然不是王阳明的公职,却是他的天职。

接着,王阳明一行到了吉安,他在螺川驿站大会士友。诸生彭簪、王钊、刘阳、欧阳瑜等三百多人听他讲学,王阳明站在简易搭就的讲台上,看着下面挨满的人头,胸中涌起一种久违了的冲动。他立谈不倦,强调道德修养"工夫只是简易真切,愈真切,愈简易;愈简易,愈真切。"讲得令人信服、相当实在。

当走下讲台时,王阳明觉得双脚像灌了铅一样沉重,大脑也出现了短暂的空白,每次激情演讲过后总是这样。王阳明以为是休息不好的缘故,多休息几天就好了,但接下来的几天里,不知是路上劳累还是水土不服,疲乏感一直困扰着王阳明——他病了。

十一月,王阳明抵达肇庆,给钱德洪和王畿写信,希望他们做好阳明书院的教习工作,严格执行讲会条约,促使诸生学业取得进步,还要求他们经常报告书院的有关情况。

十一月二十日,王阳明到达广西梧州,开府办公。梧州在汉代叫苍梧州,属交趾郡。这里虽然是荒蛮之地,却是明朝的西南屏障。再加上多民族杂居,向来都是敏感地带。

王阳明的前任,调三省兵若干万,梧州军门支出军费若干万,从广东布政司支用银米若干万,伤亡士兵上万,才换得田州五十天的安宁,取得的效果甚微。这

第十五章　此心光明，亦复何言

里与交趾国接壤，应该以深山绝谷中的瑶族人为中原的屏障，如果把他们全杀了，改土为流，无异于自撤藩篱，边境将滋生大患。所以王阳明更倾向于安抚为主，毕竟是人民内部矛盾，可以商量着来解决。十二月初一，他把了解到的情况和自己的举措一一奏明皇上，请示行动方针。

王阳明可能没有现代的民族自治思想，但他知道用压制或诈术不能很好地解决民族纠纷。只有儒家的和平主义和为朝廷长治久安的忠心，才能换来长久的太平。

不过，有时候你实心实意地办好事，不见得就能办成。尤其是在人际关系颇为复杂的朝堂之上，如果朝中没人为你说话，那就会遇到意想不到的阻力，虽然你是对的，但也会被说成错的。

王阳明为官多年，知道里面的水很深，便动用私人关系，希望能实现自己的意图。

杨廷和回家养老后，朝廷内阁杨一清成了老大。为了让杨一清放心，自己不会和他入阁争权，王阳明先给杨一清写了封信说，平定叛乱后，如果病好了，就当个散官，比如南北国子监，就再好不过了。希望杨大学士不要否决这个方案。另外，王阳明还告诫黄绾和方献夫不要再推荐他，一切慢慢来。此时主要是说服皇上按他的思路解决问题，否则很难从根本上平定思田之乱，解决少数民族管理的问题。

王阳明尽力了，但事情没有朝他预想的方向发展。

好大喜功的政治暴发户桂萼建议王阳明以杀镇瑶族，再攻打交趾。这种人为了自己的飞黄腾达，踩着别人的头颅往上爬，用别人的鲜血染红自己的官帽顶子。

王阳明对此是不屑一顾的，他在给朋友方献之的信中说："然欲杀数千无罪之人，以求成一将之功，仁者之所不忍也。"

出于保护百姓安全的考虑，王阳明并没有马上发兵，他先斩后奏，一面处理眼前的问题，一面向朝廷汇报。

到了第二年初春，王阳明才带着当初姚谟调来的两万多湖南兵向田州进发，当大军靠近田州时，卢苏、王受非常害怕。不战而屈人之兵，这是王阳明一向坚持的原则，这次也不例外。王阳明派人去劝他们投降，当时谣传王阳明像别的官员一样贪得无厌，他们不敢来，害怕赔了夫人又折兵，被王阳明下黑手。

为了打消他们的疑虑，王阳明下令遣散官军，以表达自己的诚意。王阳明的不设防姿态终于赢得了他们的心，知道王阳明和他们以前见过的官员是不一样的。

接着，王阳明又发给他们归顺牌，等候正式受降。

卢苏和王受一合计，觉得除了投降已经没有其他路可走，如果再死拼到底，只会被杀个片甲不留。于是，在正月二十六日那天，卢苏和王受身穿囚衣，让手下人绑着来到王阳明军门，求王阳明免他们一死。

王阳明的目的达到了，但不会喜形于色，该走的程序还是要走的，该有的威严还是要维护的。

看着跪在面前的二人，王阳明义正词严地历数他们的罪状，然后下令象征性地各杖一百军棍，以显示王法的威严。

该做的都做了，最后王阳明语重心长地说："我答应免你们死罪，就不会言而无信，这也是朝廷的仁义所在，但你们的屁股也是要被打的，这是执法者的理义所在。以后不要再生异心，赶快回家过太平日子吧。"

卢苏和王受跪在地上，泪流满面，谢王阳明的不杀之恩，并发誓决不再反。他们手下一万七千多人听到获得了自由，纷纷欢呼雀跃，表示愿意杀贼立功赎罪。

就这样，这场闹了两年的民族纠纷被王阳明没费一枪一弹就轻而易举地解决了。

这一仗王阳明打得很漂亮，还有一场硬仗在等着他。原来，就在朝廷把目光集中在思田地区的叛乱时，有几股势力较大的瑶民正聚集在八寨和断藤峡作乱。

他们聚众数万人，凭借天险，控制着交趾以南、云贵东部、浔阳和府江之间一大块狭长的地带。朝廷曾派都御史韩雍领兵二十万进剿断藤峡，结果无功而返。这更让他们越来越嚣张，到了无法无天的地步。

他们如此猖獗是因为没有碰上王阳明，如今王阳明来了，他们的好日子就该结束了。

思田事件解决后，王阳明决定采取声东击西的计策奇袭这股瑶民势力。表面上，王阳明专注于兴书院、办教育，暗地里却厉兵秣马，随时准备发动进攻。八寨和断藤峡的瑶民上当了，渐渐放松了警惕。

到了七月，投诚过来的思田当地部队向王阳明请命要戴罪立功。王阳明见时机已经成熟，便下令全军向石门天险发动夜间偷袭，大队官兵攀木缘崖仰攻，一路掩杀，激战数日，连破数巢，终于平定了八寨和断藤峡之乱。

此心光明，亦复何言

王阳明平定了叛乱，可以说是奇功一件，号称是百年未有的盛事。但王阳明并没有因此沾沾自喜，他一面勒石记功，一面向朝廷上奏捷报，同时还上了《处置八寨断藤峡以图永安疏》，就善后问题提出了合理有效的建议。王阳明居功至伟，理应得到嘉奖，但朝中那些养尊处优的一帮人什么事也不干，专挑干事人的毛病，以便显示他们的高明和重要。

当然，也有一些官员是用事实说话的。

大学士霍韬上疏说，王阳明不费斗米，不折一卒，就平定了思田，还拔除了八寨、断藤峡这样的积年老巢。臣曾为阳明算了笔账，这场战役，他为朝廷省了数十万的人力、银米。黄绾的上疏言辞更为激烈："臣以为忠如守仁，有功如守仁，一屈于江西，讨平叛藩，忌者诬以初同贼谋，又诬其辇载金帛。当时大臣杨廷和等饰成其事，至今未白。若再屈于两广，恐怕劳臣灰心，将士解体。以后再有边患民变，谁还肯为国家出力，为陛下办事？"

哪怕说破大天，嘉靖皇帝心坚意定，他觉得里面有猫腻，只淡淡地说知道了，这事儿就算完了。也难怪，朝中没有实力派支持，你的点子再新，也不会受到重视。以前处置江西事变时全靠兵部尚书王琼的力挺，现在王尚书早已被杨廷和拿下，自身难保，哪里还有余力顾及王阳明。就这样，王阳明取得的功绩被忽略不计，连一点痕迹也没有了。不仅如此，还有人借机中伤，说王阳明进剿八寨擅自行动，还越权行事，目无法纪。总之，不以为功，反求其过。

热脸贴了冷屁股，王阳明的心一下子凉透了，因为朝廷不支持他的工作，他在这边玩命工作，那边却准备在他背后捅刀子。尽管他有足够的效忠皇上的奴性，但内心还是非常痛苦，彻底病倒了。

这次，王阳明病得比较严重，因咳痢之疾（肺痨）日益加剧，王阳明感到体力不支，便写了《乞恩暂容回籍就医养病疏》，希望嘉靖皇帝能允许他回籍养病。

在这篇奏疏中，王阳明详细论述了他回去就医的原因。说他在南赣剿匪时中了炎毒，咳嗽不止，后来稍好，一遇炎热就大发作。这次来广西本来带了医生，但医生却先得病回老家了。他继续南下，炎毒更甚，结果遍体肿毒，无休止地咳嗽把整个脸都挤压得变了形，腿上疮伤的溃烂一天比一天严重，后来连吃饭都费劲，稍多就呕吐。

谁承想，这篇感人的性情文章被毫无性情的桂萼压下来了，虽然这种事情常有，但这回却是致命的，把王阳明推向了死亡的边缘。

等来等去，王阳明没有等到皇帝允许他告归的诏书，反而等到了皇帝加盖玉玺的奖状，肯定了他在短时间内罢兵息民的战绩，并赏赐银两五十。

这一嘉奖不过是走走过场罢了，并非真心肯定王阳明的工作，因为只有可笑的五十两白银，有关对将士们的封赏和一系列关于边疆问题的建议都没有提及。

不过，好歹有这么一纸诏书，说明皇帝还没有把他彻底遗忘，王阳明还是很兴奋的，他挣扎地从床上爬起来，遥望北方宫阙谢主隆恩。接着，他又连夜写了谢恩疏，八百里加急送往京城，表示此生鞠躬尽瘁，以报皇恩。但自己病得不能走动，不能到京城一睹天颜，满满的都是说不出的遗憾。

虽然王阳明还想为朝廷贡献自己的光和热，但每况愈下的身体让他力不从心，他感到了死亡的气息，知道自己不能在这里待下去了，再不走就来不及了。

在生命垂危之际，王阳明做出了一个决定——不等皇帝的诏书，马上回家，从哪里来，就回哪里去吧！于是，他带着几个随从坐船顺着漓江东下，踏上了回乡的路，遗憾的是他终究没有能够回去。思田之行，虽不费心却费力，关键是水土气候成了催命鬼。据后人研究，王阳明可能是得了肺癌。

一路上，王阳明时而清醒，时而迷糊，还断断续续地说着梦话。

嘉靖七年（1528年）阴历十一月二十八日夜，王阳明一下子又清醒了过来，问身边的弟子："我们到哪里了？"

弟子回答："青龙铺（今大余县青龙镇赤江村）。"

王阳明笑道："到南康还有一大段距离，恐怕来不及了，很遗憾不能再同你们一起切磋学问了。"

眼见王阳明病痛难忍，弟子已经泪流满面。

王阳明倚着一个侍从吃力地坐了起来，就那样坐了一夜。等船到了江西南安（今福建南安），王阳明再也支持不下去了。

十一月二十九日凌晨，王阳明叫人把弟子周积（时为七品南安推官）叫进来。

第十五章　此心光明，亦复何言

周积匆匆进来后，王阳明半天才睁开眼，吃力地说："我要走了。"

周积哽咽地问："老师有什么遗言？"

船里非常安静，王阳明不停地喘息着，等气息稍微平息后笑着吐出八个字："此心光明，亦复何言？"

按理来说，"冯唐易老，李广难封"的悲剧在王阳明身上重演，他有权力怨天尤人，但他没有像怨妇那样喋喋不休，而是在临终前摆出一副超然的姿态，似乎凡世间的一切纷扰都与他无关。在他眼中功名利禄都不过是过眼云烟，他心底的那一片光明足以支撑他穿越一切黑暗，体会与宇宙融合为一体的自由安适。

这就是王阳明，一个有血有肉，有笑有泪，超然脱俗的王阳明。

过了片刻工夫，王阳明便闭上了眼睛，从此再也没有睁开。王阳明讲了一辈子话，够了，他就这样悄悄地离开了人世，享年五十七岁。

王阳明的一生是坎坷的，他凭着坚定的意志，把心学发扬光大，他的心学是中华文明史上的财富，值得我们每个人骄傲。他心系百姓，坚信正义和良知，是真正的圣贤，当之无愧。